INTRODUCTION TO SOCIAL WELFARE

新・基礎からの社会福祉

7

子ども家庭福祉

[第3版]

木村容子/有村大士

[編著]

ミネルヴァ書房

第3版 はじめに

　私たちは日々の生活や報道の中で，少子高齢化や待機児童の問題，子どもの虐待や家庭の孤立，子どもの貧困や格差など，子どもや家庭を取り巻くさまざまな課題を目の当たりにする。それらは私たちが生活する社会全体の課題であり，多くの課題はひとりの専門職あるいはひとつの方法で解決できるものではない。このような時代に，それらの課題に対応・取り組んでいく際，子ども家庭福祉に携わる者，学ぶ者は何を基準に考えたらよいのだろうか。

　本書が対象とするのは，子ども家庭福祉の初学者である。子ども家庭福祉の基盤となる中核的な価値や歴史から，制度・施策，社会的対応までを体系的に学べるようにわかりやすくまとめてある。興味のある項目や具体的な制度から学んだ方が理解しやすい読者もいるだろう。したがって，前から読み進めるだけでなく，興味のある部分から読むこともお薦めしたい。ただ，制度・施策や問題を知ったからといって解決できない問題も多い。理解に迷ったら，中核的な子ども家庭福祉の価値や歴史に関する説明を振り返ってほしい。これらをふまえたうえで，新しい問題に向き合い，自ら考えることのできる人材が希求される。子どもと家庭を考えるときに，子どものウェルビーイング（Wellbeing）に焦点を当て，子どもが尊重され，主体的な存在として位置づく，そのような時代の到来を本書が少しでも後押しできたら幸いである。

　2012年に成立した子ども・子育て関連3法に基づき，2015年度から子ども・子育て支援新制度が施行された。2016年の児童福祉法の改正では，児童の権利に関する条約を基本理念として位置づけ，家庭への養育支援から代替養育までの社会的養育の充実とともに，家庭養育優先の理念を規定した。これを受け，児童虐待，母子保健，社会的養護（養育），子どもの貧困に関する法改正や新たな施策が次々に示され，理念の実現に向けて展開されている。本書第3版を通じ，大きな転換期にあるわが国の子ども家庭福祉について学んでいただきたい。

2021年3月

編著者　有村大士・木村容子

もくじ CONTENTS

CONTENTS

CONTENTS

第Ⅱ部　子ども家庭福祉のしくみと担い手

第4章　子ども家庭福祉のしくみ1

CONTENTS

第5章　子ども家庭福祉のしくみ2

CONTENTS

第Ⅲ部　子どもを取り巻く現状と対応

第6章　子ども家庭福祉の実際1

CONTENTS

第7章　子ども家庭福祉の実際2

第 I 部

子ども家庭福祉の
基盤と移り変わり

第1章

子ども家庭福祉とは何か

本章で学ぶこと

- ●「子ども」とは何か，さまざまな定義を知る。（第1節）
- ●子どもと子育てを取り巻く環境を理解する。（第2節）
- ●子どもと家庭の福祉を支える法律や制度を理解する。（第3節）
- ●子ども家庭福祉におけるサービスの全体像を把握する。（第4節）
- ●子どもと家庭を支援する方法について学ぶ。（第5節）

1 節 子どもとは

○ この節のテーマ
- 社会の「子ども」に対するイメージを確かめる。
- 「子ども」「児童」などの，子どもに関するさまざまな定義を知る。
- 「子ども」と「児童」の違いがわかる。

「子ども」とは何だろう

　皆さんは「子ども」についてどのようなイメージをもっているだろうか。「子ども」というと，自分自身についてや，未成年，ある親から生まれてきた者という意味で使う人もいれば，法律や年齢でイメージする人もいるだろう。つまり，「子ども」という言葉については，人，あるいは使う場面によってさまざまな意味をもつことがわかるだろう。一方で，今となっては当たり前となった「子ども」という言葉も，歴史を通してみれば，変わらず普遍的に存在していたわけではない。現在の「子ども」という言葉のイメージが社会に定着するまでには，人類のさまざまな学びがあった。

　それでは，日本，あるいは東洋と世界の「子ども」に関する概念を振り返ってみよう。

日本における伝統的子ども観

　日本をはじめとする東洋の国々においては，子宝思想に象徴されるように，子どもを大切にする思想があった。例えば，中国の代表的な哲学者である孟子は，人間が生まれながらにしてもつ同情心などを理由に，子どもの性善説などを唱えていた。また，日本でも「7つまでは神のうち」に象徴されるように，言葉だけで道理が通じない子どもの存在に神性さえ感じている。一方で，明治の初期あたりまで，「押し戻し」といわれる養育の負担などを理由に生まれたばかりの子どもを殺してしまう嬰児殺しや子どもの人身売買などがあったことなどからもわかるように，今でいう「子どもの権利」についての意識は薄かったといえる。伝統的な子ども観では，子どもは儒教などに基づく家制度，**家父長制度**◆1の中に位置づけられ，保護される存在であったと同時に，大人や家の従属物として位置づけられていたといえる。

欧米における伝統的な子ども観

　欧米における歴史を見てみると，例えば，ローマの時代の記述に，既に「子ども」に類する存在が記述されていた。当初は話ができるかどうかという点で，大人との区別がなされていたが，現在の幼児期を示す言葉も存在した(1)。

　①　伝統的な子どもの定義

　中世のヨーロッパでは，大人も子どもも含めた共同体での生活の中で，「子ども」という概念は存在せず，「小さな大人」としての位置づけがなされていた。そして7〜8歳になり，言葉を使ったコミュニケーションが可能となると，大人と同様な扱いがなされていた(2)。同様に日本でも，身分

によってその扱いは変わるものの，例えば子ども
の体が労働に耐えられる7歳程度になると，農作
業に参加したり，奉公人となって働いた。[(3)]

　このことから，日本においても，あるいは欧米
においても，言葉でのコミュニケーションや労働
が可能となる7～8歳までが，「子ども」と定義
されていたことが分かる。

　②　近代的な子どもの概念

　その後，ルソー[◆2]が『エミール』などの著書を記
すなどし，子ども期の固有性や大切さが説かれる
ようになった。現在では，先述のようにより積極
的な子どもの意見表明や自己実現などを含んだ，
「児童の権利に関する条約」が国際連合で採択さ
れ，多くの国が批准している。ただし，日本，あ
るいは世界を見わたしてみると，貧しさや子ども
の権利に関する意識の低さから，主体的な権利を
もつ「子ども」という近代的な概念が一般化する
ための，過渡的な状況が続いているといえる。

「子ども」と「児童」

　「子ども」という言葉が一般的に使われる一方
で，法律や施策を見てみると，かつては「児童」，
そして現在では「児童」と「子ども」に加えて，
「子供」という書き方までなされている。例えば，
子どもの権利を扱う国際条約である「児童の権利
に関する条約」についても，通称「子どもの権利
条約」という呼び方がなされている。

　第2次世界大戦後の法律上においては，正式に
は「児童」という用語が使われてきた。しかしな
がら，わが国が「児童の権利に関する条約」を批

◆1　**家父長制度**
男性の家長を中心とした家族観，あるいは家
族制度。武家社会を通じて長らく維持された。

◆2　**ルソー**（Jean-Jacques Rousseau,
　　　1712～1778年）
フランスの思想家。代表的な著作としては『社
会契約論』があり，社会契約による統治者が，
社会のもつ「一般意思」に従うべきであると
論じた。子どもについては，著書『エミール』
の中で，子ども期の固有性やそれを重視した
教育のあり方について述べた。

注

(1)　竹内通夫（2004）「子ども観の変遷に関す
　　る一考察」『金城学院大学論集・人間科学
　　編』Vol.29, 1-14頁。
(2)　前之園幸一郎（1984）「古代ローマ人の子
　　ども観──infans 概念の成立をめぐって」
　　『青山學院女子短期大學紀要』Vol. 38, 43-58
　　頁。
(3)　斉藤研一（2003）『子どもの中世史』吉川
　　弘文館，111-135頁。
(4)　例えば，『毎日新聞』1992年5月19日「『児
　　童』ではおかしいですよ　『子どもの権利条
　　約』批准控え　秋山ちえ子さんら首相に直
　　訴」。

准する際に，法律としての用語ではなく，子ども
の主体的な権利を積極的に認めるという意味で，
「子ども」という用語を使うべきであるという議
論がなされた。(4) ただ，法律用語としては存在しな
い「子ども」を正式な名称に使うことができず，
当時の内閣総理大臣などにより，正式には「児童
の権利に関する条約」とし，通称「子どもの権利
条約」とすることなどが提案された。したがって，
子どもの権利を積極的に認める立場から，「子ど
も」という用語が使われるようになり，教育上も
権利教育などの際に「子ども」という言葉を使っ
て教育してよいことが示された。

　なお最近になって，文部科学省で「子供」という
ように漢字で表記をしても差別的な意味はない
という検討結果をふまえ，常用漢字に沿った形で
「子供」という用語が使われるようになった。

　用語として間違いではないとしても，これまで
の子どもの権利を積極的に位置づける意味での
「子ども」の歴史的な文脈を通して考えるとその
用語がもつ意味は違ってくる。したがって，現在
は子ども家庭福祉について学習するうえでも，
「児童」，「子ども」，そして「子供」の３つの使い
分けを理解する必要がある。加えて本書では，子
どもの権利を積極的に位置づける立場から，法名
等の特定すべき用語をのぞいては「子ども」を用
いることとする。

法律における子どもの定義

　私たちの暮らしを支える法律のうえで，「子ど
も」はどのように位置づけられているだろうか。

　日本が批准している国際法「児童の権利に関す
る条約」においては，児童を「18歳未満のすべて
の者」と位置づけている。これと同様に，現在の
子どもと家庭を対象とした代表的な法律である
「児童福祉法」では，児童を「満18歳に満たない
者」と位置づけたうえで，さらに「満１歳に満た
ない者」を「乳児」，「満１歳から，小学校就学の
始期に達するまでの者」を「幼児」，さらに「小
学校就学の始期から，満18歳に達するまでの者」
を「少年」と位置づけている。また，戸籍や家庭
などに関する規定を含む**「民法」**では，「成人」
を20歳と位置づけていたが，2022（令和４）年よ
り18歳に引き下げられた。なお，選挙権につい
ては，2016（平成28）年６月より18歳に引き下げら
れている。また，その他の代表的な法律における
子どもの定義については**表1-1**に示す。

これからの子ども

　「子ども」の表記についてもさまざまな意見が
あり，同時に表記上は「子供」でも，「子ども」
あるいは「児童」であっても，法律等の用語では
ない限り問題ではない。しかし，専門家であれば
あるほど，その意味や当事者に与える印象なども
考慮したうえで，使う必要がある。子どもの概念
そのものが社会的に獲得されてきたものであり，
今後もより子どもの主体的な権利や固有性を認め
る形で議論が深められる必要があるだろう。

表1-1
法律にみる子どもに関する定義

年齢	法　律	用　語	内　容
20	民法	成年	年齢20歳をもって，成年とする（2022（令和4）年より18歳に引き下げ）
	少年法	成人	満20歳以上の者
		少年	20歳に満たない者
	母子及び父子並びに寡婦福祉法	児童	20歳に満たない者
18	児童の権利に関する条約（子どもの権利条約）	児童	18歳未満のすべての者（ただし，当該児童で，その者に適用される法律によりより早く成年に達した者を除く）
	民法	婚姻適齢	男は，18歳に，女は，16歳にならなければ，婚姻をすることができない（未成年は父母の同意が必要）
	児童福祉法	児童	満18歳に満たない者
		少年	小学校就学の始期から，満18歳に達するまでの者
	児童扶養手当法	児童	18歳に達する日以後の最初の3月31日までの間にある者又は20歳未満で政令で定める程度の障害の状態にある者
	児童手当法	児童	18歳に達する日以後の最初の3月31日までの間にある者であつて，日本国内に住所を有するもの又は留学その他の内閣府令で定める理由により日本国内に住所を有しないもの
	児童買春，児童ポルノに係る行為等の規制及び処罰並びに児童の保護等に関する法律	児童	18歳に満たない者
	労働基準法	年少者	満18歳に満たない者について，その年齢を証明する戸籍証明書を事業場に備え付けなければならない
	日本国憲法の改正手続に関する法律	投票権	日本国民で年齢満18年以上の者は，国民投票の投票権を有する
	子ども・子育て支援法	子ども	18歳に達する日以後の最初の3月31日までの間にある者
16	民法	婚姻適齢	男は，18歳に，女は，16歳にならなければ，婚姻をすることができない（未成年は父母の同意が必要）
	少年法	死刑，懲役又は禁錮に当たる罪の事件における検察官への送致	故意の犯罪行為により被害者を死亡させた罪の事件であつて，その罪を犯すとき16歳以上の少年に係るもの
15	学校教育法	学齢生徒	子が小学校又は特別支援学校の小学部の課程を修了した日の翌日以後における最初の学年の初めから，満15歳に達した日の属する学年の終わりまで
14	刑法	責任年齢	14歳に満たない者の行為は，罰しない
	少年法	家庭裁判所の審判に付す少年	14歳に満たないで刑罰法令に触れる行為をした少年（都道府県知事又は児童相談所長から送致を受けたときに限り，これを審判に付することができる）
13	道路交通法	児童	6歳以上13歳未満の者
12	学校教育法	学齢児童	子の満6歳に達した日の翌日以後における最初の学年の初めから，満12歳に達した日の属する学年の終わりまで
	少年法	被害者等による少年審判の傍聴がなされない年齢	12歳に満たないで刑罰法令に触れる行為をした少年
	少年院法	少年院送致年齢の下限	おおむね12歳
小学校就学の始期	児童福祉法	幼児	満1歳から，小学校就学の始期に達するまでの者
	母子保健法		
	子ども・子育て支援法	小学校就学前子ども	子どものうち小学校就学の始期に達するまでの者
6	道路交通法	幼児	6歳未満の者
1	児童福祉法	乳児	満1歳に満たない者
	母子保健法	乳児	1歳に満たない者
0	母子保健法	未熟児	身体の発育が未熟のまま出生した乳児であつて，正常児が出生時に有する諸機能を得るに至るまでのもの
		新生児	出生後28日を経過しない乳児

出所：筆者作成。

第2節 子どもを取り巻く環境とライフステージ

この節のテーマ

- ●子どもと子育てを取り巻く環境構造について理解する。
- ●ライフステージごとの課題を理解する。
- ●子どもに対する家庭の養育文化の重要性を理解する。

子どもと家庭を取り巻く環境

子どもは主体的な存在である一方，家庭やあるいはそれに代わる場で養育を受けることで，成長し，自立することができる存在である。したがって，子どもを理解するためには，子どもだけの存在を切り取るだけでは不十分で，家庭や養育環境まで含めた理解が必要となる。

図1-1に示す**コンボイ＝モデル**◆1にて，かつての日本で家族の多くを占めた，農村を中心とした三世代家族と，高度経済成長期を境に増加した核家族について図示した。封建社会である江戸時代においては，人口の多くは農業により生計を得，拡大家族や地域の相互扶助を基本とした，地縁血縁のつながりを基本とし，家族や地域の重層的なサポートのもとで子育てが行われてきた。ただし，家父長制度により個人というよりは家，あるいは地域などの共同体としての人のあり方が求められていた。一方，高度経済成長期などに，給与をもらって生活するサラリーマンなどを中心に，都市部を中心に核家族化が進んだ。さらに現在では，少子高齢化を背景として大人ひとりだけの単独世帯が増えるなど，家庭の多様化が進んできた。

家族の規模が縮小し，地縁血縁によるインフォーマルなサポートが減少した結果，家制度による束縛は相対的に弱くなったものの，家族，あるいは個人としての責任は大きくなった。とくに，子どもの養育や高齢者の介護など，集約的に労力や情緒の面で重点的なかかわりが求められる生活上のできごと（**ライフイベント**）に対して，現在の家族は脆弱になった。その脆弱性に対して，公的サービスなどのフォーマルな支援，あるいは地域やNPO，社会的起業などの新たなサポートが必要となった。

人のライフステージとは

人は産まれ，そして成長して親となり，さらには年老いていく循環を繰り返してきた。**図1-2**は，年齢ごとの悩みやストレスの内容を示した図である。人々の抱える悩みの内容は**ライフステージ**ごとに変化し，支援の必要性も変化する。とくに悩みの中身は，最初は自分自身のこと，学業や仕事からはじまり，恋愛，結婚，そして人によっては離婚に向き合う。子育ての時期には子どもの学業，そして仕事となる。さらに年齢を重ねると老いに伴う自らの健康や病気のことが中心となってくる。このように，人は一生を通してライフステージごとにさまざまな悩みや課題に直面し，自ら適応，あるいは挑戦を繰り返しながら一生を過ごす。

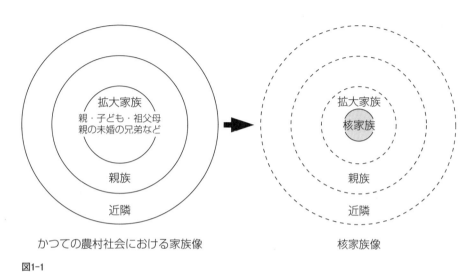

図1-1
家族像の変遷
出所：高橋重宏編（1998）『子ども家庭福祉論——子どもと親のウェルビーイングの促進』放送大学教育振興会，35頁
より筆者作成。

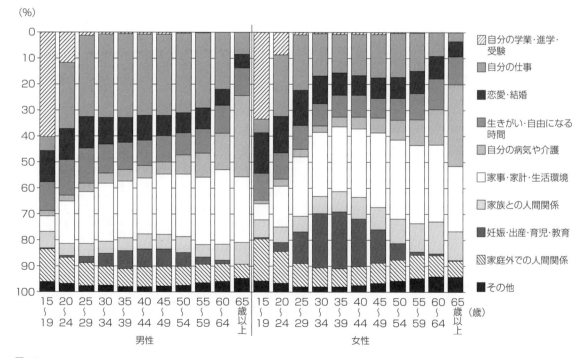

図1-2
年齢層別にみた悩みやストレスの原因
出所：厚生労働省（2015）「平成25年国民生活基礎調査」より筆者作成。

子育ち・子育てのライフステージ

　次に子育てについて考えてみよう。生命の連綿としたつながりと同様，子育てもつながっているものである。進化の中で獲得した子育てを通じて，親から子，子から孫へとつながる。このような過去から未来への子育ての循環を**図1-3**に示した。まず人は，自らが赤ちゃんとして生まれるところから一生がはじまる。そして特定の大人から守られ，爆発的な成長を伴いながら，人間関係や愛着形成の基礎を作る乳児期，そして特定の大人との安定した関係を基板とし，遊びを通して成長する就学までの期間がある。そして遊びからさらには学校等での学習や集団生活を経験する学齢期，自我を獲得し，場合によっては親への反抗等も含め，もがきながらも悩み成長する思春期がある。さらに，自らが親となって子どもを育てるために，子どもから大人へと成長する過渡期，さらには結婚し，妊娠，出産へと進む親になる準備期などに分けられるだろう。私たちは子どもと家庭に焦点を当てるにあたり，子どもや親の現在の生活だけでなく，生活歴や親が養育を受けたときの状況なども含めて捉えていく必要がある。

　子どもが養育を受ける時期は，生まれてから15歳の義務教育終了まで，あるいは生まれてから20数歳までの大学，あるいは大学院卒業までと差が幅広い。2016（平成28）年における日本人男性の平均寿命が80.98歳，女性が87.14歳であることから考えると，ライフステージのうち，養育を受ける期間は約2割を占める。さらに，2016（平成28）年における第1子出生の年齢は，女性30.7歳，男性32.8歳であった。子育ての循環を考えると，人間は生まれてから自分自身が子どもを産むま

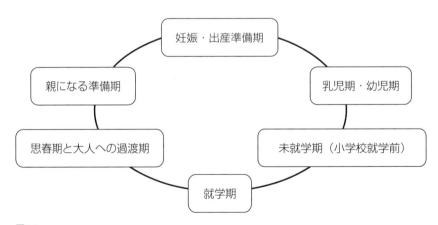

図1-3
子ども子育てのライフステージ
出所：高橋重宏監訳（1995）『まず，子どもを──子どものためのサービス諮問委員会報告』日本総合愛育研究所
　　　家庭・出生問題総合調査研究推進事業報告書より筆者作成。

での期間のうち，養育を受ける立場にある期間は約5割から8割をも占める。そのため，子育てにあたって，親の受けた子育てやその環境は大きな影響をもつ。したがって，家族・家庭を取り巻くインフォーマル[2]なサポートが薄くなった今，未来を担う子どもの成長を支えるという意味で考えると，子どもだけでなく，同時に子育ての環境や条件に対しても，社会的なサポートが必要とされる。

1

2

◆1　コンボイ＝モデル
コンボイとはもともと護衛のことを指す。個人を取り巻く社会資源やサービスなどを，その個人を中心に図示するものである。本人に近いものがより中心に描かれる。

◆2　インフォーマル
公的でなく，私的，あるいは民間の団体等による支援を非公的という意味でインフォーマルなサービスと位置づける。また，国，都道府県や市町村をはじめとした公的な資源によるものをフォーマルなサービスという。

注
(1) 厚生労働省（2017）「平成28年簡易生命表の概況」。
(2) 厚生労働省（2017）「出生　第4.19表　出生順位別にみた年齢別母の平均年齢」「出生　第4.20表　出生順位別にみた年齢別父の平均年齢」『平成28年人口動態統計　上巻』（http://www.e-stat.go.jp/SG1/estat/List.do?lid=000001137964）。

第 **3** 節　子ども家庭福祉の法体系

○ **この節のテーマ**
- 子ども家庭福祉からみた日本国憲法の意義について考える。
- 民法の規定が子どもの福祉に及ぼす影響について理解する。
- 子どもと家庭の福祉ニーズが多くの法律によって充足されることを理解する。

児童福祉法と子どもの権利

「子ども家庭福祉と関係する法律をあげなさい」といわれたら，どんなものをあげるだろうか。子どもと子育て家庭のウェルビーイングは，教育や労働など多種多様な社会的サービスの上に成り立つものであるから，この問いへの答えはたくさん存在する。このとき，子どもの福祉保障そのものを目的とした法律として，「児童福祉法」が制定されていることを忘れてはならない。

その総則の最初においては，「全て児童は，児童の権利に関する条約の精神にのっとり，適切に養育されること，その生活を保障されること，愛され，保護されること，その心身の健やかな成長及び発達並びにその自立が図られることその他の福祉を等しく保障される権利を有する」との規定が設けられている。「児童の権利に関する条約の精神」が基礎になるということは，子ども家庭福祉保障において，子どもの生きる権利，守られる権利，育つ権利とあわせて，**参加する権利**◆1が包括的に保障されると解することができる。

公的責任による福祉保障

児童福祉法第2条では，第1条を踏まえながら，子どもの育ちを保障する責任に言及した規定が設けられている。

まず，第2条第1項で，「全て国民は，児童が良好な環境において生まれ，かつ，社会のあらゆる分野において，児童の年齢及び発達の程度に応じて，その意見が尊重され，その最善の利益が優先して考慮され，心身ともに健やかに育成されるよう努めなければならない」との規定が設けられている。ここでは，子どもの人生に影響の及ぶ決定を大人が下す際，子どもの意見を大事にした上で子どもの最善の利益について考慮することを，すべての国民の努力義務としている。

ところが，すべての子どもの福祉保障をみんなの手で支えていこうとしても，実際にはなかなか機能しないものである。そこで，「児童の保護者は，児童を心身ともに健やかに育成することについて第一義的責任を負う」（第2条第2項），「国及び地方公共団体は，児童の保護者とともに，児童を心身ともに健やかに育成する権利を負う」（第2条第3項）という条文が重要な意味をもつこととなる。とくに子ども家庭福祉の成立基盤として，保護者のみに責任を負わせることなく，国及び地方公共団体がともに責任を遂行するというところが重要である。

家庭の価値

　児童福祉法の内容は多岐にわたるが，あともう
ひとつ，すべての施策に通底する基本理念として
理解しておいてほしいことがある。それが，児童
福祉法第3条の2に明記されている「家庭の価
値」である。国及び地方公共団体は，すべての子
どもが家庭で育つことを保障すべく，次節で述べ
る子ども家庭福祉の体系すべてにおいて，保護者
を支援し，家庭での継続的な養育を子どもたちに
保障するような施策を組むことになっている。

　ただし，子どもが家庭で危害を被っているのも
事実である。子どもの育ちにおける家庭の重要性
を認めながらも，実際問題として子どもがどこで
どうやって暮らすのがよいのかは，子どもたちの
声も聴き，慎重な判断をしていくことが求められ
る。

児童福祉法以外の主要な法律

　児童福祉法が制定された1947（昭和22）年当初
と現在では，基本的な生活を送るために充足すべ
きニーズが高度化・複雑化しているといわれる。
一方，子どもの福祉に焦点を当てて構成されてい
る児童福祉法に，親子や家庭の安定を図ることに
よって子どもの福祉を保障するようなサービス
等を組み込むと，かえって法律を複雑にしてしま
うことがある。そのため，いくつかの法律が，児
童福祉法とは別に制定されている。

　第2次世界大戦後の子ども家庭福祉の発展に

◆1　参加する権利
ユニセフは，子どもの権利を「生きる権利」
「守られる権利」「育つ権利」「参加する権利」
の4つにわけている（https://www.unicef.or.
jp/crc/）。このうち，参加する権利とは，自
由に意見を表明したり，集まってグループを
作ったりすることを指している。第2章第1
節も参照。

◆2　児童扶養手当法
母子・父子家庭の子どもが育成される家庭の
生活の安定と自立の促進に寄与するため，児
童扶養手当と呼ばれる現金給付を行い，子ど
もの福祉の増進を図ることを目的とした法律。

**◆3　特別児童扶養手当等の支給に関す
る法律**
精神または身体に障害を有する子どもについ
て，「特別児童扶養手当」と呼ばれる現金給付
を行い，子どもの福祉の増進を図ることを目
的とした法律。障害の程度によって，「障害児
福祉手当」「特別障害者手当」が支給されるこ
ともあわせて規定している。

◆4　母子及び父子並びに寡婦福祉法
母子・父子家庭および寡婦（母子家庭の母で
あった者で，再婚していない者）の福祉に関
する原理を明らかにするとともに，その生活
の安定と向上のために必要な措置を講じ，も
って母子家庭等および寡婦の福祉を図ること
を目的とした法律。

◆5　母子保健法
母子（乳児および幼児）の健康の保持および
増進を図ることを目的として，母子保健に関
する原理およびサービスについて規定した法
律。妊娠の届出や幼児の健康診査など，母子
に身近なサービスが多く規定されている他，
低体重の子どもなど特別な支援が必要な母子
にかかわるものも含まれている。

◆6　児童手当法
子どもを養育している者に児童手当を支給す
ることにより，家庭等における生活の安定に
寄与するとともに，次代の社会を担う児童の
健やかな成長に資することを目的とした法律。

おいては，「児童福祉 6 法」といわれる，「児童福祉法」「児童扶養手当法[◆2]」「特別児童扶養手当等の支給に関する法律[◆3]」「母子及び父子並びに寡婦福祉法[◆4]」「母子保健法[◆5]」「児童手当法[◆6]」が，子ども家庭福祉の屋台骨となってきた（名称はすべて現在のもの）。これらは今でも子ども家庭福祉ニーズの充足において重要な役割を果たし続けている。

ただし，児童手当法の制定によって 6 法が出そろった1970（昭和45）年から，時代はさらに変化し，これら法律をもってしてもカバーできないニーズが多くなっている。そのため，社会福祉士となることを目指すのであれば，「**児童虐待の防止等に関する法律**[◆7]」「**配偶者からの暴力の防止及び被害者の保護等に関する法律**[◆8]」「**次世代育成支援対策推進法**[◆9]」「**少子化社会対策基本法**[◆10]」といった法律についても知っておくことが求められる。

この他にも，児童福祉法以外の社会福祉関係法，「地方自治法」など行財政を理解するための法律，いわゆる「認定こども園法」など教育にもかかわるもの，「少年法」など法務にかかわるもの，いわゆる「育児休業法」など労働にかかわるものなど，多種多様な法律が子どもと家庭の福祉にかかわって存在している。これから子ども家庭福祉を学ぶ人たちは，これらを一気に覚えようとするよりも，多様な子ども家庭福祉ニーズを充足するためにはどのようなしくみが必要か，そのようなしくみを保障した法律があるかを考えながら多くの法律に触れ，その意義や課題について考えるようにしてほしい。

日本国憲法の重要性

子ども家庭福祉を専門的に学ぶ過程で，直接的に言及されることは少ないものの，忘れてはならないのが，最高法規として位置づけられる日本国憲法である。とくに，第25条において，子どもを含む国民すべてが「健康で文化的な最低限度の生活を営む権利」があることを明らかにすると同時に，「国は，すべての生活部面について，社会福祉，社会保障及び公衆衛生の向上及び増進に努めなければならない」という規定が設けられている意義はきわめて大きい。これが，子どもの福祉保障に国が関与することの根拠となっている。

また，国民が個人として尊重され，生命，自由及び幸福追求に対する権利が国政上最大限の尊重をされるべきこと（第13条），そして権利の保障において法の下の平等が保障されていること（第14条）も大事である。これによって年齢を理由として，日本国憲法に定められる基本的人権の制限を受けることのないよう，国は必要な措置を採らなければならないからである。この他，奴隷的拘束や苦役を受けない権利（第18条），思想及び良心の自由（第19条）等，子どもの福祉を考えるうえであらためて一読してほしい条文が含まれている。

民法と子どもの福祉

子どもの福祉に対する第一義的（最も重要な）な責任を有するのは，いわゆる親（父母）である。

親は未成年の子どもに対する**親権**[11]を行う者とされている。ここから，親権の適切な行使の必要性は，子どもの福祉保障と大きく関連することが明らかである。

とくに，親が子どもの福祉よりも自分のニーズ充足を優先するようなときに備え，いくつかの重要な規定が設けられている。例えば，虐待から子どもを適切に保護するため，親権の行使が不適当であることが確認される場合などに，親権を喪失させたり一時的に停止させたりする審判を家庭裁判所で行うときの規定が設けられている（第834条ほか）。

その他，父母に子どもの監護が期待できない場合など，子どもと実親の法的関係を終了させ，子どもの利益のために養子縁組を成立させること（第817条の２ほか），離婚時において子どもの監護にかかわる事項を決めるとき，子どもの利益を最も優先しなければならないこと（第766条）は，子ども家庭福祉にかかわるものとして言及されることの多い規定である。

Check

次の記述の正誤を答えなさい。

母子及び寡婦福祉法（現，母子及び父子並びに寡婦福祉法）は1980年代に父子家庭を対象に含めた。

（答）×：父子家庭を対象に加えたのは，2014（平成26）年の法改正である。
（第27回社会福祉士国家試験問題140より）

7

◆7　児童虐待の防止等に関する法律
虐待が子どもの人権を著しく侵害するなど，多くの重大な影響を及ぼすことなどに鑑み，子ども虐待の防止等に関する規定を設け，児童虐待の防止等に関する施策を促進し，もって児童の権利利益の擁護に資することを目的とした法律。

8

◆8　配偶者からの暴力の防止及び被害者の保護等に関する法律
配偶者（事実婚にある者，暴力被害を受けて離婚した者も含む）からの身体に対する暴力または心身に有害な影響を及ぼす言動（いわゆるDV）防止および被害者の保護を目的として，DVにかかる通報，相談，保護，自立支援等の体制整備について規定した法律。

9

◆9　次世代育成支援対策推進法
65頁を参照。

10

◆10　少子化社会対策基本法
少子化社会において講ぜられる施策の基本理念を明らかにするとともに，国および地方公共団体の責務，少子化に対処するために講ずべき基本的な8つの施策（雇用環境整備や保育サービス等の充実，子育て支援体制の充実など）等を定めた法律。

11

◆11　親権
子の監護および教育をする権利および義務のこと（民法第820条）。居所指定権（どこで生活するかを指定する権利）や懲戒権（不当な行為に対して制裁を加える権利）などが含まれるが，これら権利は，子の利益のために行使されなければならないと規定されている。

〈参考文献〉
柏女霊峰（2015）『子ども家庭福祉論（第4版）』誠信書房。

子ども家庭福祉のサービス体系

この節のテーマ

● 子ども家庭福祉のサービス体系について考える意義を理解する。
● 「代替」から「普及」まで連続的に続くものとして，サービスの全体像を把握する。

全体を把握する力

子ども家庭福祉のサービス体系については，いくつかの観点から整理することができる。例えば，①子ども本人への直接的サービス，②子どもの主たる成長の場である家庭へのサービス，③子どもと家庭を取り巻く地域社会を対象としたサービスという分類をし，これらが有機的に連動することにより，子ども家庭福祉サービスが機能していると考えることもできる。厚生労働省による施策（保育対策，要保護児童対策等）を併記するというのも，サービス体系の描き方の一例だといえる。

いずれにせよ，子ども家庭福祉のサービス体系を理解するには，子ども家庭福祉ニーズにどのようなものがあるか，それがどのような特性をもつサービスによって最も効果的に充足できるのかを大所高所から把握する力が求められる。今は自分にとって身近で具体的なトピックだけに関心が向いているかもしれないが，学びを進めれば進めるほど，「鳥の目」でサービス体系を見わたす力がつくようになるだろう。ここでは，子ども家庭福祉サービス体系論の一例を紹介しながら全体像を見ていくことにするが，これが唯一の正解だというわけではない。本書を通読したのちには，ぜひ自分なりのサービス体系を描いてみてほしい。

特殊サービスを例として

図1-4を見てほしい。図の中央を横切るのが，子ども家庭福祉サービスである。そして，大きくは，真ん中から左側にある3区分（普及・増進・予防）と，右側にある3区分（支援・補完・代替）にわけられる。そして，右にいくほど，対象となる子ども家庭は個別ニーズに対応した特別なサービスを必要とすることを表し，同時に，子どもを育成する公的責任に依拠する比重が大きくなることを示している。

まず右側を見ていこう。こちらの方が，専門職による対応が必要である。いちばん右端には，「代替」をキーワードとするものであり，家庭による子育て機能のかなりの部分を代替するサービスが位置づけられる（たとえば，里親委託や児童福祉施設への入所措置等）。そのような状況を予防するため，地域の中には家庭機能を「補完」するサービスが用意されている。それが，保護者が就労等により就学前の子どもの養育が十分にできない場合，あるいは専門職による日中のケアを保障することで子どもの健全育成が促進されることになる場合に対応したサービスである。

モデル的にサービス体系を示したこの図では捉えにくいが，実際には，この2つの区分の間で代替的・補完的サービスが重なり合っているこ

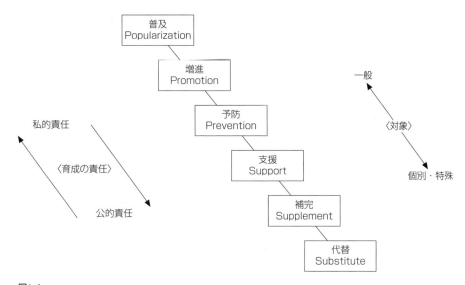

図1-4
子ども家庭福祉の内容と機能
出所：網野武博（2002）『児童福祉学——〈子ども主体〉への学際的アプローチ』中央法規出版，181頁を一部改変。

とが一般的である。例えば，虐待を理由として里
親家庭で生活している子どもは，代替的サービス
の利用をしながら，保育やショートステイなどの
補完的サービスを利用している。あるいは，母子
を一体的に養護する母子生活支援施設のように，
「代替」と「補完」の中間にあって，図の右側に
比重が偏っていかないようにしているサービス
もある。

同じように，相談や経済的な支援などの支援的
サービスと補完的サービス・代替的サービスと
の間も同じような重層的な関係があるものとし
て理解されたい。子育て家庭への経済的支援は，
子どもとともに暮らしている限り，補完的サービ
スを利用しても支給される。相談は，軽微なニー
ズを抱えた子ども家庭から，図の右側へと続いて

いく多様な子ども家庭にも提供されることで，図の左側へと移行できるように個別的な対応を重ねている。

普遍的サービス

社会全体が子どもの人権擁護と自己実現の価値を理解し，またそのためのサービスが地域に豊かに存在することは，子ども家庭にとって理想的だ。そのために，図の左半分に配置される，より子どもの福祉が増進されるサービス（たとえば，子どもの健全育成），いわゆる啓発が主たる手段となる普及サービス（たとえば，児童虐待防止推進週間の設定）も，普遍的サービスの類型として重要である。

普遍的サービスは，すべての子ども家庭に利用されることが前提となるサービスである。特殊的サービスと異なり，サービスを提供する側は，誰に対しても同じような対応をし，それをどのようにして利用するかも，基本的に子ども家庭の側に委ねられる。普遍的サービスには専門職も関与するが，子育て経験者や子どもの福祉に対して熱意のある者等がボランティアとして普及・増進活動に参加している場合も多い。

ただし，「予防」をキーワードとするサービスは，特殊的サービスを必要とするニーズを子ども家庭が抱えていないか，あるいはその可能性が高くないかを見極めるうえで大事な役割を果たしている。この**スクリーニング**◆1を的確に行うため，保健センターや学校を舞台として，専門職が各子ども家庭に個別的な接触をもちながら活動をし

ていることも珍しくない。

サービス利用方式

社会福祉サービス全体を見渡せば，多くは利用者が自らの意思でサービスを選び取っていくような方式が広く採用されている。子ども家庭福祉においても，この社会福祉界全体に流れる潮流と無縁ではない。社会福祉基礎構造改革の中で，ウェルビーイング概念（第2章第1節参照）が施策の基本として据えられるようになり，事後処理的な保護的福祉から，普遍的で予防的な領域で利用者の幸福追求を積極的にサポートすることが試みられてきた。

もっともわかりやすい例は保育サービスの利用であろう。そのときに採用される方式は，第7章第2節にあるとおりである。この図のポイントは，利用者とサービス提供者が直接向き合って契約をするということにある（いわゆる直接契約）。行政は利用支援の役割は担うことがあっても，どちらかといえば裏方的な役割に回っている。

しかし，保護者の監護が十分ではないにもかかわらず，家庭の外部に支援を求めないような事例では，利用者の自由の尊重ばかりに目を向けているわけにはいかない。そこで，保護が必要な子どもがいた場合には，法で定められた実施機関が**措置**◆2をとり，すべての子どもの生存権を保障する目的で子どもや保護者にサービスを受けるよう行政からの「指導」がなされる（**図1-5**）（もちろん，実際には，支援方法論の観点から，保護者の同意のもとでサービス利用が進むように配慮されて

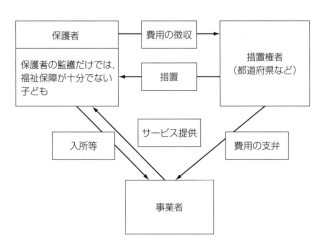

図1-5
措置方式（一例）

必ず覚える用語

□ **スクリーニング**

◆1　スクリーニング
「ふるいわけ」の意。しかし一般に「専門的な行為として、サービスの受給必要性と判断する」場合、日本語には訳さず、「スクリーニング」と表記することが一般的である。

◆2　措置
行政が自らの権限を用いて、福祉上の援助が必要な人に対して、法で定められた制度の適用を行うこと。通常は首長が措置権者となる。

いる）。

　措置がとられる場面はいくつかあるが、虐待等を理由として、子どもが児童養護施設等へ入所措置される例が代表的といえる（**図1-5**では子どもが措置されているが、措置によって保護者が指導を受ける）。

　また、ここでは直接契約と措置とを対比的に述べるにとどめるが、助産施設や母子生活支援施設の利用、私立保育所の利用では、これらとは異なる公的契約方式が採用されるなど、子ども家庭福祉のサービス利用は、利用の方式も、それを規定する法律も違っている場合が多く、大変複雑なものである。学習を進める中で、1つひとつのサービスがどのように提供されているのかにも留意していくとよいであろう。

Check

次の記述の正誤を答えなさい。

　E君（10歳）は、特別支援学校に通学している。療育手帳を所持しており、障害の程度は重度であるが、医学的治療は必要ない。母子家庭であり、日常は母親がE君を養育している。母親の体調が悪く長期の入院が必要になったため、養育者がいなくなることとなった。親族資源も活用できないので、何らかの施設利用が必要と考えられている。福祉型障害児入所施設は、E君が利用可能な児童福祉施設だと考えられる。

(答)○：障害児の養育を代替するサービスが必要である。医学的治療が必要ないことを考えると、福祉型障害児入所施設が適当である。
(第25回社会福祉士国家試験問題141より)

〈参考文献〉
網野武博（2002）『児童福祉学──〈子ども主体〉への学際的アプローチ』中央法規出版。

第5節　子どもと家庭を支える方法

○ **この節のテーマ**
- **子ども家庭福祉のソーシャルワークの特徴について学ぶ。**
- **ケースマネジメントについて学ぶ。**
- **保育技術について学ぶ。**

子どもと家庭を支えていくということ

　子ども家庭福祉の目的は，子どもの幸せな生活（ウェルビーイング）に資することである。だが，子ども家庭福祉の援助対象は「子ども」に限らず，親（親権者）など子どもを取り巻く「家庭」をも含む。それが子ども家庭福祉という理由である。

　本来，社会福祉は何かに困っている人がいれば，直接その人に手を差し伸べる。その理由は，その人の立場に立って援助してみないとわからないことも多いからである。しかし，子どもの特性を考えると子ども本人への援助には限界がある。子どもは親や地域に育てられる存在であり，育てられることへの援助が重要であること，子どもは成長段階にあり，幼ければどうしても自分自身でうまく意思表示できないこと，親権があり，子どもではなく保護者が子どもに代わって子どもの福祉について判断することが法的に決まっている部分があることなどがその理由である。しかしながら，子ども虐待など子どもと親の福祉が拮抗するような状況については子どもに直接援助する。その場合も子どもの特性をふまえて同時に親の援助をしていくことが求められる。

子ども家庭福祉における
ソーシャルワークの必要性

　ソーシャルワークは，人々の社会生活機能を高め，地域での生活をよりよいものにするために利用者の立場になって援助する方法である。利用者の地域での生活をよりよいものにするために，利用者を直接支援するだけでなく，必要な事業やサービスなどの社会制度が効率的に機能するように働きかけたり，社会政策の改善や改革にかかわることもある。このようにソーシャルワークは人々が地域社会の中で幸せに生活ができるようにあらゆる方法を用いており，方法が非常に多岐にわたるという特徴がある。

　現在，子どもを取り巻く環境として，家庭及び地域の子育て機能が低下しているといわれている。親にとっては祖父母，近所の人，友人などから得る私的なサポートが減少しており，子どもを育てていくにあたり困ったときに私的なネットワークを用いて解決していくことが難しい状況である。いわゆる普通の家庭においても援助が必要であり，2015（平成27）年4月からスタートした子ども・子育て支援新制度では地域子ども・子育て支援事業のひとつとして子どもと家庭をソーシャルワークの手法を用いて援助していく事業であると考えられる**利用者支援事業**◆1が新設

された。

　また，社会的養護の分野では以前から児童養護施設などに入所している子どもたちの早期の家庭復帰などを行うために**家庭支援専門相談員（ファミリーソーシャルワーカー）**が児童養護施設，乳児院，児童心理治療施設および児童自立支援施設に配置されている。また，子どもが安定して里親家庭の中で過ごせるように里親と子どもを支援する**里親支援専門相談員（里親支援ソーシャルワーカー）**が児童養護施設及び乳児院に配置されているなど，子ども家庭福祉分野においてソーシャルワーク機能は幅広く必要とされている。

■ ソーシャルワークとは

　ソーシャルワーク専門職のグローバル定義[◆2]では，「ソーシャルワークは，社会変革と社会開発，社会的結束，および人々のエンパワメントと解放を促進する，実践に基づいた専門職であり学問である。社会正義，人権，集団的責任，および多様性尊重の諸原理は，ソーシャルワークの中核をなす。ソーシャルワークの理論，社会科学，人文学，および地域・民族固有の知を基盤として，ソーシャルワークは，生活課題に取り組みウェルビーイングを高めるよう，人々やさまざまな構造に働きかける」と示されている。

　ソーシャルワークは価値，知識，技能，倫理が一体となって，はじめて体を成すものであり，どれが欠けても成り立たない。そして人と環境の接点における問題を解決するために，ミクロ（個人や家族を対象とする援助方法），メゾ（グループ

1

2

3

必ず覚える用語

- ☐ **家庭支援専門相談員（ファミリーソーシャルワーカー）**
- ☐ **里親支援専門相談員（里親支援ソーシャルワーカー）**
- ☐ **ソーシャルワーク専門職のグローバル定義**
- ☐ **ケースマネジメント**
- ☐ **ケアワーク**

◆1　利用者支援事業
子ども・子育て支援新制度では，子育て支援サービスおよび私的な資源の利用を手助けすることを専門とした事業として「利用者支援事業」が法定化され，すべての市町村で実施されることになった（子ども・子育て支援法第59条第1項）。例えば，個々の家庭のニーズに応じて地域子育て支援拠点事業や保育所の利用ができるように「つなぐ」役割をする。

◆2　ソーシャルワーク専門職のグローバル定義
2014年7月メルボルンにおける国際ソーシャルワーカー連盟（IFSW）総会および国際ソーシャルワーク学校連盟（IASSW）総会において定義を採択。日本語定義の作業は社会福祉専門職団体協議会と一般社団法人日本社会福祉教育学校連盟が協働で行った。2015年2月13日，IFSWとしては日本語訳，IASSWは公用語である日本語定義として決定した。

◆3　ケアワーク
ケアワークとは，直接的かつ具体的な技術を用いて，日常生活そのものを支援，援助することである。子どもに対するケアワークは成長や発達に応じて，入浴，排せつや食事等の身辺に関する援助，調理，掃除，洗濯や環境整備等の家事に関する援助，移動，外出，レクリエーションや学習等の社会生活の維持・拡大に関する援助を行う。

や地域を対象とする援助方法），マクロ（制度や国を対象とする方法）がある。

ミクロの援助は個人や家族へ援助を行う。生活上の問題が起こっている子どもと家庭にアプローチするが，子ども家庭福祉分野の場合，保護者に対する相談援助が主となる。

メゾの援助は，グループや地域を対象として援助し，それによって個人や家族の生活における問題の解決をめざす。例えば，子育てに悩む母親の当事者グループを作り悩みを共有する機会を提供し，どうすればよいのかを考え合うことができるように援助する。また，子どもや家族にとって必要な身近な資源を開発したり利用できるようにしたりすることもメゾの援助にあたる。例えば，地域に必要な子育て支援資源（児童館，保育所など）がなければ，作ってもらうように働きかけたりする方法である。

マクロは，その社会で生活する人々に共通する問題，つまり法律や制度に働きかけることである。例えば，2015（平成27）年4月から子ども・子育て支援新制度がスタートしたが，このように新しい法律や制度を作ることで子どもと家庭の問題の解決を図ろうとすることがマクロの実践にあたる。

ケースマネジメント

ケースマネジメントは，複雑で重複した問題を抱える利用者が生活の中で起こる問題を解決し，よりよい生活をしていくために，利用者の立場に立って一緒に考え，責任をもって援助していく方

法である。具体的には，それぞれの利用者が社会的な資源（制度やサービスなど）や私的な資源（家族，友人，近隣住民など）を必要に応じて組み合わせて利用できるように調整する。一般的に①アセスメント，②プランニング，③リンキング，④モニタリングをし，必要があれば⑤再アセスメントを行うといったプロセスで成り立っている。ソーシャルワークの中のケースワークと似ているが，③の段階でリンキング，つまり「つなぐ」ということを中心に行っていくという特徴がある。

例えば，子育て支援を利用したいと考えているが，どのような資源があるのか，またどのような援助が必要なのかが判然としない保護者に対してケースマネジメントの方法を用いてサービスパッケージ（利用者にとって必要なサービスをパッケージとしてセットにすること）を計画し，子育てを含む生活がうまくいくように援助する。

保育技術

保育の基本的な役割は，子どもの成長，発達を保障すること，親が働くことを支えること，地域の子育てを支援することなどであるが，制度の制約を受け，社会の需要によって変化する部分もある。

保育は親が就労などを理由に日中子どもを養育することが難しい場合に提供されるため，親と連携して子どもの成長や発達を支えていく必要がある。そのため，子どもの成長，発達を支えていくための技術が保育技術の中心となる。

一方で，近年子どもの成長や発達を支えるためには子どもを直接保育する**ケアワーク**◆3だけでなく，保護者への保育に関する指導も含まれるようになった。保護者と保育士は子どもの成長，発達を支えていくためのパートナーであり，互いが協力し合うことが重要である。近年，地域や保護者の子育てをしていく力が全体的に低下しているといわれており，保育士は保護者のパートナーとしてソーシャルワークやカウンセリングの技術を援用し，保護者を支えていくことが求められている。しかしながら，保育とソーシャルワーク，カウンセリングは別の専門性を必要としており，どこまで保育技術として取り入れ，どこからはソーシャルワーカーやカウンセラーに任せるのかといったことを判断していくことも必要である。

家庭支援専門相談員（ファミリーソーシャルワーカー）に関する次の記述の正誤を答えなさい。

　乳児院等の児童福祉施設において，児童の早期家庭復帰や家庭復帰後の相談・養育指導，里親委託の促進等の業務を専門に担当する。

（答）○：家庭支援専門相談員（ファミリーソーシャルワーカー）は児童が安定した家庭の中で生活できるように，環境を調整する役割をもっているため。
（第23回社会福祉士国家試験問題142より）

注

(1) 山縣文治（2011）「子ども家庭福祉とソーシャルワーク」『ソーシャルワーク学会誌』21, 1-13頁。

(2) Rubin, A. (1987) Case Management. *Social Work*, 28(1), 49-54.

〈参考文献〉

Holt, B. J. (2000) *The Practice of Generalist Case Management*, Allyn & Bacon.（＝2005, 白澤政和監訳／所道彦・清水由香編訳『相談援助職のためのケースマネジメント入門』中央法規出版。）

近藤幹生（2014）『保育とは何か』岩波書店。

Rose, S. M. (1992) *Case Management and Social Work Practice*, Longman.（＝1997, 白澤政和・渡部律子・岡田進一監訳『ケースマネージメントと社会福祉』ミネルヴァ書房。）

山縣文治（2011）「子ども家庭福祉とソーシャルワーク」『ソーシャルワーク学会誌』21, 1-13頁。

さらに学びたい人への基本図書

柏女霊峰『子ども家庭福祉学序説──実践論からのアプローチ』誠信書房,
　2019年
子ども家庭福祉実施体制研究の第一人者による書。実施体制上の課題につい
て，さらに詳しく学ぶ際の必読書。

公益財団法人児童育成協会監修『目で見る児童福祉』中央法規出版（各年版）
子ども家庭福祉施策がコンパクトにまとめられており，手軽に参照できる。毎
年度最新版が発行されている。

山崎聡一郎『こども六法』弘文堂，2019年
子ども向けの法律書。社会福祉に特化したものではないが，法律の意義を考
え直すために最適。

第1章

問：自身の子ども観と現代の子ども観の違いは何かについて考えよう。

ヒント：歴史的な子ども観，現行法令上の子どもの定義やライフステージからみた
　　　　子どもの姿と，自身の子ども観とを照らし合わせてみよう。

第**2**章

子ども家庭福祉を
支える考え方

本章で学ぶこと

● 権利行使の「主体」の意味と意義を理解する。（第1節）

● 子どもの自立支援の概念と取り組みを理解する。（第2節）

● 子どもに対するエンパワメントとアドボカシーの概念と取り組みを
　理解する。（第3節）

●「子どもの安全」と「ニーズ」を理解する。（第4節）

1節 権利行使の主体である子ども

この節のテーマ
- ●「主体」とは何かを理解する。
- ●ウェルビーイング理念を理解する。

子ども主体

子ども家庭福祉分野には，第1章でも学んだようにたくさんの法律，制度がある。法律や制度は国会で定められるし，地方自治体においてもさまざまな制度が作られている。要するに，議員や行政職員という大人が子ども家庭福祉について議会や行政で決めているということである。では，大人が子どものことを大人の話し合いだけで決めていいのだろうか。

国際連合で1989（平成元）年に採択され，わが国が1994（平成6）年に批准した「**児童の権利に関する条約**◆1（通称，子どもの権利条約）」の第3条には以下のような定めがある。「児童に関するすべての措置をとるに当たっては，公的若しくは私的な社会福祉施設，裁判所，行政当局又は立法機関のいずれによって行われるものであっても，児童の最善の利益が主として考慮されるものとする」。

したがって，国会であろうが，地方議会だろうが，行政機関であろうが，子どもに関係する事項を決定する際には，「**子どもの最善の利益**」をまず真っ先に考えなければならないことになる。子ども家庭福祉においても，最優先されるべきことは，国のために，社会のために，地域のためにというこ

とではなく，子どものためにであるということを十分理解しなければならない。

では，子ども最善の利益は誰がどのように決めるのだろうか。大人はそれぞれの立場から，最善を考えるものであり，一定の結論が導き出せるわけではない。ある人は子どもが自由にのびのびできることを最善と考えるだろうし，ある人は決まりをしっかり守り社会に貢献することが結果として最善となると考えるかもしれない。いずれも，「子どもにとって最善である」と主張しているとき，どちらを優先するのだろうか。

児童の権利に関する条約第12条では，締結国は，自己の見解をまとめる力のある子どもに対して，その子どもに影響を与えるすべての事柄について自由に自己の見解を表明する権利を保障しており，子どもの見解が，その年齢および成熟に従い，正当に重視されると規定している。

このように子どもは**意見を表明する権利**が保障されているのである。したがって，何が子ども自身にとって最善の利益なのかを決める際には，子どもの意見が正当に重視されていることが必要な条件となる。子ども自身のことは，子ども自身の意見表明によって決めるという，決定の主人公であることが保障されていることをもって，子どもが「主体」であるということができる。

権利の主体

　児童の権利に関する条約第13条第1項には，子どもが表現の自由の権利をもち，「主体」として権利を行使することがはっきりと示されている。「児童は，**表現の自由についての権利**を有する。この権利には，口頭，手書き，若しくは印刷，芸術の形態又は自ら選択する他の方法により，国境とのかかわりなく，あらゆる種類の情報及び考えを求め，受け及び伝える自由を含む」。ただし，無制限な権利の行使を認めているわけではなく第13条第2項において制限も課されている。「権利の行使については，一定の制限を課することができる。ただし，その制限は，法律によって定められ，かつ，次の目的のために必要とされるものに限る。(a) 他の者の権利又は信用の尊重　(b) 国の安全，公の秩序又は公衆の健康若しくは道徳の保護」。大人と同様，子どもの権利も他者の権利の侵害や，公共の福祉に反しない限りにおいて行使することができるのである。

　このように児童の権利に関する条約は，子どもが権利行使の主体であることを明確に定めている。しかしながら，子どもが権利の主体であることは世界の歴史の中で戦争により多くの子どもたちの命が失われる反省に立って，20世紀に入ってから段階を追って確認されていったものである。

　スウェーデンの思想家**エレン・ケイ (Key, E.)**[2]は20世紀初頭に「20世紀は児童の世紀」と子どもの幸せに願いを込めて主張し，当時の子どもに関

1

2

必ず覚える用語

☐ **子どもの最善の利益**
☐ **意見を表明する権利**
☐ **表現の自由についての権利**
☐ **エレン・ケイ (Key, E.)**
☐ **コルチャック (Korczak, J.)**
☐ **世界保健機関 (WHO)**

◆1　児童の権利に関する条約
1989年11月20日国際連合総会第44会期において全会一致で採択された。通称，子どもの権利条約。これは，国際連合・子どもの権利宣言30周年の成果をふまえて提案されたものである。現在，国際連合加盟国のうちアメリカを除く（署名済）すべての国が締結しており，子どもの権利保障のための世界基準であるといえる。

◆2　エレン・ケイ (Key, E., 1849-1926)
スウェーデンの女性思想家。母性と児童の尊重を基調に社会問題についての議論を展開した。大正デモクラシー期において日本の婦人運動にも大きな影響をおよぼした。主な著作として『児童の世紀』『婦人運動』『母性の復興』などがある。

わる大人に大きな影響を与えた。しかしながら，21世紀の今日振り返ってみると「20世紀は戦争の世紀」と総括されることもある。大きな戦争が起こる度に，弱い立場にある数多くの子どもが犠牲となり，幼子を抱えた親が犠牲となった。このことへの反省を繰り返す中で，子どもと家庭の権利保障は国際社会で歴史的に高められてきたものである。そのひとつの結節点として，1989年に国際連合において児童の権利に関する条約が採択された。日本における子ども・家庭福祉の理念は国際社会における権利保障の動向を抜いては考えられないであろう。以下で歴史的に重要な動きを追っていく。

①　白亜館（ホワイトハウス）会議（1909年，アメリカ）：エレン・ケイの「児童の世紀」に刺激され，セオドア・ルーズヴェルト大統領（Roosevelt, T.）によって召集された。「家庭生活は，文明の所産のうち最も高い，最も美しいものである。児童は緊急なやむをえない理由がない限り，家庭生活から引き離されてはならない」と子どもにとっての家庭の大切さが声明文において強調されている。

②　世界児童憲章草案（1922年，イギリス）：第1次世界大戦の反省に立ち，子どもの権利を保障するための具体的な事項をまとめ，綱領として発表した。家庭を重視する立場を取りながら，児童福祉についての国の責務にも言及がなされている。

③　児童の権利に関するジュネーブ宣言（1924年，国際連盟）：「世界児童憲章草案」を引き継いで，国際的機関が採択した世界初の児童権利宣言

である。「心身の正常な発達保障」「要保護児童の援助」「危機時の児童最優先の援助」「自活支援・搾取からの保護」「児童の育成目標」の5項目からなる短い宣言であった。

④　アメリカ児童憲章（1930年，アメリカ）：世界恐慌から子ども達を救うために，フーヴァー大統領（Hoover, H. C.）によって提唱された。子どもの人権思想に基づいた児童福祉の全領域が含まれていた。

⑤　世界人権宣言（1948年，国際連合）：第2次世界大戦の反省に立ち，「すべての国民とすべての国家にとって達成されなければならない共通の基準」として採択された。平和と人権の関係が書き記されており，第22条で社会保障の権利，第25条で健康・福祉の権利などをうたっている。

⑥　児童権利宣言（1959年，国際連合）：ジュネーブ宣言の精神と世界人権宣言の規定を，より具体化した内容の宣言である。すべての子どもの基本的人権，平等・権利・自由が強調された。第2条に「子ども（児童）の最善の利益」がうたわれており，児童の権利に関する条約につながる理念がここにおいて提示されたことは大変重要なポイントである。

⑦　国際児童年（1979年，国際連合）：児童権利宣言20周年記念事業として取り組まれた。

⑧　児童の権利に関する条約（1989年，国際連合）：児童権利宣言を条約として具現化したものである。この条約の草案は，ユダヤ人捕虜収容所で子どもたちと死を共にした**コルチャック（Korczak, J.）**◆3の故国ポーランドが作成した。現在は，アメリカ以外のすべての国連加盟国が批准

している。子どもを,「〜される」という表現で示される大人から守られるという受動的権利を有する存在としてだけでなく,能動的権利の主体として明確化した点が画期的であった。子どもにかかわるすべての活動における「子どもの最善の利益」を前提とし,「意見表明」「表現・情報の自由」「集会・結社の自由」などの権利がうたわれている。

子どものウェルビーイング

　第2次世界大戦後に児童福祉法が制定されて以来,子どもの福祉目標は,憲法第25条が示す「健康で文化的な最低限度の生活を営む権利」の保障であったということができる。しかしながら,ともするとこれが最低限度以下の生活を余儀なくされている子どもについて,最低限度の生活が送れるように支えるというような限定的な福祉をイメージさせるものであったと解釈することもできる。子ども家庭福祉の法,制度の運用も行政的に設定された基準をもってニーズを測定し,それにあてはまる子どものみを対象として限定的に運用されるという側面が強かった。これは限定された弱者のみを救済するという福祉観に基づくものである。

　1946（昭和21）年に提唱された**世界保健機関（WHO）**の憲章草案において,健康について新たな定義が提唱された。ここでは健康を,病気ではないとか,弱っていないということではなく,肉体的にも,精神的にも,そして社会的にも,すべてが満たされた状態（well-being）にあることと

3

◆3　コルチャック（Korczak, J., 1878-1942）
ユダヤ系ポーランド人で小児科医,児童文学作家,教育家。1911年にユダヤ人孤児のための孤児院の院長となるが,ナチス・ドイツによるホロコースト（大量虐殺）で子どもたちとともに犠牲となった。子どもの権利概念の先駆者である。

定義している。この定義が社会福祉分野にも強く影響を与え，社会福祉も単に貧困状態から生活を改善させるといった限定的な取り組みでなく，個人の権利や自己実現が保障されることを目標とした総合的な取り組みであるべきことが確認されてきた。

　これ以降，子ども家庭福祉を支える考え方として「子どものウェルビーイング（well-being）」が大きく注目されてきた。

　児童の権利に関する条約においても，前文で「家族が，社会の基礎的な集団として，並びに家族のすべての構成員，特に，児童の成長及び福祉のための自然な環境として，社会においてその責任を十分に引き受けることができるよう必要な保護及び援助を与えられるべきである」とあり，ここで福祉のことを旧来から用いられてきたウェルフェア（welfare）という言葉でなく，ウェルビーイング（well-being）を用いて表している。

　日本国政府は1994（平成6）年に当時の国連加盟国184か国中158番目に批准した。この批准の遅れは，子どもの権利に関する意識が世界各国に比べると，十分に高まってはいなかったと解釈できるような事実である。

　子どもの権利保障の歴史や子ども家庭福祉理念の高まりをふまえ，現在の子ども・家庭福祉の中心的な目標は，子ども自身とその親（家庭）が「育ちあう」中でよりよく生き，自己実現が成されるように社会的な支援体制を整えていくことにあるといえる。

　児童の権利に関する条約の批准を見据えて，1993（平成5）年に出した「たくましい子ども・

明るい家庭・活力とやさしさに満ちた地域社会をめざす21プラン研究会報告書」において，厚生省児童家庭局（当時）は子ども・家庭福祉の目標を以下のように打ち出しているが，この中でも「ウェルビーイング」が強調されており，後の施策の指針を示すものとなった。

　①　特定の児童・家庭のみを対象とするのでなく，すべての子どもの健全育成を対象とすると同時に，子どもの生活基盤である家庭やそれを取り巻く地域社会をも視野に入れて対応していく。

　②　福祉の概念として，救貧的あるいは慈善的イメージを伴う「ウェルフェア（welfare）」に代えて，「よりよく生きること」「自己実現の保障」という意味合いを持つ「ウェルビーイング（well-being）」という言葉を意識する。

　③　子育てに関して，家庭のみにまかせることな，国や地方自治体をはじめとする社会全体で責任を持って支援していく。

　④　子どもを一定の方向に導いていくという側面のみを強調するのでなく，子どもが生まれながらに有している成長，発達の可能性を最大限発揮できるように支援していく。

　⑤　可能な限り子どもが生まれ育ち生活する基本的な場である家庭・地域社会において育成されるよう，必要な施策を予防促進的に展開していく。

　⑥　「最低限の画一的サービス」から「高品質の多次元サービス」へ広がりをもたせる。

国連児童権利委員会による審査

日本国政府は，5年に1度国連児童権利委員会

により審査を受けることになっている。2019年に出された日本国政府に対する勧告内容の子どもの最善の利益，意見表明権の尊重について以下に示す。

• 子どもの最善の利益

委員会は，自己の最善の利益を第一次的に考慮される子どもの権利が，とくに教育，代替的養護，家族紛争および少年司法において適切に統合されかつ一貫して解釈されているわけではなく，かつ，司法機関，行政機関および立法機関が，子どもに関連するすべての決定において子どもの最善の利益を考慮しているわけではないことに留意する。自己の最善の利益を第一次的に考慮される子どもの権利についての一般的意見14号（2013年）を参照しながら，委員会は，締約国が，子どもに関連するすべての法律および政策の影響評価を事前および事後に実施するための義務的手続を確立するよう勧告するものである。委員会はまた，子どもに関わる個別の事案で，子どもの最善の利益評価が，多職種チームによって，子ども本人の義務的参加を得て必ず行なわれるべきであることも勧告する。

• 子どもの意見の尊重

2016年の児童福祉法改正規定が子どもの意見の尊重に言及していること，および，家事事件手続法が諸手続における子どもの参加にかかわる規定を統合していることには留意しながらも，委員会は，自己にかかわるあらゆる事柄について自由に意見を表明する子どもの権利が尊重されていないことを依然として深刻に懸念する。

（日本語訳：子どもの権利条約NGOレポート連絡会議）

Check

子どもの権利に関する次の記述の正誤を答えなさい。

子どもの権利に関する先駆的な思想を持ち，児童の権利に関する条約の精神に多大な影響を与えたといわれ，第二次世界大戦下ナチスドイツによる強制収容所で子どもたちと死を共にしたとされる人物は，ヤヌシュ・コルチャック（Korczak, J.）である。

（答）○：ユダヤ系ポーランド人で小児科医，児童文学作家，教育家。
（第32回社会福祉士国家試験137より）

〈参考文献〉
喜多明人（2015）『子どもの権利──次世代につなぐ』エイデル研究所。

子どもの自立支援

◯ この節のテーマ
- ●自立の概念について理解する。
- ●子どもの自立支援の重要性と制度を理解する。
- ●社会的養護のもとでの自立支援の状況を学ぶ。

子どもという存在

「子ども」は「子ども」としての特有の時期にありながら,「大人」になる過程にいる存在でもある。連続したライフステージの一時期である子ども期を支援する子ども家庭福祉では,子どもの「自立」を支援することを大きな役割としている。

例えば,子どもや子育てにかかわる制度・サービスも,幼児期のある一時期を支援するものという狭い視点からではなく,その先に続く子どもの人生や自立の視点からみることが重要である。

「自立」とは

では,この「自立」とは,どのような状態を指すのだろうか。自立とは,一般的には,他者に依存しない状況を指す言葉である。例えば,他人の助けをかりず,使用している制度やサービスを全く必要としなくなれば「自立」したと捉える自立観がある。こうした自立観は,自助的自立と表現される。(1) この視点からは,障害や病気などによって,継続した支援が必要な状況にある人々は,自立していない存在とされてしまう。

しかし,現実には,どのような人も他者や社会とのつながりの中で,なんらかの助けを得ながら生活しており,周囲を頼って生きることは決して「悪」ではない。東京大学先端科学技術研究センターの熊谷晋一郎氏は「自立とは『依存先を増やすこと』」と述べている。(2) これが依存的自立という自立観である。この自立観からは,それぞれがもつ力や能力をエンパワメントしながらも,必要な支援や制度を活用して生活することを自立と考える。**ノーマライゼーション**◆1の考えや**自立生活運動**◆2の広まりによって,自助的自立の考えは,依存的自立の方向へ転換した。

また,**自立**には,さまざまな側面があり,身体(身辺)的自立,社会的自立,経済的自立,精神的自立と,構造的にいったん分離して捉えることもある。この4つの側面から,それぞれの状況を捉えることで,自立の状況を理解し,必要なサービスや支援を考えることができる。

自立支援

より生活に即したレベルで「自立」を説明したのは,福島智である。福島は,9歳で視力を,18歳で聴覚を失い,盲ろう者となった。その後,指点字等を開発,再びコミュニケーションを取り戻し,東京大学先端科学技術研究センターでバリアフリーなどの研究を行っている。

福島は,「自立とは,自分の財布と相談して今

日の晩ご飯を何にするか自分で決め，恋ができること。つまり，人の手助けを得ながら自分の生活を自分で決めること，恋が実るかどうかは別としていろんな人と自由に出会える環境にいることだ」と語っている。[3]

　つまり，日々の生活のレベルで主体性が保障され，社会とつながり，自己実現を果たす可能性を有している状態が「自立」であると考えられる。

　こうした自立観に基づいた自立支援は，最低限の保護にとどまることなく，自己の生き方を切り拓いて行けるようになることをめざすものとして捉えることができる。これは，主体性が尊重されることで，自立をめざすものであるが，先に述べたように，この「自立」は誰にも頼らず，社会資源等の支援も利用せず，独立して生活することを意味するものではない。人が互いに，助け合い「依存」しあうことで，自己実現が果たせるよう，ウェルビーイングを実現していくという視点が重要となる。

■ 子どもの自立を支援する

　こうした自立の考えは，子どもの自立支援においても通底する考えである。日常の暮らしの中から思いや意見が聴かれることで，ニーズをもつ子どもや家族が，主体的な生活や選択ができるよう支援していくことが必要である。

　とくに，子ども家庭福祉の領域には，保護や公的養育を必要とする子どもたちが対象に含まれており，社会や養育者が彼らの「自立」を支援することは子ども家庭福祉の重要な役割である。さ

1

◆1　ノーマライゼーション
「ある社会からその構成員の一部を排除する場合，それは弱くてもろい社会である」という国際障害者年決議（1981）の一節に代表されるように，障害がある人や社会的弱者に対しても，社会生活上においてひとりの市民としての権利を保障しようとする考え。もとは，デンマークにおける知的障害者運動としてスタートしたが，現在では，社会福祉全体の基本枠組みに影響を与える重要な考えとなっている。

2

◆2　自立生活運動（Independent Living Movement）
障害者が自立生活の権利を主張した社会運動のこと。IL運動といわれることもある。アメリカ・カリフォルニア大学バークレー校に通う障害のある大学生の運動からはじまり，1972年に自立生活センターが作られた。この運動は，ノーマライゼーションとともに全米に広がった。自立生活運動は，障害者の自己決定と選択権が最大限に尊重されている限り，例え全面的な介助を受けていても人格的には自立していると考え，自己決定を自立の中心的な価値として位置づけた点で重要であった。

らに，公的保護を必要とする場合には，子どもの意思に反した措置が行われる場合もある。この場合にも，「子どもであること」で，説明の機会が不足していたり，意見が聴かれなかったりすることで主体性が奪われることのないよう，本人を主体とした自立支援の意識が必要である。

移行期に現れる困難

子どもは，「若者」へ，そして大人へと移行する。この過程には，社会や原家族のありようが濃縮されてあらわれる。たとえば，進路選択には，家族の経済状況の問題がより強調され，それまでの困難の集積が表面化する。特に，高校や大学等の進路選択をみると，経済的な困難を抱えやすいひとり親家庭や生活保護世帯，児童養護施設で生活する子どもたちの進学率が顕著に低くなっている。

また，社会における若者の雇用状況の変化は，より経済的自立を困難にする。たとえば，就労の不安定化などから，パートやアルバイトなど，非正規雇用で働く若者が急増していることも困難の一つとしてあげられる。非正規雇用に就く若者の増加は，所得格差の拡大や生活不安の増大の一因となっており，近年では若者ホームレスの問題も明らかになりつつある。

さらに，15～34歳の若年無業者の数は，令和元（2019）年で56万人であり，15～34歳人口に占める割合は2.2％となる。この状況に対して，若者の雇用の促進等を図り，その能力を有効に発揮できる環境を整備するため，若者の適職の選択並び

に職業能力の開発及び向上に関する措置等を総合的に講ずる「青少年の雇用の促進等に関する法律」が，平成27（2015）年から順次施行されている。また働くことに悩みを抱えている15～49歳までの若者に対し，「身近に相談できる機関」として，地域若者サポートステーションが全ての都道府県に必置されている。

若者は，家族による扶養が期待される年齢であると同時に，稼働年齢でもある。そのため，家族か企業による生活保障が前提にあり，従来，若者が社会福祉の対象と見なされることは少なかった。しかし，現在，貧困家庭で育つ子ども・若者の問題，不登校や引きこもり状態にある若者の問題，若者の雇用問題，子ども・若者のメンタルヘルスの悪化や自殺の問題など，広範な子ども・若者への支援施策が求められている。

制度間の連携による若者の自立支援

子ども・若者を取り巻く環境はそれぞれ異なる。困難が複合的にあらわれ，より複雑な状況になることもある。また，子どもが大人に移行する過程では，年齢に伴って適応される法律が異なったり，対象となる制度が変更されることがある。例えば，年齢が上がることによって子ども家庭福祉の対象と見なされなくなったり，ひきこもりや生きづらさの問題があっても，はっきりとした診断名がなければ障害（児）者福祉制度が適応されにくい。また，原家族の世帯の一員と見なされれば若者本人が困窮していても生活保護制度が利用できない場合もある。このような縦割りの制度

が強まれば，若者たちはより「制度の狭間」に落ち込みやすくなる。これに対して，現在では子ども・若者・家庭にかかわる制度・機関の連携が強く求められている。

2010年には，**子ども・若者育成支援推進法**[◆3]（平成21年法律第71号）が成立し，困難を抱える子ども・若者の問題に対する国・地方自治体の責任が明記された。国と地方公共団体が連携しながら，「子ども・若者支援地域協議会」等の設置によって，困難を有する子ども・若者に対し，年齢階層で途切れることなく継続した支援を行う「縦のネットワーク」の機能が必要である。あわせて，教育，福祉，保健，医療，矯正，更生保護，雇用等の関係機関・団体が，個々の子ども・若者に関する情報を適切に共有し，有機的に連携する「横のネットワーク」を機能させることが必要である。

社会的養護における自立支援

次に，社会的養護の分野での自立支援についてみていく。社会的養護のもとでの実践は，アドミッションケア（社会的養護に措置される前後の支援），インケア（社会的養護のもとでの支援），リービングケア（社会的養護からの巣立ちに向けた支援），アフターケア（社会的養護のもとを巣立った後の支援）と連続したプロセスによって，自立に向けたより専門的な支援がめざされている。1997（平成9）年に行われた児童福祉法改正での重要なキーワードは「自立支援」であった。児童養護施設等の機能に「自立支援」が明定され，児童自立支援施設への改称や児童自立生活援助事業（自立援助ホーム）の法定化も行われた。

また，平成28（2016）年には，家賃相当額や生活費の貸付を行う「児童養護施設退所者等に対する自立支援資金貸付事業」が開始された。さらに，平成28（2016）年の児童福祉法一部改正法において，児童自立生活援助事業（自立援助ホーム）の対象者に，22歳の年度末までの間にある大学等就学中の者が追加されたことに伴い，平成29（2017）年から20歳到達後から22歳の年度末までの間における支援に要する費用について補助を行う「就学者自立生活援助事業」も行われている。

加えて，児童養護施設等への施設入所措置を18歳（措置延長の場合は20歳）到達により措置解除された者について，原則22歳の年度末まで，引き続き必要な支援を提供する「社会的養護自立支援事業」が，平成29（2017）年に開始した。

しかし，社会的養護のもとで育った若者が社会へ巣立った後の生活状況は，厳しいものであることが明らかとなってきている。この要因には，多角的な検討が必要であるが，ここでは，先述した自立の4つの側面から，考えてみたい。

社会的養護を必要とする子どもたちは，家庭等への退所が見込めない場合，おおむね18歳で，措

3 **◆3　子ども・若者育成支援推進法**
子ども・若者をめぐる環境の悪化，抱える問題の深刻化を受け，従来の個別分野における縦割り的な対応ではなく，教育，福祉，保健，医療，矯正，更生保護，雇用など各分野にわたって，子ども・若者育成支援施策の総合的推進を図るための枠組みを整備し，社会生活を円滑に営むうえでの困難を有する子ども・若者を支援するためのネットワークを整えることを目的とする。

置のもとから離れることになる。一般的にこの年齢では，生活面でも経済面でも，保護者のもとにあることが多く，家族からの支援を受けられない若者たちは，身辺的自立や経済的自立において，困難な状況に置かれやすい。そのため，ケアのもとにあるときから生活スキルの獲得等の自立支援が必要となる。

　経済的自立の面では，社会的養護を巣立った若者の生活保護受給率が同年代の若者の約18倍の高さとなっており，社会的に困難が集積している状態である。これに対して，社会的養護のもとでは，就労の支援を提供する他，大学等進学の支援制度や経済的支援の制度の周知が必要である。

　また，こうした周囲の若者たちとの生活の違いや経済状況の違いが不遇感や孤立感を生み，精神的な葛藤が生じることも多い。精神的な自立に向けての重要なケアは，自分の生まれや家族の状況についての問いや，なぜ社会的養護のもとで育ったのかという問いに対応する「生い立ちの整理」である。この整理が図られなければ，経済的にあるいは生活的に自立が図られたとしても，自身の根幹となる部分が揺らぎ，「ライフチャンス」を阻害し，主体的な人生を歩むことを困難にしてしまう。

　こうした自らのアイデンティティや生命についての揺らぎ・不安定さが，社会的なつながりをもつことを困難にし，孤立した状況に追いやってしまうこともある。社会的な自立を考えるうえでもアイデンティティに対するケアは重要である。そのうえで，社会に出た際にも主体的な生活が可能となるよう，ケアのもとにあるときから日々の

生活の中で主体的な選択の機会や意見を聴かれ尊重される経験が重要である。こうした積み重ねによってはじめて「自立」が可能となるだろう。

▌当事者の参画

　子ども家庭福祉の領域において当事者の参画の機会を保障する取り組みも行われている。

　カナダの東部にあるオンタリオ州では，社会的養護の当事者が制度や政策に参画する取り組みが行われている。「子ども・青少年アドボケートオフィス」(Office of the Provincial Advocate for Children & Youth) は，州政府から独立性を担保した形で，子どもの権利擁護を行ってきた。社会的養護で育つ子どもや若者の経験や声をまとめ，発信する取り組みは，支援の現場に大きな影響を与え，制度の改善や新たなサービスの創設につながっている。

　また，「ペープ青年リソースセンター」(Pape Adolescent Resource Centre；PARC) は，社会的養護のもとにいる子どもやケアを受けた若者を支援するための機関である。児童相談所の予算で設置されながらも独立した形で運営され，自立の準備や自立後の生活のサポートを行っている。曜日ごとに用意されているプログラムでは，ソーシャルワーカーだけでなく，当事者がリーダーに任命され，主体的に活動が行われている。プログラムは，自立に向けた取り組みや自身の社会的養護のもとで育った経験を共有するスピークアウトなどがある。

　日本においても，上記のカナダ・オンタリオ州

の取り組みを視察し，交流を行ったことを契機に2001（平成13）年に大阪で誕生したChildren's Views and Voices（CVV）など，2021（令和 3）年現在，約10の当事者を主体とした団体が活動を行っている。こうした団体は，社会的養護のもとで育ったという共通の経験を基盤として，相談支援や居場所提供等のアフターケアを行っている。

　また，講演や多様な媒体を通じて当事者としての意見や声を発信することで，第 3 節で後述するような組織的な制度への参画やアドボカシーの機能を果たそうとする団体も少数ながら活動している。日米の社会的養護のもとで育った若者（当事者ユース）の交流を通じて，アドボカシーのトレーニングを行っているNPO法人インターナショナル・フォスターケア・アライアンス（IFCA）もその 1 つである。

　制度の改正・策定にも当事者の参画を保障し，よりニーズに応じたかたちにしていくことが今後の社会に求められている。

Check

自立に関する次の記述の正誤を答えなさい。

　子ども・若者育成支援推進法（2009年（平成21年））は，子ども・若者が健やかに成長し，自立した個人としての自己を確立し他者とともに次代の社会を担えるようになることを基本理念のひとつとしている。

（答）○
（第27回社会福祉士国家試験問題30より）

注

(1)・(2)　山縣文治・柏女霊峰編集委員代表（2013）『社会福祉用語辞典（第 9 版）』ミネルヴァ書房。
(3)　『朝日新聞』2008年12月21日朝刊「耕論」。
(4)　永野咲・有村大士（2014）「社会的養護措置解除後の生活実態とデプリベーション──二次分析による仮説生成と一次データからの示唆」『社会福祉学』54(4)，28-40頁。
(5)　現在は，オンブズマン制度に統合されている。

〈参考文献〉
宮本みち子・小杉礼子編著（2011）『二極化する若者と自立支援──「若者問題」への接近』明石書店。
NPO法人社会的養護の当事者参加推進団体日向ぼっこ編著（2009）『『日向ぼっこ』と社会的養護──施設で育った子どもたちの居場所』明石書店。
永野咲（2017）『社会的養護のもとで育つ若者の「ライフチャンス」──選択肢とつながりの保障，「生の不安定さ」からの解放を求めて』明石書店。

エンパワメントとアドボカシー

この節のテーマ

- エンパワメントの概念について理解する。
- アドボカシーの概念と取り組みについて理解する。
- エンパワメントとアドボカシーの連続性について理解する。
- 子どもに対するエンパワメントとアドボカシーの取り組みを理解する。

　子どもの自立支援には，自己決定とそれを可能にする主体性の尊重が不可欠である。そのために重要な取り組みとして，エンパワメントとアドボカシーがあげられる。

　ここでは，この2つの概念を整理していく。

エンパワメントの概念

　子ども家庭福祉のみならず，社会福祉やソーシャルワークにおいて，重要な概念とされるのが，「エンパワメント」の概念である。

　エンパワメントの視座は，すべての人がそれぞれに豊かなパワーをもった可能性に満ちた存在であると捉えるところからはじまる。ところが，周囲の人から虐待や暴力，いじめを受けたり，社会からの差別・偏見にさらされ続けると，本来その人がもっている力が外側から抑圧される（外的抑圧）。こうした外的抑圧は，その人自身の内側からの圧力（内的抑圧）を生じさせ，さらにパワーを奪い，無力化状況（パワーレスネス）に陥れてしまう。

　例えば，家庭においてきょうだいと比較され否定的な評価をされたり，体罰や虐待を受けると，そのこと自体が否定的な圧力となり，その人のパワーを奪っていく（外的抑圧）。さらに，こうした環境で抑圧を受け続けると，「自分はダメな存在だ，何をやってもダメだ」と自らの可能性を押し込め（内的抑圧），さらに無力化されていくのである。こうした状況から，外的抑圧・内的抑圧を取り除き，その人が本来もっているパワーを取り戻す過程がエンパワメントである。

　つまり，社会的に抑圧され，セルフコントロールするパワーを剥奪された人々が，否定的な抑圧を取り除くことによって，本来もっていたパワーを取り戻し，自らの生活のコントロールを獲得するプロセスが「エンパワメント」である。

　注意しなければならないのは，エンパワメントの概念が焦点を当てているのは，自分たちの生活のあり方をコントロールし，自己決定することが可能となるような平等で公正な社会の実現をめざすことであって，たんに個人や集団に技術や力をつけて自立を促すことではないということである。

エンパワメントの背景

　こうした，エンパワメントの背景には，従来の視点からの転換を含む重要な視点が存在している。

　そのひとつは，ストレングス・パースペクティ

ブ（視座）である。従来，ニーズを抱える子ども
や家族に対するとき，その「問題」や「欠点」に
目を向け，それを解消する（べき）という見方が
多かった。一方，ストレングス・パースペクティ
ブでは，子どもや家族が本来もつ独自の強さ，能
力，向上心など（**ストレングス**）に敬意を払い，
彼らがもともともっている力や資源に焦点を当
てる。これは，生活上の困難も，成長や挑戦の機
会と捉え，彼らの内側からの再生や，エンパワメ
ント，逆境を克服する人々の回復力に敬意を払う
考えである。

　また，これまで，子どもは傷つきやすく，無力
で，家族にがんじがらめになっている存在と捉え
られてきた。そのため，虐待などによる子ども時
代のダメージがトラウマとなって一生を台無し
にするという言説（ダメージ・モデル）が信じら
れてきた。しかし，子どもはあらゆる困難を乗り
越え回復しようとする力強さももつ存在である。
この視点は「**レジリエンス**」という概念で表され
る。このレジリエンスは，受けた人の復元力や予
防の力によってダメージの程度が変わること，さ
らに，周囲の支援や教育機会などによって促進さ
れることもわかっている。それまでの環境でさま
ざまなダメージを受けている子どもであっても，
そのダメージが子どもの将来や可能性を必ずし
も決定づけるものではない。子どもたちが本来も
つレジリエンスが発揮されるよう，環境や機会，
十分なケアを用意することが重要である。

アドボカシーの概念

一方で，本来もつパワーを奪われ無力化された状況では，権利が侵害されてしまうことがある。このような場合に，権利を守るために「声」をあげ，改善や変革を求めていく一連の行動を**アドボカシー**という。

アドボカシーの語源をたどれば，「声を上げる」という意味になる。つまり，アドボカシーとは，権利を侵害されている状況に対して「主張すること，支持すること」を意味している。

アドボカシーの分類

アドボカシーは，その担い手や目的，働きかける対象によってさまざまに分類される。

担い手による分類は以下のように定義される。弁護士・ソーシャルワーカー，保護者などが中心となって代弁するものが，代理人アドボカシーである。このうち，教師や福祉職，心理士などが職務として行うものをフォーマルアドボカシー（制度的アドボカシー），保護者や養育者などが行うものをインフォーマルアドボカシー（非制度的アドボカシー）と分類する場合もある。さらに専門の養成やトレーニングを受けたアドボキットと呼ばれる専門家が行うものを独立アドボカシーまたは専門アドボカシーとすることもある。一方，個人またはグループが彼らのニーズと利益を求めて自ら主張し行動する過程が，セルフアドボカシーと分類される。このうち，同じ問題を共有する集団で行うものをピアアドボカシーという。

また，目的による分類として，第1に個人の利益に対するものが，ケースアドボカシー（個別アドボカシー）である。ケースアドボカシーは，個人の権利と利益を擁護する活動が中心ではあるが，それと同時に個人のエンパワメントを図っていく活動でもある。また，ある特定の集団，階層・階級などの利益に対する活動で，法律，制度，政策，社会システムといった公共性の高いものの変革を志向するものが，システムアドボカシー（またはクラスアドボカシー，コーズアドボカシーともいう）である。このうち政策や法律の変更を対象としたアドボカシーをポリシーアドボカシーとして区分する場合もある。このケースアドボカシーとシステムアドボカシーは，連続したものであり，それぞれの実践が相互に高まることで当事者の権利擁護が可能となる。

子どものアドボカシー

子どもに対するアドボカシーは，広い意味では，すべての子どもの権利を擁護することである。

子どもに特化したアドボカシーが必要な理由として，子どもには大人と同様の権利が保障されていないこと，参政権がなく社会に影響を与えられないこと，権利を侵害された場合に及ぶ影響が大きいにもかかわらず，意見が聴かれにくく，アドボカシーにつながりにくいことなど，子どもの脆弱さ（バルネラビリティー）が示されている。そのため，子どもにかかわる決定が成される場合には，子どもの意見が聴かれるプロセスを保障す

ることが重要である。

アメリカでは，社会的養護のもとで育った若者（当事者ユース）が関連制度の策定に関与するユースアドボカシー（システムアドボカシー）がさかんに行われている。例えば，当事者ユースのグループが改革してほしい重要課題を出し，それを州の委員会が取り入れ審議する。この委員会にも，社会的養護で育った当事者や現在社会的養護のもとで暮らす若者が委員として加わっている。さらに，制度案ができた段階で，当事者ユースの諮問機関に意見を求めることもある。こうして複数の地点で当事者の意見が反映され，ニーズに即した制度を作り上げていく。当事者のグループで作成した提言を議会に直接訴えることもある。また，こうした当事者の参画に必要なトレーニングが，当事者ユースや大人側に実施されており，安全性が確保された上で，実効的なアドボカシーが行えるよう配慮されている。

イギリスでも，子どもアドボカシーの目的として，子どもの権利が尊重され，子どもの意見と希望がいつでも聴取されるようにすることが明記されている。そして，子どもアドボカシーは，子どもについての決定権をもつ大人に対して，子どもの意見を代弁し，影響を与え，この過程を通じて，子ども自身が決定に影響を与えることができるように，子どもをエンパワメントしていくのである。

「私たちのことを，私たち抜きで語らないで（Nothing about us, without us.）」という言葉が表示するように，子どもや若者の人生を彼らの手の中に戻さなければならない。

Check

アドボカシーに関する次の記述の正誤を答えなさい。

　利用者と利害関係のある相手の主張に対し，援助者は利用者が妥協できるように交渉することである。

（答）×：アドボカシーは，利用者の利益のための活動であり，利用者の妥協を求めるものではない。
（第22回社会福祉士国家試験問題88より）

〈参考文献〉
堀正嗣・栄留里美（2009）『子どもソーシャルワークとアドボカシー実践』明石書店。
Johnson, L. C. & Yanca, S. J. (2001) *Social Work Practice: A Generalist Approach*, 7th. ed.（＝2004, 山辺朗子・岩間伸之訳『ジェネラリスト・ソーシャルワーク』ミネルヴァ書房。）
森田ゆり（1998）『エンパワメントと人権——こころの力のみなもとへ』解放出版社。
アドボカシーオフィス（http://provincial advocate.on.ca）。

子どもの安全とニーズ

この節のテーマ
- 子どもの安全への懸念について説明できるようになる。
- 子どもと家庭のニーズについて説明できるようになる。
- 子どもの安全とニーズが区別して理解できるようになる。
- 介入型と支援型のアプローチが必要なことを理解する。

「子どもの安全」の重要性

　子ども家庭福祉における支援の目的は，子どものウェルビーイングの保障である。実践において，当事者の意向を尊重し，当事者との協働を探りながら支援を行っていくことは必要不可欠である。しかしながら，親や大人による子どもへの深刻な人権侵害ともいえる子ども虐待に関してはどうだろうか。当事者である保護者が自ら相談に訪れるような事例は多くはない。孤立した子育て環境の中で，子どもが生命の危機に直面している，あるいは成長への深刻なダメージを負っているなど，子どもの安全が脅かされるような状態・状況もある。必要によっては当事者の意向を越え，社会として子どもを救う「介入」を行う必要がある。当事者から支援の訴えがない事例においても，その事例に潜む潜在的な「子どもの安全」への懸念についての**ニーズ**を捉えることは，実践が成り立つうえでその土台となる。つまり子どもの生命や安全を守るため，「子どもの安全」に十分な注意を払いながらかかわることは，子ども家庭福祉の実践において必要不可欠である。

子どもの安全とウェルビーイングの保障との間で生じるジレンマ

　人生においても，実践の場においても，私たちはさまざまなジレンマ（葛藤）に直面する。子ども虐待や**マルトリートメント**◆1への対応など，複雑な背景をふまえた判断においては，大きな**ジレンマ**◆2に直面するだろう。子ども家庭福祉領域における実践では，子どもや子どもの親がどのような価値観や養育観を持つかは重要であり，尊重されるべきものである。しかしながら，例え子どもやその親自身が支援の必要性を感じていなかったとしても，子どもの安全が脅かされる，あるいは何らかの支援を要する状態や状況であると判断される場合には，社会が子どもの生命・安全を守る責務として，児童相談所等の専門職者が介入することが必要となる。さらに介入後には，子どものウェルビーイングを実現すべく，子どもにとっての最善の利益を考え，どのような環境で育つのがよいか（例えば，誰のもとで育つのかなど），そして誰がどのように家族と共に問題を解決するのか等も含めて，重大な判断が必要とされる。一つひとつの判断が人の一生を左右する重たい判断である。だからこそ，支援者はさまざまな場面で起こるジレンマにどう対応していくのかを十

分に検討していく必要があるとともに，エビデンス（客観的事実）に基づいた実践や役割分担や情報収集のための多職種連携も重要である。また，事前・事後も含めた状況確認などを行い，介入や支援が適切であったのかをモニターしていく必要があるだろう。

子ども虐待の再通告から考える

「子どもの安全」について，重視すべきことは上に述べた通りだが，ただ単に子どもを保護したり，介入したりすれば良いというわけではない。1990年代の北米における子ども虐待やマルトリートメントへの取り組みから，通告などによりケースに接触した際，子どもの安全に対する懸念がより低く，子どもの保護や支援の対象とならなかった一部のケースが，より深刻な状況となったことが報告されている。子どもの安全を確認・確保するためには，ニーズをつかんだ時点での正確なアセスメントと即時の対応が求められる。その一方で，子どもが乳幼児であり，本人の意思表明ができていない場合や，家庭や子育ての問題が固定化していない段階ではその後の課題の深刻化が把握できない場合も多い。また，ネグレクト傾向の家庭をはじめとして，事例を把握した時点で，子どもの安全への懸念がそれほど高くない事例の中には，家庭の養育環境を変えていくために，子どもや親と協働し，中長期的に関わることが効果的な場合も見られる。

◆1　マルトリートメント
135頁を参照。

◆2　ジレンマ
支援の場におけるジレンマとは，対人援助者が直面する，2つ以上の価値感がぶつかりあい，判断に迷う状況を指す。例えば，生命の危険，生活の維持，支援者の職場の規則や判断，支援の限界，子どもの最善の利益など，実践においてはさまざまな価値や倫理的な判断を必要とする。さまざまな組み合わせが考えられるが，ソーシャルワークにおいては生命と生活を重視する場合が多い。ジレンマに，より適切に対応するためには，日頃から実践現場，あるいはスーパーバイズの場で検討をしておくことが必要である。

間違いやすい用語

子どもの「安全への懸念」と「リスク」

日本では一般的に直面している問題だけでなく，問題が起こる可能性も含めて「リスク」として取り扱われがちである。しかし，世界的に見てみると2つの言葉は区別して使われている。「子どもの安全への懸念」とは，現在子どもの安全がどれだけ脅かされているかについての情報である。一方で，「リスク」とは，潜在的，あるいは軽度なものも含めて，家族のもつニーズや脆弱性についての情報である。「介入」の判断においてより重視されるのは「子どもの安全への懸念」である。

子どもの死亡事例から考える

　アメリカで1990年代前半に行われたハーバード特別委員会による取りまとめでは，介入機関における「過小対応」が指摘された。子ども虐待の問題が深刻化する中で，介入を行う機関を強化しても，死亡事例がなくならなかったことに対しての指摘である。実際の子どもの死亡につながった事例から何が学べるだろうか。次の文章は，死亡事例の検証報告に基づき作成した模擬事例である。

　「近隣から，幼児のものと思われる長時間の強い泣き声が度々聞こえるため，子どもの虐待ではないかと疑う通告があった。市町村は学校や関係機関から情報収集したうえで，家庭訪問を行い，子どもと親に面接を行った。面接を通じ，養育に対する不安や課題はあるものの，子どもの虐待が認められないと判断した。要保護児童対策地域協議会にて検討し，保護をせず，関係機関で見守ることとした。3か月後，子どもが死亡したことが分かり，病院から警察に通報が入った。」

　この事例から学べることは，少なくとも2点ある。第1点目は，子どもの安全に対する判断と，ニーズ把握のうえでの支援の要否判断とは一致しない場合があるということである。先述した事例でも，家庭訪問という一時的な場面で判断し，その時「虐待でなかった」という理由により対応を見誤り，死亡事例にいたった。つまり，問題の深刻度（子どもの安全が脅かされる状態・状況にあるか否か）だけの判断にもとづく対応では，問題を深刻化させる可能性があるのである。子どもの安全と，支援のニーズの把握や判断は，それぞれ確実に行う必要がある。上記の事例において，子育てにおける不安や課題を見逃さず，ニーズをきちんと把握しながら支援を行っていれば，その子どもは命を落とすことはなかったかもしれない。

　第2点目は，ケースの状態・状況は，刻々と変化するということである。単に状態・状況を見守り，危険な状態に陥っていないことを把握するという方法には限界がある。先のハーバード特別委員会による指摘には，①一時的な介入では十分なアセスメントができないこと，そして②どんなにシステムを強化しても，システムは判断の誤りというエラーを起こす可能性があり，エラーを起こすことを前提とした問題を防ぐための工夫の必要性について指摘がなされた。つまり，介入や，そして専門職や関係者が具体的なプログラムもなく見守るだけでは死亡事例を防ぐことはできないということである。また，専門職やシステムにはかかわりの限界があり，地域の資源や当事者のもつインフォーマル（非公的）な資源との連携が必要不可欠であると考えるべきであろう。ゆえに，家庭の様子を知るには，実際に**アウトリーチ**◆3を行い，家庭の養育文化を知り，その親の育ちや養育課題まで含めて，当事者と協働しながら解決できる視点をもつことが求められる。そしてその当事者である子どもと家族を取り巻く地域の知

人，近隣の人々，支援機関などの関係者（**ステー
クホルダー**[4]）も含め，子どもとその子どもの家庭
のウェルビーイングを作り上げ生活できるよう
つながり，つまりエコシステムを作り，その関係
性の中で支援していくことが必要であるといえ
るだろう。

3

◆3　アウトリーチ
サービスを行う際に，支援機関の中に留まっ
て相談を受け付けるだけでなく，現場や地域
に出向いて支援を行うことを指す。一般的に，
本人が問題に気づいていない，あるいは相談
の動機がない場合に必要不可欠な支援形態で
あり，また効果も大きい。

4

◆4　ステークホルダー
利害関係者と訳される。問題解決にあたり，当
事者と支援者の協働や，あるいは専門職だけ
でなく地域においても対応が求められる。し
たがって，関係をもつ人や資源を総称し，関
係のある利害関係者と考え，支援環境や当事
者を取り巻くエコシステムを捉え直す必要性
がある。

問題解決に効果的なのは「介入」か「支援」か

　厚生労働省がとりまとめた「子ども
虐待による死亡事例等の検証結果等に
ついて（第10次報告）[(1)]」を見てみよう。
第1次から第10次報告に取りまとめた
結果をふまえ，「子ども虐待による死亡
事例等を防ぐためのリスクとして留意
すべきポイント」をとりまとめている。
そこでは養育者，子ども，生活環境等，
援助過程の4つの側面から対応が取り
まとめられている。この中であげられ
ている項目への対応について，①「子

どもの安全への懸念」に対する「介入」
がふさわしいか，あるいは②ニーズに
対する「支援」がふさわしいか，分け
てみてほしい。検討してみると，死亡
事例の検証から得られた結果であって
も，単純に「介入」で解決できる問題
は少ないだろう。このことから，決し
て家庭へ「介入」し，専門職がかかわ
るだけでは子ども虐待やマルトリート
メントの潜在的な課題の解決につなが
らないことがわかる。

注　(1)　厚生労働省（2014）「子ども虐待による死
　　　亡事例等の検証結果等について（第10次報
　　　告）」（http://www.mhlw.go.jp/stf/seisaku
　　　nitsuite/bunya/0000057947.html）。

〈参考文献〉
有村大士（2010）「日本における子どものマル
　トリートメント対応システムのあり方に関
　する研究」日本社会事業大学博士後期課程
　学位論文。
Waldfogel, J.(1998)Rethinking the paradigm
　for child protection. *The Future of
　Children.* 8(1), 104-119.
Connolly, M. (2005) Differential Responses
　in Child Care and Protection: Innovative
　Approaches in Family-Centered Practice.
　Protecting Children, 20(2, 3), 8-20.

さらに学びたい人への基本図書

喜多明人『子どもの権利──次世代につなぐ』エイデル出版社，2015年
子どものさまざまな課題は，子どもの権利の視点なしでは決して解決しない。
子どもの権利とは何なのか，子どもの権利研究のパイオニアが記した基本書。

栄留里美『社会的養護児童のアドボカシー──意見表明権の保障を目指して』
　明石書店，2015年
子どもの権利を護るためのアドボカシーについて，イギリスのアドボカシー
制度の提供体制や運用面を検証し，その意義と課題を提示しながら，日本の
社会的養護システムへの導入についての提案がなされている。

宮本みち子・小杉礼子編著『二極化する若者と自立支援──「若者問題」へ
　の接近』明石書店，2011年
社会の構造の中で，自立に困難を抱える若者について，教育，企業，地域社
会等の視点から明らかにし，今後の具体的な解決策を探った１冊。

堀正嗣『子どもの心の声を聴く──子どもアドボカシー入門』岩波書店，2020
　年
「子どもアドボカシー」について，その基本から欧米における取り組みまでわ
かりやすく解説された１冊。入門書としておすすめ。

Try! 第２章

**問：権利行使の主体である子どもにとってのアドボカシーの意義につ
　いて考えよう。**

　ヒント：「児童の権利に関する条約」の背景にある子ども観や子どもが置かれている
　　　　　環境をふまえよう。

第 3 章

子ども家庭福祉のあゆみ

本章で学ぶこと

● 日本の子ども家庭福祉の特徴を把握する。（第1節）

● 明治期の近代化における子どもの状況と社会問題を学ぶ。（第2節）

● 大正期・昭和期の児童保護から児童福祉への背景を理解する。（第3節）

● 児童福祉から子ども家庭福祉へと移り変わった背景と考え方を理解する。（第4節）

● 近年の少子化対策と子育て支援施策の動向を学ぶ。（第5節）

子どもの保護から子ども家庭福祉まで

○ この節のテーマ

● 日本の子ども家庭福祉の流れを概観する。
● 日本の子ども家庭福祉の特徴をふまえる。

日本の子ども家庭福祉の特徴

　日本の子ども家庭福祉の特徴は, 総合法としての児童福祉法をもつことにある。児童福祉法は, 日本国憲法と同様, 第2次世界大戦後のアメリカの軍政下で策定されたものであり, その影響を受けて成立した画期的なものであった。ただ, 戦後の混乱, 復興, 経済成長から現在直面する少子高齢化などのいわば「社会の成熟」に伴う課題への対応が求められる中で, 社会的な要請も変化してきた。そのため, 児童保護から現在の子ども家庭福祉に変遷する中で, 限定的・事後的領域から, 予防的な領域まで, 社会的な対応の幅を広げてきた。加えて, 「児童の権利に関する条約」の批准に見られるように, 子どもは大人に守られる受動的な存在から権利行使の主体として位置付けられるようになった。また, 子育て支援や保育などの少子化対策, あるいは子どもの虐待やドメスティック・バイオレンスなどの家庭内で起きる課題への対応, あるいは**児童ポルノ**◆1など新たな法律で対応される領域も増えてきた。

児童保護から子ども家庭福祉まで

　本章は, 時代の変遷に沿って3節で構成されて

いる。本節では, 「児童保護」, 「児童福祉」, 「児童家庭福祉」および「子ども家庭福祉」と焦点を変えてきた, それぞれの時代における子どもの生活背景等と法令や施策の概要を示す。

児童保護

　江戸から明治に変わる1867(慶応3)年に, 日本は幕藩体制を終了し, 新政府のもとで明治時代に入った。明治時代には先進諸国に仲間入りするために, 日本はさまざまな殖産興業, そして文明開化を行うことになる。子どもについては, とくに第2次世界大戦前の児童虐待防止法により, 子どもの労働や人身売買, そして子どもの虐待について法制度が整えられるとともに, 非行や虞犯, あるいは孤児対策について, 篤志家を中心とした社会事業家を中心に, 子どもへの事業が進められた。この時代には「児童保護」に焦点が置かれていた。なお, 第2次世界大戦後も, 子どもの人権が守られている状態とはいいがたく, 戦争による孤児, 浮浪児の課題や, 引き上げ孤児などの課題も多く, 特別なニーズを抱えた子どもを保護する趣旨が強かった。

児童福祉

第2次世界大戦が終了し，浮浪児，戦争孤児の課題も大きい中，すべての子どもを対象とした児童福祉法が1947（昭和22）年に成立した。さらに，その4年後には，児童福祉法の理念を社会に浸透させるため，子どもが社会に守られる対象であるとし，児童憲章が示されることとなる。特別な子どもだけを対象とした児童保護ではなく，すべての子どもを対象とした児童福祉の発想は画期的であった。

児童家庭福祉

第2次世界大戦からの復興が進み，1956（昭和31）年の経済白書では，「もはや戦後ではない」と書かれ，流行語にもなった。太平洋ベルト地帯を中心とした工業の著しい発展があった。さらに，いわゆる「団塊の世代」の豊かさを求めた人口移動により，農村を中心とした，拡大家族，三世代家族等が減少する代わりに，核家族が増加した。家庭の規模が縮小することに伴い，家庭の基盤が弱体化した。そのため，子どもだけでなく，子どもが育つ最も重要な環境である家庭も焦点に加え，視野を広げて施策を検討する必要があり「児童家庭福祉」という用語が使われるようになった。

子ども家庭福祉

第2次世界大戦や子どもの現状に鑑み，国際連合の場で「児童の権利に関する条約（通称，子どもの権利条約）」が採択された。日本も，子どもと家庭の問題が複雑化する中で，子どもを権利行使の主体とする議論が進み，1994（平成6）年に批准することとなった。法律用語となる「児童」に代わり，幅広い子どもの権利に対応するために，「子ども」という用語が使われた（第1章第1節参照）。

子どもが権利行使の主体であるということが位置づけられたことにより，さまざまな場面で子どもや，社会的なサービスの利用経験をもつ当事者の参画がより積極的に進められるようになった。また親による子どもへの最大の人権侵害ともいえる，子ども虐待への対応が進められた。また，児童ポルノなどの新たな権利侵害などについても対応が進められることとなった。

◆1 児童ポルノ
従来より子どもに対する性的搾取や性的虐待は子どもの権利を著しく侵害する行為とされている。昨今インターネットの発達などにより，子どもがポルノの対象として被害者となる事例が大きく問題となった。児童買春，児童ポルノに係る行為を規制する目的で「児童買春，児童ポルノに係る行為等の規制及び処罰並びに児童の保護等に関する法律」が制定されており，現在ではポルノを撮影したり売買するだけでなく，他人に提供する目的を伴わない単純保持についても規制がなされるようになった。

〈参考文献〉
山野則子・武田信子編（2015）『子ども家庭福祉の世界』有斐閣。
高橋重宏編（1998）『子ども家庭福祉論——子どもと親のウェルビーイングの促進』放送大学教育振興会。

日本の近代化と児童問題
——明治期（1868-1912）

◯ **この節のテーマ**
- **近代化の中での子どもの状況を理解する。**
- **児童問題の背景と内容を理解する。**
- **公的制度および民間事業の活動について知る。**

近代化の中での児童問題

　江戸時代における長い鎖国の眠りから覚めた日本は，徳川幕府を打倒した長州・薩摩藩出身者を中心とした明治新政府によって近代国家への道を歩みはじめた。具体的には西洋文化・諸制度の導入（文明開化）と富国強兵政策のもと，地租改正，徴兵令，四民平等，賤称廃止令にいたる諸政策を実施した。明治20年代には大日本帝国憲法発布と帝国議会開設により，近代国家としての体裁は整えられた。経済的には産業革命による資本主義化が進み，日清戦争後には一層の飛躍をみたが，足尾鉱毒事件などの深刻な公害問題も発生した。このような西洋化，近代化，資本主義化が進む一方で貧困問題などの社会問題が発生した。この時期に起こった三陸大津波や濃尾大地震などの自然災害も人々の生活に深刻な打撃を与えた。

　近代化への歩みの過程で，日本が列強諸国と対等に渡り合うためには近代的市民の育成（＝子どもの教育制度）が重要であるとされた。新政府は文部省設置（1871年）と新しい教育制度の導入（1872年「学制」）を図り，「良民」を育成するために教育に対する国家統制を強力に進めていったが，さまざまな要因により1891年にいたるまで小学校就学率は50％に届かなかった。そのため，義務教育の無償化などを行った結果，就学率が95％にいたったのは新世紀に入った1905年であった。

　しかし，このような社会の大きなうねりの中で，現実的には社会的に弱い立場にある子どもたちが深刻な問題や被害に直面せざるを得ない状況にあったことは容易に想像がつく。当時の子どもたちが直面した問題をあげれば，①貧困，②孤児・棄児，③非行・犯罪，④児童労働，など枚挙にいとまがない。そこで，本節ではそれぞれの問題の状況と，当時の政府や社会がそれらにどう対処しようとしたのか，また，その限界などについてもみていきたい。

貧困問題

　新政府は富国強兵政策を進めていく中でさまざまな改革を断行した。「地租改正」は，当時の日本人口の8割以上を占めた農民の生活に大きな影響を与える税制改革であったが，松方デフレなどの不況の中で税負担に耐えられない農民が土地を手放して都市へ流出するきっかけともなった。そのような生活の糧を失った人々がたどり着いた先は，職業も食料も十分な居住環境さえ整わない都市の貧民窟（スラム）であった。そこでは，幼い子どもも含めた「一家総出」で働いても十分な食事を確保することすら困難であった。

では，上のような貧困にあえぐ人々に対して時の政府はどのような対応をしたのだろうか。まず，政府は「棄児養育米給与方（1871年）」（捨子を養育する者に対して当該児童の養育に必要な米7斗（約126リットル）を支給する規則），「三子出産ノ貧困者ヘ養育料給与方（1873年）」（3つ子を出産した困窮家庭に対して一時金5円の養育料を支給する規則），1874（明治7）年には「恤救規則」◆1を制定した。同規則には「同独身にて13年以下の者」として子どもも救済対象として設定され所定の量の米代が支給されたが，救済条件が厳しいためほとんどその効果は期待できなかった。結果的にこのような救貧制度の整備とは矛盾するかのように，貧困問題はより深刻化していったのであり，孤児・棄児（捨子），非行・犯罪，児童労働，高い乳幼児死亡率などといった問題を生み出す源ともなった。

孤児・棄児

　先に見たように明治時代の子どもたちが直面した問題は，「貧困」を起点として派生したものが多かった。しかし，消極的な政府は不十分な貧困対策を設けた以外は有効な手立てを打つことはなかった。深刻な貧困問題に加え，コレラなど伝染病，自然災害や戦争によって生じた孤児・棄児（捨子）についても例外ではない。それは，政府が富国強兵のための貴重な財源（税収）を救済制度に振り分けることに躊躇したためであるが，地方自治体にも同様の姿勢がみられた。例えば東京府はロシア大公来日に際して，帝都にたむろす

◆1　恤救規則
国内統一の救貧制度として制定された規則。救済対象として設定されたのは「極貧の者独身にて廃疾に罹り産業を営む能はさる者」，「同独身にて70才以上の者重病或は老衰して産業を営む能はさる者」，「同独身にて疾病に罹り産業を営む能はさる者」，「同独身にて13年以下の者」などが対象となり，それぞれの所定の量にあたる米の代金が支給された。同規則は貧困の責任と原因は個人にあることを前提としており，救済の対象を「無告の窮民」に限定し，「人民相互の情誼」を強調して公的救済よりも血縁的・地縁的な共同体相互扶助（隣保相扶，親族相助）を優先させた。

◆2　石井十次（1865-1914）
1865年宮崎県児湯郡（現高鍋町）に生まれる。岡山甲種医学校において医学の道を志すが，ブリストル孤児院のジョージ・ミュラーの信仰と実践に関する講演に感銘を受け，「岡山孤児院」を設立した（1887年）。彼はイギリスのトーマス・バーナードが設立した「少女の村（Girl's Village Home）」の小舎制（家庭的）養育や里子委託事業など，海外の先駆的な活動を積極的に岡山孤児院の運営にも取り入れた。また，後年はルソーの『エミール』から影響を受け，自然の中での労働教育を進めるため宮崎県の茶臼原に施設事業を移転している。

◆3　留岡幸助（1864-1934）
1864年備中松山藩（現岡山県高梁市）に生まれる。幼少時の身分制による不条理な経験からキリスト教に入信，14歳で受洗した。1885年に京都の同志社に入学し新島襄のもとで学んだ。在学中に2つの社会問題「二大暗黒──監獄と遊郭」を知り，卒業後牧会活動に従事し，監獄改良事業に進むことを決意。北海道の監獄で在監者の多くがその幼少時から家庭環境や境遇に恵まれなかったことを知ると，非行少年に対する感化教育を学ぶために渡米，帰国後「家庭にして学校，学校にして家庭」という理念のもと，不良・非行少年のための感化院「家庭学校」を東京巣鴨に創設した。

る浮浪児などを収容するための「養育院」を1872（明治5）年に設置したが，1884（明治17）年に公費による施設経営を中断した。そのため，東京市が養育院の経営を引き継ぐまでの約6年間は，施設長の立場にあった実業家・渋沢栄一の尽力によって施設経営が続けられた。

　このように文字通り貧困な救済制度を補う形で，宗教者を中心として孤児らを保護・養育するための民間施設が創設されていくことになる。まずキリスト教の動きとしては，カトリック系の「浦上養育院」が1874（明治7）年長崎に設立された。またプロテスタント系では，1887（明治20）年に**石井十次**◆2が設立した岡山孤児院がある。石井は小舎制による養育や里親委託，子どもの年齢に応じたケア（「時代教育法」）など先駆的な実践方法を展開，日本の養護事業をリードする役割を担った。さらに石井は濃尾大震災（1891年）や東北大凶作（1906年）の際には積極的に被災児童の救済に取り組み，一時は約1200名を同施設において保護した。キリスト教では大阪聖約翰学園（1889年），博愛社（1890年）などの設立が続き，日本初の知的障害児施設である滝乃川学園（1891年）も濃尾大震災での救援活動をきっかけにして石井亮一が設立したものである。また，仏教系の事業としては福田会育児院（1879年）や大勧進養育院（1883年）などの活動があり，天理教も天理教養徳院を設立（1910年）している。

非行・犯罪児

　次に非行・犯罪児の問題についてみてみよう。

この問題は一面的には子どもを「加害者」として捉えることもできるが，その背景に彼らを非行・犯罪に駆り立てる深刻な社会問題が存在するという事実を問題視すべきである。貧困問題の深刻化と不安定な家庭環境，弱年での就労など要因はいくつも考えられるが，近代化の進展とともに国内の非行・犯罪児は急増した。旧「刑法」（1880年）においては12歳未満の者を「絶対的」，16歳未満の者を「相対的」責任無能力者（＝個別判断で責任能力を問う）としたが，裁判によって責任能力がない（＝不論罪）と判断されても，懲治場と呼ばれる監獄に留置されることがあった。そのため，1882（明治15）年には2345名であった16歳未満の監獄内受刑児が，1892（明治25）年には8192人へと急増している(1)。

　このような事態において，過酷な環境におかれた子どもたちに対して，刑罰ではなく保護と教育によってその更生を図ろうとする「感化教育」を推進する動きが広まった。その代表的な施設に**留岡幸助**◆3の家庭学校（1899年）があり，1900（明治33）年に政府は「**感化法**」◆4を制定，1908（明治41）年の同法改正で全道府県に感化院（現在の児童自立支援施設）が設立されることとなった。

児童労働

　世界史において女性・子どもの労働力が西欧諸国の産業革命を進める原動力となったことは周知の事実であるが，日本もその例外ではない。貧困問題の深刻化にともない，子どもは貧しい家計を支えるための貴重な「稼ぎ手」であり，同時

に資本家からみれば利益を生むための「使い捨てのできる安価な労働力」であった。日本の産業革命の中核であった製糸・紡績業では女子を中心とする幼年工の使役は盛んに行われた。19世紀末に行われた大阪職工教育会の調査では紡績業で働く者のうち義務教育を修了した者は10％に満たなかった。また，過酷な労働条件が幼年工の健康をむしばみ，1901年の政府の調査でも製糸・紡績工場の職工は１年間に全員が入れ替わるという事態が報告されている。

　このような状況に対して12歳未満の者の就業禁止を盛り込んだ「**工場法**◆5」が制定されたのは1911（明治44）年である。ただし，産業界の激しい反発に遭って同法施行はその５年後とされ，さまざまな児童労働に関する規制が実行されるまでに，さらに15年間もの猶予期間をおくという即効性に乏しいものであった。また，規制内容自体も十分なものとはいえず，1930（昭和５）年にいたっても100万人を超える労働児童（14歳未満）の存在が国勢調査によって確認された。

　以上のように，近代化へのあゆみの過程で発生した深刻な児童問題に対し，時の政府が積極的な解決に乗り出すことはなく，その対処については民間事業に負うところが大きかった。しかし，大正・戦前期に入るとこのような児童問題に対して，子どもの「人権」保障という観点からその問題解決を図ろうとする動きがみられ，その流れは戦後の「児童福祉」へとつながっていくことになる。

4

◆4　感化法
1900（明治33）年の第14回帝国議会にて成立した。対象者は「地方長官ニ於テ満８歳以上16歳未満ノ者之ニ対スル適当ノ親権ヲ行フ者 若ハ適当ノ後見人ナクシテ遊蕩又ハ乞丐ヲ為シ若ハ悪交アリト認メタル者」として裁判によらずに地方長官の権限で感化院に収容される者と，裁判によって「懲治場留置ノ言渡ヲ受ケタル幼者」，「裁判所ノ許可ヲ経テ懲治場ニ入ルヘキ者」であった。当初は各府県議会が感化院設置の可否を決定していたために施設設置が進まず，1908年の改正によって上の規定が削除され全府県に感化院が設置された。

5

◆5　工場法
1911（明治44）年に成立（施行は1916年）した労働者を保護するための法律。同法は①12歳未満の者の就業禁止（ただし，10歳以上の者の継続雇用は可能），②15歳未満の者・女子の労働時間の制限（１日12時間以内）および深夜業，危険業務の禁止，③職工の負傷・疾病・死亡に対する補償，④行政官庁による臨検等について規定した。また，同法施行令（1916年勅令第193号）によって，⑤職工への給与は通貨によって毎月１回以上支払うこと（「前借金」「年季奉公」の禁止），⑥尋常小学校を卒業していない被雇用者に対する工場主の就学措置を義務化することなどが定められた。農商務省の調査によれば工場法施行の翌年には同法が適用される工場の幼年工（12歳未満）が前年度比で３分の１以下に減少した。

注

(1)　小河滋次郎（1989）『未成年者ニ対スル刑事制度ノ改良ニ就テ（復刻版）（小河滋次郎監獄学集成　第３巻）』五山堂書店，32-33頁。
(2)・(3)　農商務省商工局（1903）『綿糸紡績職工事情』農商務省。

〈参考文献〉
児童福祉法研究会編（1978）『児童福祉法成立資料集成　上巻』ドメス出版。
室田保夫編著（2006）『人物でよむ近代日本社会福祉のあゆみ』ミネルヴァ書房。
室田保夫編著（2010）『人物でよむ社会福祉の思想と理論』ミネルヴァ書房。
室田保夫・二井仁美・蜂谷俊隆・倉持史朗編（2009-10）『子どもの人権問題資料集成──戦前編』全10巻，不二出版。

児童保護から児童福祉へ——大正期・昭和期前半（1912-1950年代）

この節のテーマ
● 戦前の児童保護・子どもの人権に関する思想を理解する。
● 児童福祉法および児童憲章の成立背景について理解する。
● 児童福祉法の理念・内容について理解する。

子どもの人権と児童保護思想

　大正デモクラシーと呼ばれる民主化運動が進展をみせる大正時代後半になると，日本国内においても「子どもの権利」に関する議論がみられるようになり，さまざまな困難を抱える児童を扱う領域は「児童保護」と呼ばれるようになる。その背景として第1次世界大戦の反省から国際連盟（第5回総会，1924年）が「**児童の権利に関するジュネーブ宣言**[1]」を採択したことが大きい。これらの権利宣言の内容は，当時の日本の児童問題にかかわる指導者たちに共有されていった。例えば生江孝之は，児童は「生存の権利」と「より能く生きる権利」をもち，具体的には「立派に生んで貰う」，「立派に養育して貰う」，「立派に教育して貰う」権利があると説いた[1]。また，賀川豊彦も「生きる権利」，「喰う権利」など9つの子どもの権利について言及している[2]。さらに非行・犯罪児処遇の最前線にいた国立武蔵野学院初代院長の菊池俊諦も，『児童保護論』などで児童の生命の発達・人格の向上を児童保護の共通原理とし，それらが国家的社会的に保障されることは「全ての子どもの権利」であるとした[3]。このように，戦前期における日本の「児童保護」がすべての子どもを対象とした普遍性をもつ概念であり，それらが

戦後の児童福祉へと継承されていくこととなったことが理解できる。

大正から戦前期までの児童保護

　上のような子どもの権利思想の発展を背景にして，政府も児童問題に対応した法制度を整備しはじめた。その代表的なものとして「**救護法**[2]」（1929年）がある。困窮状態にある13歳以下の児童や妊産婦などがその対象となったが，彼らに対する救済を国家の義務として示したことに同法の意義がある。また，非行・犯罪の分野に目を向ければ，「感化法」の対象外となる14歳以上の未成年犯罪者などに対する保護主義をかかげた「少年法」・「矯正院法」（1922年）もこの時期に制定され，感化法自体も国立武蔵野学院の設置（1919年），少年鑑別所設置や保護観察を盛り込んだ「少年教護法」（1933年）へと発展した。

　しかし，昭和初期に入り世界恐慌の煽りを受けて日本経済が大不況に見舞われると，人身売買や親子心中などの問題が表面化した。例えば全日本方面員連盟が行った調査（1934年）によれば，1930年7月から1934年6月までの4年間に起こった親子心中事件は1038件で1661人の子どもが犠牲となり，その6割以上が生活に困窮した母子家庭であった[4]。そのような状況を受け，政府は「**児童**

虐待防止法◆3」（1933年），「**母子保護法**◆4」（1937年）を制定，1938（昭和13）年には厚生省を発足させた。しかし，戦時色が強まる時代状況の中では子どもの権利という側面よりも，国力・軍事力維持のための「人的資源」を保護・育成するという側面が強調され，やがては戦争の惨禍によって多くの子どもが犠牲となったのは歴史が示した通りである。

児童福祉法の成立とその背景

1945（昭和20）年8月に終戦を迎え，日本は民主主義国家へと新しい歩みをはじめた。しかし，実際には戦中・戦後の混乱の中で多くの子どもが深刻な問題に直面しており，政府は戦災孤児，棄児，浮浪児，非行・犯罪児などへの早急な対応を迫られた。

そこで，厚生省はこのような問題に対処するため児童保護法の制定を模索したが，その対象を虐待・非行などの特殊な問題に限定したため，有識者から厳しい批判が向けられることとなった。これらの批判を受け，その主旨を「全児童」の「一般福祉の増進を図る」明朗かつ積極的なものとし（中央社会事業協会，1947），名称を「児童福祉法」に修正された法案が新憲法下での国会に提出された。かくして児童福祉法は1947（昭和22）年11月に成立したが，同法は児童虐待防止法や少年教護法などの内容を盛り込んだ総合的立法であった。さらに児童福祉法に先立って厚生省には児童局が設置され，1948（昭和23）年末には児童福祉法に規定された児童福祉施設に関する「児童福

1

◆1　児童の権利に関するジュネーブ宣言

1924年9月に国際連盟によって採択された，児童の権利保障に関する最初の国際的なガイドラインである。その前文で「すべての国の男女は，人類が児童に対して最善のものを与えるべき義務を負うことを認め」と述べ，「身体的ならびに精神的の両面における正常な発達に必要な諸手段を与えられなければならない」，「飢えた児童は食物を与えられなければならない」，「病気の児童は看病されなければならない」など，5つの条文に掲げられた権利は，人種，国籍，信条に関係なくすべての児童に保障されるべきものだとした。これらの内容は，1959年の「児童権利宣言」（国際連合）などへ発展的に継承されていった。

2

◆2　救護法

1929（昭和4）年に成立（1932年施行）した救貧立法で，1874年の恤救規則の規定内容を抜本的に改正し，公的扶助義務（国家による救済義務）主義を採用した。救護対象は65歳以上の老衰者，13歳以下の幼者，不具・廃疾，疾病，身体・精神などに障害をもつ者などで，原則として居宅主義をとり，生活扶助・医療・授産・生業扶助，埋葬費の給付を行った。救護事務は市町村が行い，方面委員（現在の民生委員）がその補助を行った。一方で救済を請求する権利（保護請求権）を認めないことなどの問題点も存在した。

3

◆3　児童虐待防止法

1933（昭和8）年に成立。昭和初期からの経済不況を背景として起こる虐待の積極的防止と被虐待児童の保護救済を目的として制定された。虐待の定義に関する規定は存在しないが，児童を保護すべき責任ある者が虐待し監護を怠る等の場合は，児童を施設や私人の家庭に委託保護するなどとされた。また，軽業・曲芸・乞食などに児童を使役することを禁止し，違反には懲役1年以内または1000円（現在の約70万円）以下の罰金という処分を科した。児童福祉法の成立により1947（昭和22）年に廃止された。

祉施設最低基準」（現，「児童福祉施設の設備及び運営に関する基準」）が示されている。

　また，戦前期の「少年保護」の理念やその活動は戦時体制下において大きく後退していたが，この時期に激増した少年犯罪にも対応するため，政府はGHQとの協議を進めながらより保護主義を明確化した「少年法」・「少年院法」（1948年）を制定した。児童労働の問題については，戦前までの規制の動きに逆行して戦時においては積極的に軍需産業に子どもたちが徴用されたが，「労働基準法」（1947年）などの労働立法や，民主的教育を標榜した「教育基本法」・「学校教育法」（1947年）の制定によって学齢期にある子どもが労働にかり出される事態は解消されていった。

児童福祉の理念と児童憲章

　児童福祉法は，その第1条で「すべて国民は，児童が心身ともに健やかに生まれ，且つ，育成されるよう努めなければならない」として，子どもの福祉（生活の安定と愛護される権利）の保障が社会全体の責任であることをうたっている。さらに，第2条で子どもの健全な育成に関する国・地方自治体の責任について示しているが，これらは児童福祉関係法令のすべてを貫く共通原理であるとされた。

　ただし，このような理念を示した児童福祉法が成立したからといって，直ちに子どもたちの生活状況が向上したわけではなく，むしろ人身売買などの深刻な人権侵害や被害に遭うこともまれではなかった。とくに100名以上の乳幼児が犠牲に

なった「寿産院事件」◆5は世に大きな衝撃を与えた。そこで，このような危機的な社会状況にあるときこそ，次代を担う子どもの人権とその保障に関する国民的な合意が必要であるという議論が児童福祉関係者の間で巻き起こり，1951（昭和26）年5月5日に内閣総理大臣の招集する会議において「児童憲章」の制定がなされた。同憲章は法的拘束力がない反面，日本社会の構成員は子どもの人権を積極的に保障せねばならないという道義的責任をうたっている。また，児童憲章の冒頭にある総則3原則では，子どもを大人と同じ人権の主体者であり，社会の一員かつ文化の継承者と位置づけている。同憲章は，国際的にも子どもの権利に関する先駆的な理念を打ち立てたといえよう。

4 ◆4　母子保護法

1937（昭和12）年に成立。昭和初期の深刻な経済不況下では親子心中事件が多発した。それらがとくに経済的基盤の弱い母子家庭を中心に起こっていることから，13歳以下の子（孫）を養育する母（祖母）で貧困状態にあり子を養育できないときは，市町村長の責任において扶助（経済的援助）を行うためのしくみを規定したのが本法である。同法制定の背景には，大正期から続く女性解放運動の流れが存在する一方で，戦時下における「人的資源」の保護という別の狙いも含まれていた。

5 ◆5　寿産院事件

新宿区の産院「寿産院」の院長夫婦が預かった100人以上の乳児を栄養失調などで死亡させたとされる事件で，1948（昭和23）年1月に発覚した。院長夫妻は事情によって子の養育ができない女性たちから養育料を受け取り，十分な養育をせずに死亡させた他に，金銭によって第3者へ乳児を引きわたすなどの行為を繰り返していたが，実際に死亡した乳児の正確な人数は不明であった。当時は同様の「もらい子殺し」の事件が他にも発生しており，これらの事件が児童憲章制定の背景のひとつになったともいえる。

注

(1) 生江孝之（1923）『社会事業綱要』巌松堂書店。
(2) 賀川豊彦（1927）「児童の権利」『児童保護』2(7)。
(3) 菊池俊諦（1931）『児童保護論』玉川學園出版部。
(4) 全日本方面委員連盟（1934）『愛児を道連れに死を選ぶ人々』。
(5) 中央社会事業協会常設委員会（1947）『児童保護法要綱案を中心とする児童保護に関する意見書』。

〈参考文献〉
高橋重宏監修・児童福祉法制定60周年記念全国子ども家庭福祉会議実行委員会編（2007）『日本の子ども家庭福祉——児童福祉法制定60年の歩み』明石書店。
児童福祉法研究会編（1978）『児童福祉法成立資料集成　上巻』ドメス出版。
室田保夫・二井仁美・蜂谷俊隆・倉持史朗編（2009-2010）『子どもの人権問題資料集成——戦前編』全10巻，不二出版。

Check

戦前の法律における児童の対象年齢に関する次の記述の正誤を答えなさい。

　第2次世界大戦以前の児童虐待防止法の対象年齢は16歳未満であった。

（答）×：1933年に制定された同法では，その対象年齢を14歳未満の児童としていた。同法の内容については本書55頁「◆3児童虐待防止法」を参照のこと。
（第25回社会福祉士国家試験問題139より）

第4節 子ども家庭福祉の成立

この節のテーマ

● 子ども家庭福祉の考え方を学ぶ。
● 児童福祉と子ども家庭福祉の違いを学ぶ。
● 社会福祉基礎構造改革とは何かを学ぶ。
● 児童福祉法改正の内容を学ぶ。

児童福祉から子ども家庭福祉へ

現在では,「児童福祉」よりも「子ども家庭福祉」と表すことの方が一般的になりつつある[(1)]。では,「児童福祉」と「子ども家庭福祉」は何がどう違うのだろうか。

「児童福祉」という概念は,1947（昭和22）年に児童福祉法が成立して以降,長い間使用されてきた。その特徴は,**ウェルフェア**[◆1]の理念に基づいており,児童への対応を主としたサービス提供者の視点に立ったものであることである（**表3-1**）。また,行政処分や措置による施設入所型のサービスが中心であり,問題が起こってから対処するという対処療法的意味合いが強かった（illness model）。したがって,子どもが虐待を受ける可能性がある場合であっても,実際に虐待が起きてからでないと対応しない事例も少なくなかった。また,児童を支援の対象としたものが中心であり,子どもも親も含んだ「子育て家庭」を視野に入れた支援とはいえなかった。

なお,第2次世界大戦敗戦からの復興とともに子育てをめぐる環境は変化していくこととなるが,関連分野の法整備が整っていく中,児童福祉法については大きな改正のないまま1997（平成9）年の大改正を迎えることとなった。

子ども家庭福祉の考え方

一方「子ども家庭福祉」という概念は,後述する社会福祉基礎構造改革に先駆け,1997（平成9）年の児童福祉法の大改正の際に生まれたとされる。その特徴は,**ウェルビーイング**[◆2]の理念に基づいており,子どもや子育て家庭を対象とした,利用者視点に立ったものであることである（**表3-1**）。施設入所のみでなく,通所や在宅サービスを組み合わせて対応するとともに,対処療法的ではなく,予防や促進,啓発,教育の役割を果たす（wellness model）。さらに,施設入所を中心に一部,行政処分・措置が継続されているものの,多くが利用契約へと移行したことも特徴といえる。子どものみ,保護者のみを対象とするのではなく,必要に応じながら「子育て家庭」をひとつの支援対象と捉えるようになったのである。

社会福祉基礎構造改革

社会福祉基礎構造改革とは,個人が尊厳をもってその人らしい自立した生活が送れるよう支えるという社会福祉の理念に基づき,改革を推進す

表3-1
伝統的な「児童福祉」と新たな「子ども家庭福祉」

項目	児童福祉	子ども家庭福祉
理念	ウェルフェア（最低生活保障） 児童の保護	ウェルビーイング（人権の尊重・自己実現） 　•子どもの最善の利益 　•自己見解表明権 自立支援 　•エンパワーメント ノーマライゼーション
子ども観	私物的わが子観	社会的わが子観
対象	児童	子ども，子育て家庭（環境）
サービス提供	供給サイド中心	自立支援サービス利用者サイドの権利の尊重
モデル	Illness model	Wellness model
特徴	救貧的・事前的・恩恵的（最低生活保障） 補完的・代替的 事後処理的 行政処分・措置 施設入所中心	権利保障（市民権の保障） 補完的・代替的 支援的・協働的（パートナー） 事後処理的 予防・促進・啓発・教育（重度化・深刻化を防ぐ） 行政処分・措置（個人の権利保障を担保） 利用契約 施設入所・通所・在宅サービスとのコンビネーション ケースマネジメントの導入 セーフティ・ネットワーク（安全網）
職員	児童福祉司・心理判定員・児童指導員・教護・教母・保母・児童厚生員・母子相談員・家庭児童相談員など 民生委員児童委員・主任児童委員・メンタルフレンドなど	児童福祉司・心理判定員・児童指導員・児童自立支援専門員・児童生活支援員・保育士・児童の遊びを指導する者・母子相談員・家庭相談員・医師・弁護士・保健師・助産師・看護師・教師など他領域の専門職の連携 民生委員児童委員・主任児童委員・メンタルフレンド・ホームフレンドなど
費用	無料・応能負担	無料・応能負担・応益性の高まり
対応	相談が中心	相談・トリートメント・家族療法など
権利擁護	消極的	積極的 子どもの権利擁護サービス（救済・代弁・調整） 　•子どもの権利・責任ノートの配布 　•ケア基準のガイドライン化 　•子ども虐待対応の手引き

出所：高橋重宏編著（1998）『子ども家庭福祉論——子どもと親のウェルビーイングの促進』放送大学教育振興会，13頁を一部改変。

ることを理念とした，社会福祉制度の一連の大幅な見直しのことである。

具体的な改革の方向性として，①個人の自立を基本とし，その選択を尊重した制度の確立，②質の高い福祉サービスの拡充，③地域での生活を総合的に支援するための地域福祉の充実，の3つが掲げられた。これに伴い2000（平成12）年には，「社会福祉事業法」が「社会福祉法」となり，内容も大きく改正された。

この改革によって，利用者の立場に立った社会福祉制度の構築のために，**措置制度**を見直し，利用者と事業者が対等な関係に基づきサービスを選択できる**契約制度**へと転換が行われた。サービスの質の向上と利用者の権利擁護のために，情報提供や利用の支援，サービス利用に伴う苦情への対応，第3者によるサービスの質の評価のシステムなどが導入されることとなった。

1997年の児童福祉法改正

1997（平成9）年の児童福祉法の大改正の主なポイントは大きく3点ある。①保育所等の措置制度による入所を廃止し，選択利用方式へ転換するとともに，保護者の選択や保育所の運営適正化のための情報提供を市町村が行う。②児童福祉施設の役割の追加と名称の変更。具体的には，養護施設と虚弱児施設を統合し児童養護施設に，教護院を児童自立支援施設に，母子寮を母子生活支援施設とし，それぞれの目的に「自立」を追加した。③児童自立支援施策の充実のために，**第2種社会福祉事業**として，児童家庭支援センターを創設し，

地域の児童や家庭への相談や支援の体制の強化を行ったり，児童自立生活援助事業（自立援助ホーム）を創設したりすることで，児童養護施設などの児童福祉施設を退所した子どもの自立を支援することとした。

2000年以降の児童福祉法改正

2000年以降，児童福祉法改正はたびたび行われている。主な改正の内容を時系列でまとめたものが**表3-2**である。

改正の内容は多岐にわたっている。児童虐待防止関連では，2004年，2008年，2011年，2016年および2019年に大きな改正が行われている。とくに，児童相談所や里親制度に関する内容が多く，前者はより相談支援を充実するため，後者は施設養護から家庭養護に向けての改正といえる。

障害児支援に関しては，障害者総合支援法と連動して2010年，2018年に大きな改正が行われている。

子ども・子育て支援に関しては2003年，2008年，2014年の改正に注意したい。2003年には子育て支援事業が法定化され，2008年にその質の確保と普及に係る改正が，2014年には子ども・子育て支援事業として13事業が法定化されている。

今後の改正の動きに注視していただきたい。

繰り返される児童福祉法改正

なぜ頻繁に児童福祉法は改正されるのだろうか。1947年に児童福祉法が施行され70年余りの間

に社会情勢はいくども変化し，その影響を受けて子どもと家庭を取り巻く環境も変化してきた。子どもも保護者も，そして子育てそのものも変容し，支援が必要な課題も変化・増大・複雑化している。その時代に必要な課題に対応するために改正は繰り返されてきたのである。これからも改正はしばらく続くことが予想される。

子ども家庭福祉のこれから

「子ども家庭福祉」といわれるようになってから20年が経過している。この間も子どもと子育てをめぐる問題は，複雑化・深刻化している。子育て家庭の孤立の問題，子育ての不安・負担を感じる保護者の増加，経済的問題を抱える家庭の増加，過干渉・過保護な保護者やそれとは逆に子どもや子育てに無関心な保護者の増加など，あげればきりがない。その都度，子育て支援策や要保護児童対策などが講じられているものの，残念ながら対処療法的要素からはまだ抜け出せていない面もある。子ども家庭福祉の概念をより推進していくためには，子ども家庭福祉に携わる者が，利用者視点に立ちながら，予防や啓発，事態の重度化・深刻化が進む前の取り組みをいかに積極的に行えるかが重要となってくる。また，保護者の側が抱える複雑・多様な問題を理解しようとし，保護者が「親になる」プロセスを支援していくことも，より求められていくであろう。

1

◆1 ウェルフェア
「救貧的・慈恵的・恩恵的歴史をもち，最低生活保障としての事後処理的・補完的・代替的な」概念。[3]

2

◆2 ウェルビーイング
「人権の尊重・自己実現，子どもの権利擁護の視点から，予防・促進・啓発・教育，問題の重度化・深刻化を防ぐ支援的・協働的プログラムを重視」する概念。[4]

3

◆3 措置制度
行政が福祉サービスを受ける要件を満たしているかどうかを判断し，行政処分として該当者に必要なサービスを提供する制度。利用者側がサービスの選択をすることはできない。

4

◆4 契約制度
利用者が使いたいサービスを選択し，そのサービスを提供している事業者との契約に基づいてサービスを利用する制度のこと。ただし，子ども家庭福祉においては，保護の必要な子どももいるため措置制度が一部残されている。

5

◆5 第2種社会福祉事業
社会福祉法に位置づけられる事業。第1種社会福祉事業と第2種社会福祉事業がある。第1種社会福祉事業に対し，第2種社会福祉事業は，比較的利用者への影響が小さいため，公的規制の必要性が低い事業であり，主として在宅サービスが多い（詳細111頁参照）。

表3-2
2000年以降の主な児童福祉法改正の内容

改正年	改正内容
2000（平成12）年	・社会福祉法の改正に伴う母子生活支援施設・助産施設の選択利用方式への変更（措置制度の廃止）等 ・児童相談所長および児童福祉司の任用資格に社会福祉士が追加 ・児童相談所での一時保護期間が原則2か月（必要な場合延長可能）になる等
2001（平成13）年	・認可外保育施設に対する監督の強化 ・保育士資格の国家資格化（法定化） ・主任児童委員の法定化や児童委員の職務の明確化等
2003（平成15）年	・すべての子育て家庭を視野に入れた地域子育て支援の強化を図るため，子育て支援事業を法定化 ・保育所入所待機児童が50人以上いる市町村への保育計画策定の義務付け等
2004（平成16）年	・「児童虐待の防止等に関する法律」改正に伴う改正 　児童相談に関する市町村の役割の明確化，児童福祉施設の年齢要件の見直し 　要保護児童対策地域協議会の法律上の明記 　里親制度の定義規定 　保護を必要とする児童への司法の関与等
2007（平成17）年	・「児童虐待の防止等に関する法律」改正に伴う改正 　要保護児童対策地域協議会の設置努力義務化 　未成年後見人請求の間，児童相談所長が親権を代行
2008（平成20）年	・子育て支援事業等の質の確保と普及に関する内容 　乳児全戸訪問事業，養育支援訪問事業，地域子育て支援拠点事業，一時預かり事業の法定化，保育に欠ける乳幼児への家庭的保育事業の法定化（施行は2010（平成22）年） ・困難な状況にある子どもや家庭に対する支援の強化 　里親制度における養子縁組を前提とした里親と養育里親の区別化，小規模住居型児童養育事業（ファミリーホーム）の創設，施設内虐待の防止，義務教育修了後の児童や20歳未満の者への自立支援の強化等
2010（平成22）年	・障害者総合支援法成立に伴う障害のある子どもに対する支援の強化（施行は2012（平成24）年） 　障害別に区分されていた施設やサービスを，通所・入所の利用体系に一元化 　通所サービスについては市町村が実施主体 　「放課後等デイサービス事業」の創設による放課後や夏休み等の長期休暇中の居場所づくり 　「保育所等訪問支援」の創設による保育所等の集団生活の場での専門的支援
2011（平成23）年	・民法改正に伴う児童虐待防止および児童の権利擁護の観点の追加 　親権喪失制度の見直しによる親権停止制度の創設 　未成年後見制度の見直しによる里親委託中や一時保護中の子どもの親権についての児童相談所長の代行についての規定等
2012（平成24）年	・子ども・子育て支援新制度に向けた改正（施行2015（平成27）年） 　保育の対象者が「保育に欠ける」から「保育を必要とする」に変更 　幼保連携認定こども園が児童福祉施設として規定等
2014（平成26）年	・「子ども・子育て支援法及び就学前の子どもに関する教育・保育等の総合的な提供の推進に関する法律の一部を改正する法律の施行に伴う関係法律の整備等に関する法律」に伴う改正 　子ども・子育て支援新制度に伴う都道府県，市町村の役割等・認定こども園の他，家庭的保育事業，小規模保育事業，居宅訪問型保育事業，事業所内保育事業，病児保育事業，子育て援助活動支援事業，放課後児童健全育成事業等が追加 　施設型給付，地域型保育給付等の明記 ・小児慢性特定疾病に係る公平かつ安定的な医療費助成に制度の確立に関する改正 　一定の条件を満たす場合に医療費を助成する制度の新設 　小児慢性特定疾病児童等自立支援事業の実施 　小児慢性特定疾病の治療方法等に関する研究の推進

2016（平成28）年	・児童福祉法の理念の明確化等 ・児童虐待の発生予防および迅速・的確な対応と自立支援に関する内容 　児童虐待の発生予防として妊娠期から子育て期までの切れ目ない支援を行う子育て世代包括支援センターの法定化，支援を要する妊婦等に関する情報提供，母子保健施策を通じた虐待予防等を規定 　児童虐待発生時の迅速・的確な対応のために，市町村における支援拠点の整備，市町村の要保護児童対策地域協議会の機能強化，児童相談所設置自治体の拡大，児童相談所の体制強化，児童相談所の権限強化等の明記 　被虐待児童への自立支援のために，親子関係再構築支援，里親委託等の推進，18歳以上の者に対する支援の継続を明記
2017（平成29）年	・児童虐待対応における児童等の保護についての司法関与を強化 　親権者等の同意なく２か月を超える一時保護ケースへの家庭裁判所の承認制度 　在宅ケースにおける児童相談所の指導措置に対する家庭裁判所の勧告制度の導入 　保護者に対する接近禁止命令の適用範囲の拡大等
2018（平成30）年	・障害者総合支援法及び児童福祉法の一部改正 　重度の障害等により外出が著しく困難な障害児に対し，居宅を訪問して発達支援を提供するサービスの新設（居宅訪問型児童発達支援） 　保育所等の障害児に発達支援を提供する保育所等訪問支援について，乳児院・児童養護施設の障害児に対象を拡大 　医療的ケアを要する障害児が適切な支援を受けられるよう，自治体において保健・医療・福祉等の連携促進に努める
2019（平成31・令和元）年	・児童虐待防止対策の強化にかかる改正 　親権者および児童福祉施設の長等による体罰の禁止（施行2020（令和２）年４月） 　児童相談所の児童福祉司の配置基準の改正（増員） 　児童虐待防止対策の強化を図るため児童の権利の養護，児童相談所の体制強化，設置の促進，および関係機関間の連携強化等の所要の措置 　（施行については，2022（令和４）年４月，2023（令和５）年４月のものも含む）

Check

福祉サービス利用に関する次の記述の正誤を答えなさい。

社会福祉基礎構造改革以前は，福祉サービスを利用した者からの費用徴収額はサービスの利用量に応じて決められていた。

（答）×：措置よる利用であり，サービス利用料は，無料またはサービス利用者の支払い能力に応じて決められていた（応能負担）。上記は，応益負担について説明している。
（第27回社会福祉士国家試験問題27より）

注　(1)　高橋重宏・山縣文治・才村純編（2002）『子ども家庭福祉とソーシャルワーク』有斐閣，8-10頁。

(2)　厚生省（1998）『社会福祉基礎構造改革について（社会福祉事業法等改正法大綱骨子）』資料。

(3)・(4)　前掲(1)，8頁。

少子化対策から子育て支援へ

○ **この節のテーマ**

● 少子化の原因と少子化対策を学ぶ。

● 次世代育成支援の目的と概要を理解する。

● 子ども・子育て支援新制度の目的と概要を理解する。

● 少子化対策および子ども・子育て支援施策の流れを理解する。

少子社会の到来

日本において少子化が社会的な問題と捉えられはじめたのは1990年代なかばからであり，「1.57」ショック◆1はそれを表す代名詞といえる。少子化のはじまりは，合計特殊出生率（一人の女性が平均して生涯に産む子どもの数）が人口置換水準（人口減少がはじまるとされる2.07）を下回った1974（昭和49）年（合計特殊出生率2.05）からである。

近年の合計特殊出生率を見てみると1989（平成

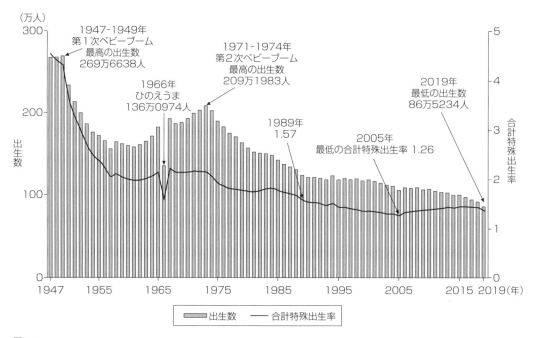

図3-1
出生数および合計特殊出生率の年次推移
出所：厚生労働省（2019）「令和元年人口動態統計月報年計（概数）の概況」4頁より一部改変。

元）年の1.57以降，低下を続け2003（平成15）年には1.29，2005（平成17）年には1.25と過去最低となった。それ以降は，やや回復の傾向にあったが，2019（令和元）年は1.36と再び低下傾向にある（**図3-1**）。

少子化の原因と与える影響

少子化の原因は晩婚化による未婚率の上昇と夫婦出生力（１組の夫婦がもつ子どもの数）の低下といわれている。

少子化の与える影響は経済的影響と社会面での影響に大別される。前者は①労働力人口の減少と経済成長への影響，②社会保障における現役世代の負担増大とされる。後者は①子どものいない世帯や単身者の増加による「家族」形態の変化，②子ども自身の健やかな成長への影響，③住民に対する基礎的サービス提供の困難や社会資本や自然環境維持管理の困難である(1)。

少子化対策のはじまりとしてのエンゼルプラン

少子化対策としてはじめて実施されたのは，1994（平成６）年の「今後の子育て支援のための施策の基本的方向について（エンゼルプラン）」である。これは当時の文部・厚生・労働・建設の４大臣が合意し策定されたもので，「子育て支援社会」構築の柱として，自治体での計画策定（児童育成計画）と連動させ，1995（平成７）年から10年計画として行われた。①子どもの視点，②地域の視点，③利用者の視点など，これまで子ども

◆1 「1.57」ショック
合計特殊出生率の算出がはじまってからの最低記録は「丙午（ひのえうま）」にあたる1966（昭和41）年の1.58であった。しかし，1989（平成元）年にそれをさらに下回り，出生率が史上最低（1.57）になったことが，翌年に発覚したその衝撃を指す。

◆2 次世代育成支援対策推進法
「急速な少子化の進行等を踏まえ，次代の社会を担う子どもが健やかに生まれ，かつ，育成される環境の整備を図るため」に制定された。当初10年間の時限立法であったが，引き続き期限を区切った集中的・計画的な対策の推進が必要との判断から，法の有効期限が2015（平成27）年から10年間（2025（令和７）年３月31日まで）延長された。

◆3 少子化社会対策大綱
2003（平成15）年９月に施行された少子化社会対策基本法に基づいて定められた，国の基本施策の方向性を示したもの。2004（平成16）年，2010（平成22）年，2015（平成27）年，2020（令和２）年と４回，施策の指針が示されている。

◆4 子ども・子育て関連３法
2012（平成24）年に成立した「子ども・子育て支援法（平成24年法律第65号）」，「就学前の子どもに関する教育，保育等の総合的な提供の推進に関する法律の一部を改正する法律（平成24年法律第66号）」，「子ども・子育て支援法及び就学前の子どもに関する教育，保育等の総合的な提供の推進に関する法律の一部を改正する法律の施行に伴う関係法律の整備等に関する法律（平成24年法律第67号）」の３法をいう。

や子育ての分野で明示されていなかった視点が示された。これ以降，現在まで多くの少子化対策が打ち出されて行くこととなった。

緊急保育対策等 5 か年事業と新エンゼルプラン

緊急保育対策等 5 か年事業（1995（平成 7 ）年より 5 か年計画）は，当時から社会問題化していた保育所待機児童対策を主として緊急的に実施された。低年齢児の保育所受け入れ，延長保育の充実，放課後健全育成事業の充実など 7 項目にわたる数値目標を掲げた。

1999（平成11）年には当時の厚生・文部・建設・労働・大蔵・自治の 6 大臣合意により「重点的に推進すべき少子化対策の具体的実施計画について（新エンゼルプラン）」が策定された。保育サービス等子育て支援サービスの充実，仕事と子育ての両立のための雇用環境の整備等 8 分野を取りあげ，具体的に事業の目標値が設定された。

次世代育成支援行動計画

次世代育成支援行動計画とは，「少子化の流れを変える」ためのもう一段の対策として，2003（平成15）年に成立した「**次世代育成支援対策推進法**」を受けて，策定された行動計画のことである。都道府県，市町村，101人以上の従業員を雇用する企業，自治体等の公共機関にも計画策定を義務付けた。これによって，社会全体で「すべての家庭」を対象に「次世代の育成」を行おうとしたのである。

行動計画を策定するために示された指針（行動計画策定指針）の中で，子どもを産み育てることを社会がもっと評価し，「保護者が子育ての第一義的責任を持つ」ことを基本認識としたうえで，「家庭その他の場において，子育ての意義について理解が深められ，かつ子育てに伴う喜びが実感されるように配慮しなければならない」とした。新エンゼルプランの際の「仕事と子育ての両立支援」に加え，①男性を含めた働き方の見直し，②地域における子育て支援，③社会保障における次世代支援，④子どもの社会性の向上や自立の促進の 4 つを重点的に推進した。

子ども・子育てビジョン

「子どもが主人公（チルドレン・ファースト）」という考え方のもと，これまでの「少子化対策」から「子ども・子育て支援」へと視点を移し，社会全体で子育てを支えるとともに，「生活と仕事と子育ての調和」をめざすために策定された国の計画である。2010（平成22）年度から 5 年間を目途とした数値目標が掲げられた。2004（平成16）年 6 月に閣議決定された「**少子化社会対策大綱**」の具体施策が「子ども・子育て応援プラン」であったが，本ビジョンはこの後継計画であり，2015（平成27）年 3 月まで実施された。

子ども・子育て支援新制度の成立

これまでの少子化対策，子育て支援策から大きく転換を図ったのが，2015（平成27）年 4 月より

表3-3
少子化対策から子ども・子育て支援へ

年代	少子化に関する出来事	対策
1989（平成2）年	「1.57」ショック	
1994（平成6）年	合計特殊出生率1.50	「今後の子育て支援のための施策の基本的方向について（エンゼルプラン）」 「当面の緊急保育対策等を推進するための基本的考え方（緊急保育対策5か年事業）」
1997（平成9）年	「日本の将来推計人口」公表 合計特殊出生率予測 1.80 ⇒ 1.61へ下方修正	厚生省人口問題審議会報告「少子化に関する基本的考え方について——人口減少社会，未来への責任と選択」
1999（平成11）年	合計特殊出生率1.34	「重点的に推進すべき少子化対策の具体的実施計画について（新エンゼルプラン）」（大蔵・文部・厚生・労働・建設・自治の6大臣による合意）
2002（平成14）年	「日本の将来推計人口」公表 合計特殊出生率予測 1.61 ⇒ 1.39へ下方修正 少子化が一層進展するとの見込み	「少子化社会を考える懇談会」開催（厚生労働大臣主催）
2003（平成15）年	合計特殊出生率1.29	「次世代育成支援に関する当面の取組方針」策定（少子化対策推進関係閣僚会議） 「少子化社会対策基本法」「次世代育成支援対策推進法」の成立 「児童福祉法」の一部改正（子育て支援事業を新たに法定化：全ての家庭の子どもが対象に）
2004（平成16）年	合計特殊出生率1.29	少子化社会対策大綱の閣議決定 「子ども・子育て応援プラン」（新新エンゼルプラン）策定
2005（平成17）年	合計特殊出生率1.26 統計史上最低値	次世代における前期行動計画実施開始
2006（平成18）年	合計特殊出生率1.32	「新しい少子化対策について」取りまとめ
2007（平成19）年	合計特殊出生率1.34	「子どもと家庭を応援する日本」重点戦略の決定等について（少子化社会対策会議） 「仕事と生活の調和推進のための行動指針」策定
2008（平成20）年	合計特殊出生率1.37	「新待機児童ゼロ作戦」について 「児童福祉法の一部改正」 「次世代育成支援対策推進法の一部改正」
2010（平成22）年	合計特殊出生率1.39	「子ども・子育てビジョン」閣議決定（次世代育成支援対策推進法における後期行動計画実施開始） 「少子化社会対策大綱」の閣議決定
2012（平成24）年	合計特殊出生率1.41	子ども・子育て関連3法が参議院本会議可決・成立（8月10日）
2013（平成25）年	合計特殊出生率1.43	「待機児童解消加速化プラン」策定 「少子化危機突破のための緊急対策」（少子化社会対策会議決定）
2014（平成26）年	合計特殊出生率1.42	「放課後子供総合プラン」策定 「まち・ひと・しごと創生法」策定
2015（平成27）年	合計特殊出生率1.45	子ども・子育て支援新制度開始 「次世代育成支援対策推進法」延長 「少子化社会対策大綱〜結婚，妊娠，子供・子育てに温かい社会の実現をめざして〜」の閣議決定
2016（平成28）年	合計特殊出生率　1.44	「子ども・子育て支援法」改正 「ニッポン一億総活躍プラン」（閣議決定）
2017（平成29）年	合計特殊出生率　1.43	「働き方改革実行計画」（働き方改革実現会議決定） 「子育て安心プラン」公表 「新しい経済政策パッケージ」策定
2018（平成30）年	合計特殊出生率　1.42	「子ども・子育て支援法」の改正 「人づくり革命 基本構想」の策定 「働き方改革を推進するための関係法律の整備に関する法律」の成立 「新・放課後子ども総合プラン」策定
2019（平成31・令和元）年	合計特殊出生率　1.36 最低の出生数を更新	「子ども・子育て支援法の一部を改正する法律等」の成立 第2期「まち・ひと・しごと創生総合戦略」策定
2020（令和2）年		新たな少子化社会対策大綱（第4次大綱）の策定 新型コロナウイルス感染症への対策

出所：小野セレスタ摩耶（2011）『次世代育成支援行動計画の総合的評価——住民参加を重視した新しい評価手法の試み』関西学院大学出版会，13-15頁；および内閣府（2020）『少子化社会対策白書』50-62頁より，筆者作成。

開始された，子ども・子育て支援新制度である。⁽²⁾

新制度は，すべての子どもへの良質な成育環境保障を行い，子育てのしやすい社会にするために，子ども・子育て家庭を社会全体で支え合うしくみを構築することを目的としている。2012（平成24）年8月に公布された**子ども・子育て関連3法**^{◆4}に基づいており，幼児教育・保育・地域の子ども・子育て支援の質・量の拡充を行い，総合的に推進するものである。社会保障・税の一体改革の一項目として，消費税率引き上げなどによる国および地方の恒久財源を確保することを前提としている。主な特徴として，「施設型給付および地域型給付の創設」，「認定こども園制度の改善」，「地域の実情に応じた子ども・子育て支援の充実」の3つがあげられる。

実施主体を基礎自治体である市町村とし，市町村は，地域のニーズを盛り込んだ「市町村子ども・子育て支援事業計画」を，都道府県は，市町村を支援する「都道府県子ども・子育て支援事業支援計画」を，5年を1期として策定している。

2019（令和元）年，「新しい経済政策パッケージ」の決定に基づく教育の無償化の実施に向けて，子ども・子育て支援法の一部改正が行われた。これにより消費税10％への引き上げによる財源を活用して，幼児教育・保育の無償化が2019（令和元）年10月より実施されている（詳細は第7章第2節）。

新制度で何が変わったか

新制度移行によって変わったことはたくさん

ある。その中から子育て家庭にとくに影響が大きいと考えられる3つの事柄（①保育認定の開始，②地域型保育，③地域子ども・子育て支援事業）を取り上げる。

①では，**教育・保育施設**^{◆5}を利用したい場合には，保育認定を市町村で受ける。子どもが満3歳以上で幼稚園・認定こども園での教育を希望する場合の教育標準時間認定（1号給付）と，子どもが保育所・認定こども園・地域型保育の利用を希望する場合の保育認定（2号・3号給付）の2つがある。子どもが3歳以上は2号，3歳未満は3号となる。

②は，保育認定（3号給付）を受けた子どもを預かる事業である。6人以上19人以下の子どもを預かる「小規模保育」，5人以下の子どもを預かる「家庭的保育（保育ママ）」，従業員の子どもの他地域の子どもを保育する「事業所内保育」，子どもの居宅において保育を行う「居宅訪問型保育」の4つがある。とくに待機児童が多く，施設の新設が困難な都市部における保育の量の拡大と，子どもの数が減少傾向にあり施設の維持が困難な地域や，施設までの距離が遠いなど利用が困難である地域の保育の確保が可能となる。

③には13事業あるが，利用者支援事業の創設や，放課後児童健全育成事業の小学校6年生までの延長など，新しい取り組みが進められている。

とくに，待機児童の解消と保育の質の担保についての保護者の関心は高い。待機児童については，認定こども園への積極的移行や地域型保育によって解消を行っていく方針であるが，その効果の検証が今後求められる。保育士の質の担保には，ま

ず保育士などの人材確保が重要であるが，それも不足している。制度は動き出したが，課題は多い。

より子育てしやすい社会に向けて

表3-3にあるように，1994（平成9）年以降現在に至るまで，国はさまざまな少子化対策および子育て支援施策を打ち出してきた。

政府は，「ニッポン一億総活躍プラン」◆6（2016（平成28）年閣議決定）の中でも，仕事と子育ての両立支援，待機児童対策，若者・子育て世代への支援等を明記し，2025（令和7）年度までの具体的な対策をとっているところである。

最も新しい少子化社会対策大綱（2020（令和2）年5月閣議決定）では，「希望出生率1.8」の実現を掲げ，「結婚・子育て世代が将来にわたる展望を描ける環境をつくる」，「多様化する子育て家庭の様々なニーズに応える」，「地域の実情に応じたきめ細かな取組を進める」，「結婚，妊娠・出産，子供・子育てに温かい社会をつくる」，「科学技術の成果など新たなリソースを積極的に活用する」の5つの基本的な考え方に基づき，社会情勢の変化等をふまえた，令和の時代にふさわしい当事者目線の少子化対策を進めていくと記載されている。(4)上記内容は，結婚，妊娠・出産，子育ての現状の厳しさを反映しているものであり，依然厳しい少子社会解消を表しているといえよう。

◆5 教育・保育施設
就学前の子どもに関する教育，保育等の総合的な提供の推進に関する法律（認定こども園法）第2条第6項に規定する認定こども園，「学校教育法」（昭和22年法律第26号）第1条に規定する幼稚園及び「児童福祉法」第39条第1項に規定する保育所のこと。

◆6 ニッポン一億総活躍プラン
2016（平成28）年の閣議決定による。わが国の構造的な問題である少子高齢化に真正面から挑み，「希望を生み出す強い経済」，「夢をつむぐ子育て支援」，「安心につながる社会保障」の「新・三本の矢」の実現を目的とする「一億総活躍社会」の実現に向けた政府の取り組み。

Check

次世代育成支援に関する次の記述の正誤を答えなさい。

常時雇用する労働者が一定数以上の事業主には，次世代育成支援の実施に関する計画の策定義務が課されている。

（答）○：101人以上の労働者がいる場合，計画策定義務がある。2015（平成27）年度からは，新たに「特例認定」制度を設けられ，子育てしやすい企業を増やすとともに，認定に伴う税制優遇措置制度も創設された。
（第26回社会福祉士国家試験問題142より）

注

(1) 芝野松次郎・小野セレスタ摩耶・平田祐子（2013）『ソーシャルワークとしての子育て支援コーディネート——子育てコンシェルジュのための実践モデル開発』10頁。

(2) 内閣府（2015）「子ども・子育て新制度について」資料。

(3) 内閣府（2014）『少子化社会対策白書（平成26年版）』39頁。

(4) 内閣府（2020）『少子化社会対策白書（令和元年度版）』59-60頁。

室田保夫編著『人物でよむ近代日本社会福祉のあゆみ』ミネルヴァ書房, 2006
　年
本章で紹介したような明治期から現代までの社会福祉分野で活躍した人々の
人物像を描いている。石井十次や留岡幸助などが何を見て何を考え, 子ども
たちにどう向き合おうとしたのか。彼らの実践や思想を理解するためにおすす
めしたい。

荒井和樹『子ども・若者が創るアウトリーチ──支援を前提としない新しい
　子ども家庭福祉』アイエス・エヌ, 2019年
子どもを問題解決に取り組む主体ととらえることを主軸にし, 福祉からこぼ
れる子どもたちとのかかわりかたについて実践に裏打ちされたヒントがたく
さん書かれている。

山田昌弘『日本の少子化対策はなぜ失敗したのか?──結婚・出産が回避さ
　れる本当の原因』光文社文庫, 2020年
長らく少子化対策が行われているにもかかわらず, 明確な効果が出ない日本。
それがなぜなのかを詳細に分析し, 日本にあった対策について述べている。文
庫本ながら読み応えのある1冊。

Try! 第3章

問：「児童福祉」から「子ども家庭福祉」へ移り変わった背景について
　　まとめよう。

ヒント：それぞれの理念やその変化, 法律・施策の動向をおさえよう。

第II部

子ども家庭福祉の
しくみと担い手

第**4**章

子ども家庭福祉のしくみ1

本章で学ぶこと

● 子ども家庭福祉に関する行財政のしくみを学ぶ。（第1節）

● 児童相談所と市町村の体制と役割を知る。（第2節）

● 子ども家庭福祉を支える機関と人について学ぶ。（第2節）

● 子ども家庭福祉の関連機関と人について学ぶ。（第3節）

● 子どもの権利を護るしくみについて学ぶ。（第4節）

○ **この節のテーマ**
- 地方分権という継続的な改革の存在に気づく。
- 地方公共団体の役割を中心に学ぶ。
- 児童福祉法に基づく行政機関の概要を理解する。

地方が主体の時代に

第2次世界大戦後に形成された社会福祉実施体制の特徴として，国民の福祉に対する公的責任の原則があげられる。公的責任は，「児童福祉法」第2条に従えば，「国及び地方公共団体」が子どもの健全育成に対して担うものである。今，この国と地方公共団体の関係が揺れている。

これまでは，「日本国憲法」第25条に規定される最低生活保障にかかわるものについて，地方ごとにばらばらの基準で対応がなされるのは国としての責任を果たしていないことになるのではないか，という懸念から，国が一元的にサービスの管理運営を行う傾向があった。しかし，国から地方へ権限を移し，地方自治を実質化していく地方分権が，社会福祉行政においては1980年代半ばから動き出している。最初は，国および地方公共団体の財源配分の見直しおよび機関委任事務から団体委任事務への移行が行われた。この動きは1990年代からいっそう大きくなり，住民に身近なところできめ細やかにサービスを企画・立案・計画・実施していく方が望ましいという考え方が推進されていった。しかし，そのためには地方にそれだけの経済的・政治的・社会的な力量がなければならない。人口減少などの問題を抱えた

地域などでは，「地方の裁量だけで何とかなる問題ではない」と戸惑う声もある。

ここでは，子ども家庭福祉行財政の全体像を描く。しかしこれは段階的に推移する地方分権改革の「ある一瞬」を切り取ったものでしかなく，今後ますます予算も権限も地方に移され，国は全体を見わたしながら地方に情報と助言を提供していくものとなっていくという前提で理解してほしい。

国と地方公共団体の役割分担

子ども家庭福祉にかかわる多くの事項は，厚生労働省子ども家庭局において所管されている。また，障害を有する子どもにかかわる施策は，厚生労働省社会・援護局が中心となって施策を展開することが通例である。また，子どもにかかわることでも，教育関係は文部科学省，司法関係は法務省と，施策の主たる目的に対応して，異なる省庁が役割を担っている。さらには，国策上重要な事項（子ども家庭福祉とかかわっては，少子化対策のほか，子どもの貧困対策，男女共同参画，若者支援など）については内閣府で省庁横断的に行われている。

どの省庁が前面に出るにしても，その役割は，国の施策にかかわる企画立案や総合的な調整で

ある。「国の施策」とは，地方との関係でいえば，「国際社会における国家としての存立にかかわる事務，全国的に統一して定めることが望ましい国民の諸活動若しくは地方自治に関する基本的な準則に関する事務又は全国的な規模で若しくは全国的な視点に立つて行わなければならない施策及び事業の実施その他の国が本来果たすべき役割」である（「**地方自治法**」第1条の2第2項）。外交や防衛はその代表であるし，生存権保障は日本国憲法にかかわる事項として，**法定審議会**◆1の答申を受けながら，国が統一的に基準を定め，事務を執り行っている。

　一方，地方公共団体の役割とは，住民に身近な行政を担うことである。この定義が最もあてはまるのは，市町村である。子ども家庭相談体制にかかる規定を見ると，市町村については，「児童及び妊産婦の福祉に関し，必要な実情の把握に努めること」「児童及び妊産婦の福祉に関し，必要な情報の提供を行うこと」「児童及び妊産婦の福祉に関し，家庭その他からの相談に応じ，必要な調査及び指導を行うこと並びにこれらに付随する業務を行うこと」の3項目を担うものとされている（児童福祉法第10条参照）。実際には，福祉事務所や保健センターを設置するなどして，これらの事務を処理している。また，2017年度からは市区町村子ども家庭総合支援拠点を設置するよう努めることとされ，これまで以上に，専門的で継続的なソーシャルワークを担えるようにすることが期待されている（ただし，福祉事務所や保健センターと異なり，民間委託をすることが可能である。第4章第2節参照）。

1

◆1　法定審議会
各行政機関に置かれる合議制の機関。諮問への答申や独自に調査を行って提言を行う。子ども家庭福祉にかかわっては，国では社会保障審議会児童部会が設置され，都道府県では社会保障審議会ないし児童福祉審議会を設置することとなっている。

それに対して，都道府県（**指定都市**◆2，一部の**中核市**◆3を含む）は，市町村間の連絡調整，情報提供，市町村職員の研修等を行うほか，子どもと妊産婦の福祉に関して，「児童に関する家庭その他からの相談のうち，専門的な知識及び技術を必要とするものに応ずること」といった規定に代表されるように，より専門的なことを担当するしくみとなっている（児童福祉法第11条第1項第2号）。福祉事務所や児童相談所，保健所を設置することで，これらを実施している。

この他，一般的なルールとしては，保育や子育て支援など，普遍的な住民サービスの給付については，基本的に市町村が実施主体となっている。そして，許認可を必要とするもの（児童福祉施設の設置等），規制や監督にかかわるものは，上位の機関である都道府県に残され，都道府県が住民に直接給付を行うことは，かなり少ない。

その他の行政機関

国・都道府県・市町村の役割分担について述べてきたが，子ども家庭福祉行政は，いわゆる本庁とは別に，児童相談所，福祉事務所，保健所・保健センターが設置されるとともに，児童委員が機能している。以下，それぞれについて簡単な解説を加える（ただし，保健関係機関は第3節で述べる）。配置されている職種については，一括して**表4-1**に示すので，あわせて参照されたい。

児童相談所

児童相談所（児相）は，都道府県に設置義務が

表4-1
子ども家庭福祉行政機関で働く人たち

機関名	職種
都道府県	子ども家庭福祉にかかわる職員配置規定はない。都道府県によっては，福祉職を専門採用している場合がある。心理職や保健職は専門採用をし，都道府県内の専門機関・施設への配置を行っている場合が多い。
市町村	子ども家庭福祉にかかわる職員配置規定はない。政令市や中核市の中には，福祉職採用枠を設けているところもある。児童福祉司相当の職員を配置することが望まれるが，必ずしもそのようにはなっていない。一方，保育職や保健職は専門職採用をしており，これらが子ども家庭福祉に関する業務を担っている場合がしばしばみられる。
児童相談所	所長，所内各部門の管理職，児童福祉司，児童心理司，児童指導員，保育士，相談員，嘱託医などが置かれている。その他，電話相談員や医師や保健師，弁護士などが勤務している場合もある。
福祉事務所	所長，社会福祉主事（査察指導員，現業員）の他，母子・父子自立支援員を配置していることも多い。家庭児童相談室を併設している場合には家庭相談員も勤務している。

出所：筆者作成。

課せられている（児童福祉法第12条）。人口50万人に最低1か所程度が必要であり，各都道府県等の実情（地理的条件，利用者の利便，特殊事情等）に対応して設置されることが適当であることから，全国に200か所以上が置かれている。

児童福祉法上，一義的な相談窓口である市町村との連携を図りながら，大きく分けて，①高度専門的な相談機能，②一時保護機能，③措置機能，④市町村援助機能を発揮している。第2節で詳しく述べる。

福祉事務所

福祉事務所は，都道府県および市に設置義務がある（「社会福祉法」第14条）。町村部については任意設置であり，一般的には都道府県の設置する福祉事務所が町村部において事務を執り行っている。本庁と別に設置されていることもあるが，「こども課」「保育課」といった市長部局の各種部門に編制されていることも多い。

職員については，必ずしも児童福祉の専門職員を置かなければならないわけではないが，市町村，児童相談所と並んで，要保護児童の通告受理機関となっており，子ども虐待対応にノウハウのある職員の配置が求められる。多くの福祉事務所では，家庭児童相談室を設置することで，子ども家庭福祉に関する相談機能を充実させている。

また，相談以外の具体的なサービスとしては，助産施設および母子生活支援施設の利用に関する事務も担うことになっている。この他，母子・父子・寡婦福祉貸付資金や，身体障害を有する子

2

◆2　指定都市
政令で指定する人口50万以上の市を「（政令）指定都市」という。指定都市は，都道府県の事務のうち，地方自治法に基づく大都市特例として，多くの事務を処理することができる。「児童福祉に関する事務」「母子家庭及び父子家庭並びに寡婦の福祉に関する事務」「母子保健に関する事務」もこの中に含まれており，また指定都市が現にこれらの事務を処理しているため，社会福祉に関する事項の場合，指定都市を都道府県と同等のものと見なして解説が行われる。

3

◆3　中核市
政令で指定する人口20万以上の市を「中核市」という。都道府県で処理した方が合理的ないし適当であるものを除き，法令に基づいて中核市が事務を処理できると「地方自治法」で規定されている。中核市は，児童相談所を設置することができ，現にいくつかの市では児童相談所を設置することで，子ども家庭福祉に関しては都道府県と同等の役割を担っている。

どもの補装具の交付・修理の申請事務も，福祉事務所が窓口となって対応している。

児童委員

児童委員とは，児童福祉法第16条に基づき，市町村の区域で置かれている非常勤の地方公務員（ただし無給）である。民生委員法により市町村に置かれている民生委員推薦会から推薦され，厚生労働大臣の委嘱により任命をされている。

その業務は，自分の担当地域の実情をよく把握しておくとともに，必要に応じて，地域住民に対してサービス利用にかかわる情報提供や助言をしたり，児童相談所や福祉事務所等の関連機関や施設と連携したりして，児童福祉の増進に寄与することである。要保護児童の通告の仲介を行う機関としても位置付けられている。1994（平成６）年からは，子ども家庭福祉問題への対応を強化するために，児童委員のうちから主任児童委員◆4が委嘱されるようになるなど，地域のことをよく知る存在として大きな期待がなされるようになっている。

なお，児童委員は民生委員を兼任することになっているため，地域の社会福祉全般にかかわって機能している。

子ども家庭福祉の財政

児童福祉法では，国，都道府県，市町村等の費用負担の割合も規定している。代表的なものとしては，児童福祉施設への入所措置や里親委託に要する費用がある。これは実施主体となる都道府県が支弁するものとなっており，そのうちの半分を国が負担している。なお，母子生活支援施設および助産施設の措置費等のうち，都道府県が所管するものは上記と同様であるが，措置等主体が市および福祉事務所を管理する町村の場合は，国が2分の1，都道府県が4分の1，市町村が4分の1を負担する。

2015（平成27）年度から本格実施された，子ども・子育て支援新制度では，施設型給付・地域型保育給付については，国が2分の1，都道府県が4分の1，市町村が4分の1の負担となる。ただし，公設公営施設については，市町村が全額を負担する。地域子ども・子育て支援事業については，国・都道府県・市町村が3分の1ずつ負担する（ただし，一部一般事業主等からの拠出金を充当している）。

これら負担割合からもわかるように，子ども家庭福祉サービスの提供においては，国費の投入が重要である。国からは国庫負担金と地方交付金による支出が行われている。国庫負担金の種類は広く，それぞれに使途が定められている。児童福祉施設の運営等に要する費用の一部などが含まれる。一方，地方交付金は，地方公共団体間の財源の不均衡を是正し，すべてが一定の水準を維持しうるよう財源を保障するものである。使途についても地方の裁量に委ねられる部分が大きくなり，地方分権の時代にあってますます重要性が増すものだといえる。ちなみに，消費税の約3割も，この地方交付金のために充てられており，近年の消費税増大は，国の社会保障4経費（年金，医療，

介護，子ども・子育て支援）と地方の財源となる
ものである。

◆4　主任児童委員

とくに区域を担当せず，広域的に子ども家庭
福祉に関する事項を専門的に担当するもので，
子ども家庭福祉に関する機関と児童委員との
連絡調整を行い，児童委員の活動をバックア
ップすることが期待される人材である。

次の記述の正誤を答えなさい。

　公務員のLさんは，人口10万人の
X県Y市の児童家庭福祉を担当す
る部署に勤務していたが，今年から
交換人事により県庁の児童家庭福
祉担当部署に出向し，業務を行うこ
ととなった。放課後児童健全育成事
業の利用調整は，これからLさんが
扱う業務のひとつとなる。

（答）×：放課後事項健全育成事業にかかわる業
　　　務は市町村が所管しており，都道府県の児
　　　童家庭福祉担当部署では取り扱っていない。
（第24回社会福祉士国家試験問題141より）

〈参考文献〉
柏女霊峰（2015）『子ども家庭福祉論（第4
　版）』誠信書房。

2節 児童相談所と市町村

この節のテーマ
● 市区町村子ども家庭総合支援拠点の役割と意義を理解する。
● 児童相談所の機能と現状を知る。
● 児童相談所および市町村に関する2016（平成28）年及び2019（令和元）年児童福祉法等改正のポイントを学ぶ。

市町村と児童相談所

子ども家庭相談については，長らく**児童相談所**（以下，児相）があらゆる相談を受け付けるとされてきた。しかし，**児童虐待の防止に関する法律**（以下，虐待防止法）の施行後，近年児童虐待相談件数の激増等により，児相の相談対応は都市部を中心に飽和状態に陥った。一方，核家族化が進む中，地域で孤立を余儀なくされる子育て家庭に生じる育児不安等，身近な子育て相談のニーズも増えてきた。重篤な子ども虐待対応から育児の悩みまでの幅広い相談すべてを児相だけが対応することは，決して望ましいことではない。身近な市町村及び多様な機関が，相談ニーズに合わせて対応することになれば，子育て家庭が気軽に相談でき，細やかな支援を早期に受けることが可能になる。

こうした期待が持たれつつ，2004（平成16）年の児童福祉法改正により，子ども家庭相談の一義的な窓口は市町村となり，児相はより高い専門性を有する機関として位置づけられることになった（児童福祉法第12条第2項）。さらに，2016（平成28）年児童福祉法改正により，これまで市町村，都道府県（児相），国それぞれの役割・責務が，現

場に十分浸透しておらず，地域間で市町村や児相が果たす役割にバラツキがあり，実態として必要な支援ができていないケースもあること等から，市町村，都道府県，国それぞれの役割・責務が明確化された（児童福祉法第3条の3）。市町村と児相における相談援助活動系統図は**図4-1**の通りである。

市町村における子ども家庭相談援助

市町村が行う義務的業務については，児童福祉法第10条第1項の各号で規定されている。児童及び妊産婦の福祉に関し，①必要な実情の把握に努めること，②必要な情報の提供を行うこと，③家庭その他からの相談に応じること並びに必要な調査及び指導を行うこと並びにこれらに付随する業務を行うこと，④家庭その他につき，必要な支援を行うこと，である。

また，同第2項でこれらの業務のうち専門的な知識及び技術を必要とするものについては，児相の技術的援助及び助言を求めなければならないこと，同第3項で医学的，心理学的，教育学的，社会学的及び精神保健上の判定を必要とする場合には，児相の判定を求めなければならないこととし，児相との関係が明記されている。同第4項

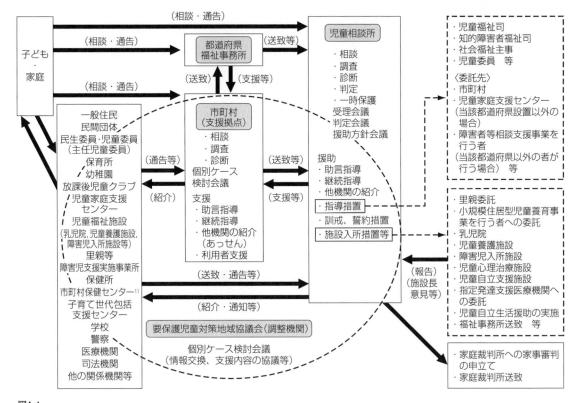

図4-1

市町村・児童相談所における相談援助活動系統図

注：1）市町村保健センターについては，市町村の児童家庭相談の窓口として，一般住民等からの通告等を受け，相談援助業務を実施する場合も想定される。

出所：厚生労働省子ども家庭局長通知（2018）「児童相談所運営指針について（子発0112第1号）」212頁。

では，事務を適切に行うために必要な体制整備，職員の人材確保，資質の向上のために必要な措置を取ることが規定されている。

厚生労働省雇用均等・児童家庭局長通知「「市町村子ども家庭支援指針について」（ガイドライン）」には，市町村における子ども家庭相談援助の基本と具体的な役割，相談種別ごとの対応における留意事項，関係機関との連携等が記述されている。

要保護児童対策地域協議会（子どもを守る地域ネットワーク）の設置運営及び構成員

2004（平成16）年の法改正で法的に位置づけられたのが，**要保護児童対策地域協議会**（以下，要対協）である。要対協設置以前，子ども虐待対応

機関の連携を図るため，子どもサポートネットワーク事業や児童虐待防止連絡会議等の名称で，関係機関のネットワーク作りが地道に取り組まれてきた経過がある。こうした取り組みは，子ども虐待への対応が単独の機関だけでは困難であり，複数の機関や専門職による連携・協働なくしては成し得ないという切実な実感が，関係者たちの中にあったからこそなされたのであろう。

厚生労働省雇用均等・児童家庭局長通知「要保護児童対策地域協議会設置・運営指針について」の冒頭で，虐待を受けている子ども等要保護児童の早期発見や適切な保護を図るためには，関係機関が要保護児童に関する情報を共有し適切な連携の下で対応していくことが重要であるとし，関係機関の円滑な連携・協力を確保するために運営中核機関及び，関係機関における情報共有関係を明確化する必要性等が示されている。

2016（平成28）年法改正では，要保護児童対策調整機関に調整担当者を置くものとし，合わせて国が定める研修を受ける義務が新たに規定された（児童福祉法第25条の2第6項，第8項）。

要対協の運営は，**代表者会議**，**実務者会議**，**個別ケース検討会議**の三層構造が想定されている。また，要対協の構成員は，市町村の児童福祉・母子保健・障害福祉等の担当部局，児相，福祉事務所，保育所，児童福祉施設，児童家庭支援センター，市町村保健センター，子育て世代包括支援センター，保健所，医療機関，教育委員会，学校，警察，家庭裁判所，弁護士会，配偶者暴力相談支援センター，NPO法人等である。

なお，児童福祉法第25条の5等により，関係機関による情報の共有にあたっての守秘義務に関することが規定されている。

要保護児童と支援の対象

児童福祉法第6条の3第8項では要保護児童について，「保護者のない児童又は保護者に監護させることが不適当であると認められる児童」としている。これまで社会的養護を要する児童，障害等を有することから支援が必要な児童等が主な対象とされてきたが，子ども虐待への関心の高まりと虐待防止法の施行により，近年では虐待を受けたと思われる子どもを要保護児童と同義とする理解が広がっている。

他方，「要保護児童対策地域協議会設置・運営指針について」では，要対協の支援の対象者を，虐待を受けた児童に限らず，非行少年等も含むと記しており，要保護児童のほか，**要支援児童**[◆1]とその保護者，**特定妊婦**[◆2]も支援対象としている。

市区町村子ども家庭総合支援拠点の設置運営

2016（平成28）年法改正で，児童及び妊産婦の福祉に関する実情の把握，情報提供，相談，調査，指導，関係機関との連絡調整その他の必要な支援を行うための拠点となる**子ども家庭総合支援拠点**（以下，支援拠点）の整備について，市町村に努力義務が課せられることになった（児童福祉法第10条の2）。

「市区町村子ども家庭総合支援拠点の設置運営等について」（平成29年3月31日厚生労働省雇用

均等・児童家庭局長通知）では，支援拠点は，管内に所在するすべての子どもとその家庭（里親及び養子縁組を含む。）及び妊産婦等を対象とし，地域のリソースや必要なサービスと有機的につないでいくソーシャルワークを中心とした機能を担うものとする。また，その支援に当たっては，子どもの自立を保障する観点から，妊娠期（胎児期）から子どもの社会的自立に至るまでの包括的・継続的な支援に努めるとしている。

設置形態については，児童人口規模に応じて，5類型（小規模A型，小規模B型，小規模C型，中規模型，大規模型）に区分されている。また職員配置に関しては，原則として，①子ども家庭支援員，②心理担当支援員，③虐待対応専門員の職務を行う職員を置くものとし，必要に応じて，④安全確認対応職員，⑤事務処理対応職員を置くことができる。

支援拠点は，地域の実情に応じた多様な運営方法等を工夫することができる。例えば要保護児童対策調整機関を担い，要対協に参加する多くの関係機関の役割や責務を明確にし，その機能を最大限発揮できるよう連絡調整を行うことで，関係機関相互の円滑な連携・協力を図り，具体的な支援に結びつけていくこと。また，子育て世代包括支援センターとの連携，あるいは一体的な支援の実施により，子どもの発達段階や家庭の状況等に応じた継続的な支援を行うこともできる。さらに，既存の**家庭児童相談室**の機能を核として支援拠点の機能を拡充していくことも想定されている。2020（令和2）年4月現在，432市町村に495か所設置されている。

◆1　要支援児童
保護者の養育を支援することが特に必要と認められる児童であって要保護児童にあたらない児童のことをいう（児童福祉法第6条の3第5項）。具体的には，育児不安（育児に関する自信のなさ，過度な負担感等）を有する親の下で監護されている子どもや，養育に関する知識が不十分なため不適切な養育環境に置かれている子ども等がこれに含まれる。[6]

◆2　特定妊婦
出産後の子どもの養育について出産前において支援を行うことが特に必要と認められる妊婦のことをいう（児童福祉法第6条の3第5項）。具体的には，若年（10代），精神科の受診歴，予期しない妊娠／計画していない妊娠，被虐待歴，経済的困窮，DVを受けているなど，複数のリスク因子が複雑に絡み合い，出産後の養育が極めて困難となることが妊娠中から見込まれる妊婦のことである。[7]

◆3　家庭児童相談室
1964（昭和39）年4月22日付厚生省（当時）通知を根拠とする。市町村または都道府県の福祉事務所に任意に設置され，子ども家庭福祉に関するあらゆる相談を受け付ける。社会福祉主事や家庭相談員が配置されており，市が設置する家庭児童相談室は要保護児童対策地域協議会事務局をする等，子ども家庭相談体制の一翼を担っている。

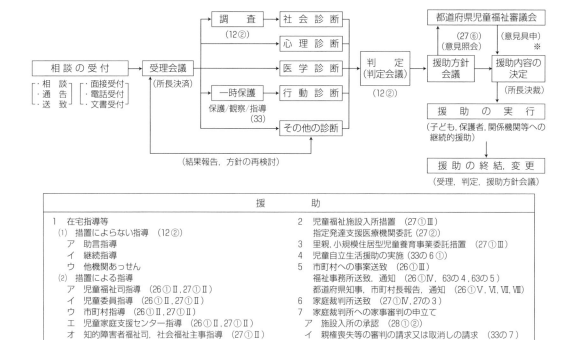

図4-2
児童相談所における相談援助活動の体系・展開
出所：厚生労働省子ども家庭局長通知（2018）「児童相談所運営指針について（子発0112第1号）」200頁。

児童相談所の機能と現状

　児相は，都道府県および指定都市が設置を義務付けられ，中核市等児相設置を希望する市および特別区[(2)]については任意に設置することができる行政機関である。第2次世界大戦後，1947（昭和22）年の児童福祉法成立と同時に開設され，当時は浮浪児対策を主要な役割としていた。

　2020（令和2）年7月1日現在全国で220か所（支所，分室除く）の児相が設置されている。児相は，地域における子ども家庭相談の中核的な専門機関として，養護（虐待を含む），障害，育成，非行，保健等児童福祉のあらゆる相談に対応し，基本的機能として，市町村援助機能，相談機能，

一時保護機能，措置機能の他，親権者の親権喪失宣告の請求等，民法上の権限[(3)]を有している。児相における相談援助活動の体系・展開は**図4-2**の通りである。

　また，児童福祉法第12条の4では，「児童相談所には，必要に応じ，児童を一時保護する施設を設けなければならない」としている。2020（令和2）年7月1日現在全国で144か所に**一時保護所**[◆4]が設置され，「一時保護ガイドラインについて」[(4)]に基づき整備，運営されている。

　近年，子ども虐待への関心が高まる中，全国の児相における児童虐待相談対応件数は増加の一途をたどり，2018（平成30）年度には15万9838件に至っている。対応件数の増加とともに，支援に関与した子どもの虐待死事案が相次いで発生し

ていることなどから，児相は多くの課題を抱えている状況にある。

　そうした課題に対応するため，2016（平成28）年以降，児童福祉法及び虐待防止法改正により，児相の権限や体制の強化が図られている（**表4-2**）。2018（平成30）年7月には，児童虐待防止対策に関する関係閣僚会議（以下，関係閣僚会議）が「児童虐待防止対策の強化に向けた緊急総合対策」を決定。児相や市町村の体制及び専門性を計画的に強化するため，同年12月「児童虐待防止総合強化プラン（新プラン）」が策定された。さらに2019（平成31）年3月，関係閣僚会議による新プランの体制強化の前倒し，抜本的強化を取り込み児童虐待を防止するための児童福祉法等改正案を国会に提出することを決定。2019（令和元）年6月「児童虐待防止対策の強化を図るための児童福祉法等の一部を改正する法律（令和元年法律第46号）」が成立，公布された。

┃ 児童相談所の職員

　「児童相談所運営指針」には，児相に置く職員の標準的な考え方が示されている。所長は，児童福祉法第12条の2，及び第12条の3で，資格要件等が規定されている。

　児相の規模に応じて，職員の配置が示されている。A級は人口150万人以上の地方公共団体の中央児相，B級はその他の児相としている。

　B級は，指導教育担当児童福祉司（児童福祉司スーパーバイザー），**児童福祉司**[5]，相談員，精神科を専門とする医師（精神科医，嘱託も可），小

4

◆4　一時保護所
児童を一時保護する施設。児童指導員，保育士等が配置され，一時保護している子どもの生活指導，学習指導，行動観察，行動診断，緊急時の対応等一時保護業務全般に関すること，児童福祉司や児童心理司等と連携して子どもや保護者等への指導を行っている。
近年，都市部を中心に虐待を受けた子どもを緊急で家庭から分離する事例が増えているといわれる。一時保護所には，そうした緊急事態に対して，迅速かつ柔軟に対応できる機能が求められているが，実態は慢性的な定員超過や多様な子どもたちを混合処遇せざるを得ない環境等，多くの課題を抱えている。

5

◆5　児童福祉司
児童福祉法第13条で設置義務及び任用資格が規定されている児相のソーシャルワーカー。主な職務内容は子ども，保護者等から子どもの福祉に関する相談に応じる，必要な調査，社会診断を行う，子ども，保護者，関係者等に必要な支援・指導，関係調整を行うこと等である。配置基準は，各児相の管轄地域の人口4万人（2019（令和元）年，3万人に改正）に1人を基本とし，全国平均より虐待相談対応の発生率が高い場合には業務量（虐待相談対応件数）に応じて上乗せされる（施行令第3条）。
髙橋重宏らによる2012（平成24）年の調査研究では，児童福祉司のストレス度は高く，業務内容・職務環境及び外部機関との関係において業務遂行を困難と感じている状況にあることが報告されている。

6

◆6　児童心理司
子どもの発達状態をアセスメントしたり，虐待を受けてダメージを受けた子どもをケアしたりする等，児相においては子どもに直接関わる役割が大きい職種である。「児童相談所運営指針」では，児童心理司は，子ども，保護者等の相談に応じ，診断面接，心理検査，観察等によって，子ども，保護者等に対し心理診断を行うこと，心理療法，カウンセリング，助言指導等の指導を行うこととしている。
なお，児童心理司については，2016（平成28）年法改正により法定化（児童福祉法第12条の3第6項第1号）され，児童福祉司2人につき1人以上配置することとなった。また2019（令和元）年の法改正により，児童心理司の数は，政令で定める基準を標準として都道府県が定めるものとされた。

表4-2

2016（平成28）年以降　児童相談所の権限及び体制強化，関係機関の連携強化等に関する児童福祉法等の主な改正点

●2016（平成28）年
- 一義的な児童相談や子育て支援により対応すべき事案について，児童相談所から市町村への送致を新設（児童福祉法第26条第1項第3号・第8号）
- 市町村が，児童・保護者に対し，養育支援などの必要な支援を行うことを明確化し，児相による指導措置（通所・在宅）について，委託先として市町村を追加（児童福祉法第26条第1項第2号）
- 児相等から求められた場合に，医療機関や学校等は，被虐待児童等に関する資料等を提供できるものとする（虐待防止法第13条の4）
- 支援を要する妊婦等（特定妊婦および要支援児童）を把握した医療機関，児童福祉施設，学校等は，その旨を市町村に情報提供するよう努めること（児童福祉法第21条の10の5第1項）

●2017（平成29）年
虐待を受けている児童等の保護を図るため，里親委託・施設入所の措置の承認の申立てがあった場合に，
- 家庭裁判所が都道府県に対して保護者指導を勧告することができることとする（児童福祉法第28条第4項）
- 児童相談所長等が行う一時保護について，親権者等の意に反して2か月を超えて行う場合には，家庭裁判所の承認を得なければならないこととする（児童福祉法第33条第5項）

●2019（令和元）年
- 都道府県（児相）の業務として，児童の安全確保を明文化（児童福祉法第11条第1項）
- 都道府県は，一時保護等の介入的対応を行う職員と保護者支援を行う職員を分ける等の措置を講ずるものとする（虐待防止法第11条第7項）
- 都道府県は，児相が措置決定その他の法律関連業務について，常時弁護士による助言・指導の下で適切かつ円滑に行うため，弁護士の配置又はこれに準ずる措置を行うものとする（児童福祉法第12条第4項）とともに，児相に医師及び保健師を配置する（児童福祉法第12条の3第8項）
- 児童虐待を行った保護者について指導措置を行う場合は，児童虐待の再発を防止するため，医学的又は心理学的知見に基づく指導を行うよう努めるものとする（虐待防止法第11条第1項）
- 都道府県知事が施設入所等の措置を解除しようとするときの勘案要素として，児童の家庭環境を明文化する（虐待防止法第13条第1項）
- 要保護児童対策地域協議会から情報提供等の求めがあった関係機関等は，これに応ずるよう努めなければならないものとする（児童福祉法第25条の3第2項）
- 国及び地方公共団体は，関係地方公共団体相互間並びに市町村，児相，福祉事務所，配偶者暴力相談支援センター，学校及び医療機関の間の連携強化のための体制の整備に努めなければならないものとする（虐待防止法第4条第1項）
- 児童虐待を受けた児童が住所等を移転する場合に，移転前の住所等を管轄する児相長は移転先の児相長に速やかに情報提供を行うとともに，情報提供を受けた児相長は要対協が速やかに情報交換を行うことができるための措置等を講ずるものとする（虐待防止法第4条第6項）
- 学校，教育委員会，児童福祉施設等の職員は，正当な理由なく，その職務上知り得た児童に関する秘密を漏らしてはならないこととする（虐待防止法第5条第3項）
- DV対策との連携強化のため，婦人相談所及び配偶者暴力相談支援センターの職員については，児童虐待の早期発見に努めることとし，児相はDV被害者の保護のために，配偶者暴力相談支援センターと連携協力するよう努めるものとする（配偶者からの暴力の防止及び被害者の保護等に関する法律第9条）

児科を専門とする医師（小児科医，嘱託も可）または保健師，指導および教育を行う児童心理司（児童心理司スーパーバイザー），**児童心理司**[6]，心理療法担当職員，弁護士（これに準ずる措置も可），その他必要とする職員。

A級は，B級に定める職員のほか，理学療法士等（言語治療担当職員を含む），臨床検査技師がある。

┃ 関係機関間の連携強化と
┃ 多機関連携・協働の重要性

2016（平成28）年の児童福祉法等の改正では，

すべての児童が健全に育成されるよう，児童虐待について発生予防から自立支援まで一連の対策の更なる強化が図られた。虐待という権利侵害から子どもを守り自立を支援するためにも，この法改正の意義はとても大きい。

その一方で，虐待により子どもが死亡する事例が後を絶たない現状がある。各自治体の子ども虐待死亡事例検証報告書の多くが，多機関連携の重要性について記載しているが，課題は大きい。そうした状況も踏まえ，2019（令和元）年の法改正では，関係機関間のさらなる連携強化を図る法改正が行われている。

子どもの安心・安全な育ちと権利を保障できる最善の仕組みを作るためには，子どもを取り巻くすべての大人がサポートし合えるネットワークの構築が必要である。そのためには，子ども家庭を支援する関係機関や専門職間の連携だけにとどまらず，当事者（子ども，親や養育者，家族等）との協働を推進する視点や姿勢が不可欠である。

他方，子ども虐待対応の困難さにより，それに携わる支援者（要対協調整機関や支援拠点，児相，関係機関の職員等）は疲弊している。いま，支援者の担う役割や仕事の価値を理解し認めることが，社会全体に求められている。今後，さらに多くの人材が支援拠点や児相等で活躍することが期待される中，支援者を支える仕組みや体制をさらに整備していくことも，疎かにしてはならない重要な課題である。

注

(1) 市町村の要保護児童対策調整機関に配置が義務付けられる専門職で，児童福祉司たる資格を有する者，または児童福祉司に準ずる者として次に掲げる者（保健師，保育士，教育職員免許法に規定する普通免許状を有する者等）を置くものとする。

(2) 児童虐待対応件数の増加等に対応するため，2016（平成28）年法改正で，政令で定める特別区についても，指定を受けて児相を設置するものとされた。2019（令和元）年改正法により，さらに設置が促進されている。

(3) 児相は，親権者の親権喪失，親権停止若しくは管理権喪失（親権喪失等）の審判の請求又はこれらの審判取消しの請求並びに未成年後見人選任及び解任の請求を家庭裁判所に対して行うことができるほか，2019（令和元）年の民法改正により，特別養子適格の確認の審判について，手続の申立人又は参加人として主張・立証することができることになった。

(4) 厚生労働省雇用均等・児童家庭局長通知「一時保護ガイドライン」子発0706第4号（平成30年7月6日）は，保護期間の長期化，学習権保障，自治体間格差等の課題に対し，一時保護を適切に行い実効ある見直しの推進を目的とする。

(5) 2018（平成30）年7月20日，児童虐待防止対策に関する関係閣僚会議が決定。緊急対策として，①転居した場合の児相間における情報共有の徹底，②子どもの安全確認ができない場合の対応の徹底，③児相と警察の情報共有の強化，④子どもの安全確保を最優先とした適切な一時保護や施設入所等の措置の実施，解除，⑤乳幼児健診未受診者，未就園児，不就学児等の緊急把握の実施，⑥「児童虐待防止対策体制総合 強化プラン」（新プラン）の策定，の6項目を提示。

(6) 社会保障審議会児童部会児童虐待等要保護事例の検証に関する専門委員会「子ども虐待による死亡事例等の検証結果等について」（第6次報告）。

(7) 厚生労働省子ども家庭局長通知「『市町村子ども家庭指針』（ガイドライン）について」。

〈参考文献〉
厚生労働省雇用均等・児童家庭局長通知「要保護児童対策地域協議会設置・運営指針について」子発0331第14号（令和2年3月31日）。
厚生労働省雇用均等・児童家庭局長通知「『市町村子ども家庭支援指針』（ガイドライン）について』子発0331第13号（令和2年3月31日）。
厚生労働省雇用均等・児童家庭局長通知「市区町村子ども家庭総合支援拠点の設置運営等について」子発0331第15号（令和2年3月31日）。
厚生省児童家庭局長通知「児童相談所運営指針について」子発0331第3号（令和2年3月31日）。
髙橋重宏ほか（2011）「児童相談所児童福祉司の専門性に関する研究」日本子ども家庭総合研究所紀要第47集（平成22年度）。

第 **3** 節 # かかわる機関と人

○ **この節のテーマ**
- ●保健所・市町村保健センターの概要について把握する。
- ●学校・教育委員会の概要について把握する。
- ●法務省所管の各種施設等の概要について把握する。

かかわる機関というのは，子ども家庭福祉を目的とした機関がその職務を遂行するうえで協力関係を結ぶことが必要な機関のことである。本節では保健・教育・司法分野の関係機関をとりあげる。

保健所・保健センター

保健所は，「地域保健法」に根拠を置く行政機関であり，都道府県と一部の市，および東京都の区部に設置されている。保健所の業務は広く，人口動態統計，地域保健にかかわる統計の作成，栄養改善及び食品衛生，環境衛生（住宅，上下水道，廃棄物処理，清掃等），医事・薬事（医療法に基づいた監視），精神保健，治療法が確立していない疾病・特殊疾病により，長期に療養を必要とする者の保健等々，地域保健法では13条にわたって規定がなされている。児童福祉法においては，子どもの保健や身体に障害を有する子どもの療育にかかわって一定の業務を担うものとして，規定が設けられている。

また，1997（平成9）年の地域保健法等の改正により，多くのサービスは市町村に一元化され，**市町村保健センター**（任意設置）の果たす役割が大きくなっている。保健センターでは，「健康相談，保健指導及び健康診査その他地域保健に関し

必要な事業を行うことを目的」（地域保健法第18条第2項）としている施設として，子ども家庭福祉とかかわっては，母子保健を中心に，保健師を主たる人材として対人サービスを展開している。社会福祉専門職として，精神保健福祉士が配置されている場合もある。

近年，妊娠期からの切れ目のない子育て支援が注目されてきており，ほとんど全ての妊産婦や乳幼児と接点のある保健センターの役割は，ますます大きくなりつつある。

学校・教育委員会

学校ということばはさまざまな場面で使用されるが，子ども家庭福祉の文脈では，「**学校教育法**」に定められる小学校・中学校を指すことが多い。ここでは，義務教育に対応している小中学校に絞って解説するが，高校や特別支援学校等他の学校種別が重要ではないということでは，もちろんない。

とはいえ，小中学校については，あまり多くの解説を要しないであろう。その基本的機能は普通教育（専門教育でないという意）であり，教諭がその主たる担い手となっている。教育は学級を単位として展開され，それぞれの学級には特定の担任が置かれる。学習指導要領などにより何を教え

るべきかについての規定はあるが，基本的にはその担任の裁量によって学級運営が展開される。各教員のやり方が尊重されるため，学級で問題が生じたときにも，それを学級担任に委ね，他の教員が積極的にカバーに入ったりすることは少ないし，実際，そのような人的余裕はなく，特別な配慮が必要な子どもの教育に担任が孤軍奮闘しているようなケースも散見される。

教諭が中心となる組織であるものの，実際には多くの職種から成り立っている。小学校の職員については，「学校教育法」第37条に規定されており，校長，教頭（教育の取りまとめをして，管理者である校長をサポートする役割），教諭，養護教諭，事務職員が置かれる他，「学校保健安全法」に基づく非常勤職員として，学校医，学校歯科医，学校薬剤師も設置され，各専門領域での指導をしている。スクールカウンセラーやスクールソーシャルワーカーに学校用務員（校務員ともいう）も「学校教育法施行規則」に基づき置かれる。他にも，専門的な役割を担う教職員が配置されている場合がある。なお，中学校の教員は小学校に準ずるとされる。非行ケースなどでよく連携する**生徒指導主事**◆1は，教員間で分担される校務分掌のひとつである。

なお，公立も私立も法律上は同じ学校であるが，私立は都道府県教育委員会（実際には，教育委員会が有する権限にかかわる事務を司る「教育委員会事務局」を指して「教育委員会」といっている場合が多い）が所管し，また広域から児童生徒が通学をしているなど，児童生徒の居住地域との関係が希薄になりがちだという課題を抱えている。

必ず覚える用語
☐ **保健所**
☐ **市町村保健センター**
☐ **学校教育法**
☐ **人権擁護委員**
☐ **少年鑑別所**
☐ **家庭裁判所**
☐ **少年院**

◆1　生徒指導主事
生徒指導とは，一人ひとりの児童生徒の人格を尊重し，個性の伸長を図りながら，社会的資質や行動力を高めることをめざして行われる教育活動のことであり，特定の教員だけが担うものではないが，生徒指導にかかわる組織的な計画の立案・調整や活性化などを担うため，生徒指導主事を置くこととされている。なお，小学校では児童生徒主事と呼ばれる。

◆2　指導主事
教育委員会に必置の職種である。学校教育に関する専門的事項の指導を担っており，具体的には，研修の企画・運営，研究授業での助言，学校内の問題解決にあたることを行っている。大学以外の公立学校から充当されることが通例である。

それに対して，公立の小中学校を所管するのは，市町村教育委員会である。この事務局には**指導主事**◆2が置かれ，要保護児童対策地域協議会等を通じて頻繁に連携がなされている。

人権擁護機関

人権擁護機関とは，法務省人権擁護局及びその地方組織，人権擁護委員を指す。とくに子ども家庭相談と実際的な関係をもつものとして，**人権擁護委員**が重要である。今後，国連・子どもの権利委員会からも設置の必要性を指摘されている，「行政から独立した人権擁護機関」が立ち上げられることになれば，わが国の場合，法務省の外局において人権擁護委員を活用する可能性があるので，その意味でも注目される社会資源である。

人権擁護委員は，「人権擁護委員法」を根拠とする非常勤の国家公務員（ただし無給）である。とくに具体的な要件はなく，多様な背景をもつ人たちが法務大臣からの委嘱を受けて活動している。一般のボランティアのように自ら志願してなるものではなく，市町村長が地域の中から候補者を選び，議会の意見を聞いたうえで推薦がなされるものである。法務省の人権擁護を補助する機関として，人権思想の普及，**人権侵犯事件**◆3の調査（強制力はない），人権相談を，地域に身近な住民という立場を生かして展開している。法務省系列組織において常時人権相談を行っている他，社会福祉施設において特設相談を行ったり，人権に関する啓発活動を行ったりもしている。

矯正施設

少年非行の問題にかかわっては，法的な判断が加えられるため，司法にも詳しい専門家が関与することが多い。法務省矯正局は，拘置所や刑務所を所管する行政組織であるが，同時に20歳に満たない**少年**◆4の非行に対応した少年鑑別所や少年院も管轄している。

少年鑑別所とは，「少年鑑別所法」に基づき，**家庭裁判所**◆5によって観護措置が必要だと決定された少年を，最高8週間収容し，専門的な調査・診断を行う施設である。医学，心理学，社会学，教育学などの専門的知識や技術を生かした判断は，鑑別結果通知書としてまとめられ，審判やその後の処遇で大いに参考にされることとなる。

少年院とは，「少年院法」に基づき，家庭裁判所から保護処分として少年院送致の決定を受けた，おおむね12歳以上20歳未満の非行少年等を収容している。在院者の「人権を尊重しつつ，明るく規則正しい環境の下で，その健全な心身の成長を図るとともに，その自覚に訴えて改善更生の意欲を喚起し，並びに自主，自律及び協同の精神を養うことに資するよう行うものとする」（少年院法第15条第1項）ことを処遇原則として，具体的には，生活指導，職業生活に必要な知識やスキルの習得支援，教科教育をはじめとする各種の教育訓練を行い，少年の改善更生を図る教育施設として位置づけられる。そのため，少年の年齢や心身の発達程度をふまえて，1種から4種までの少年院に分けられ，分類処遇がなされるしくみとなっ

ている。各少年院内部でも，少年一人ひとりの特性やニーズに応じた個別処遇計画を基本として教育等がなされている。

　矯正施設では，法務教官と法務技官が配置される。いずれも法務省の専門職員として採用される者である。法務教官として採用された者は，鑑別所では面接や行動観察を行い，少年院では生活指導や教育を行う。いずれにしても少年たちの日々の生活に最も近いところで矯正の機能を果たすものである。矯正というと力ずくで治すイメージがあるかもしれないが，法務技官とのチームにおいて科学的な基盤をもった対応を図るものであり，非行や犯罪につながる本人の要因にアプローチしたり，就労等で力を発揮できるようにスキル獲得を支援したりする。

　矯正心理専門職区分で採用された者は，法務技官と呼ばれ，心理学の専門的な知識・技術等を用いて，非行や犯罪の原因を分析し，処遇指針の策定や刑務所等の改善指導プログラム（認知行動療法等）の実施に従事する。鑑別所では，面接や心理テストを通して，非行等の資質的要因の鑑別を行い，また少年院や保護観察となった場合には継続して心理的な面からアセスメントを実施している。少年鑑別所等で行う地域からの非行等に関する相談にも応じている。

保護観察所

　少年非行の問題にかかわっては，法務省内において矯正局とは別に保護局が設置され，**更生保護**[◆6]事業が展開されている。更生保護施設など複数の

◆3　人権侵犯事件
「人権を侵害された」という被害者の申出によって成立する案件である。年間2万件を超える相談があり，暴力・虐待事案が最も多く，全体のおよそ20％を占めている[1]。ここには，子どもへの虐待の他，学校におけるいじめや教員による体罰についてのものも多く含まれている。

◆4　少年
法務関係事項においては，通常，少年法に基づくものを指す。少年法にいう「少年」とは，「20歳に満たない者」をいう（同法第2条第1項）。

◆5　家庭裁判所
地方裁判所で取り扱う案件と異なり，家庭生活の安定や少年の健全育成を図るという将来的な生活の安定を図るという目的のため，審判を非公開とするなど，当事者の情緒的な側面にも配慮がなされている。裁判官の他，家庭裁判所調査官が置かれ，社会福祉学を含む学際的な知見をもって，事件がなぜ起こったのかを調査し，またその過程で人間関係の調整を図ることも行われている。

◆6　更生保護
犯罪をした人，非行のある少年が，実社会の中で健全な一員として更生するように適切な処遇を行うことにより，その者が再び犯罪をすることを防ぎ，またはその非行をなくし，これらの者が善良な社会の一員として自立することを支えるものである。保護観察が代表的な方法である。

機関や施設が含まれるが,とくに**保護観察**所にい
る保護観察官と,地域で活動する保護司は,子ど
も家庭福祉と実務的なつながりをもつことが多
く,その概要を知っておくことが求められる。い
ずれも子どもだけを対象とするわけではないが,
家庭裁判所で保護観察処分とされたり少年院を
仮退院したり,更生保護ニーズのある子どもたち
にとっては,具体的な支援を受けられる存在とし
て欠かすことができない社会資源である。

　保護観察官は,犯罪をした人や非行のある少年
に対して,地域での社会生活を行わせながら,そ
の円滑な社会復帰のために指導・監督を行う専
門家として位置付けられる。保護観察官になるた
めには,国家公務員試験に合格し,法務省保護局
等で採用されることが必要だが,法務教官等と同
じく,複雑なニーズを抱える本人たちを理解し,
対人関係をもつ学際的な知見が求められる。また,
保護観察官だけですべての再犯防止を行うこと
は現実的に不可能であることから,保護司等のボ
ランティアや地域の社会資源との連携を図りな
がら,保護観察の目的を達していく力量も求めら
れる。

　保護司は,過去に非行等をした人が地域で再犯
することなく自立して生活を送れるようにする
ことを支援する,保護司法に基づく非常勤の国家
公務員(ただし無給)である。特別に専門的な要
件が課されているわけではないが,保護観察所長
が推薦した者から選ばれ,法務大臣から委嘱され
るという手続きが求められる。保護観察官が専門
的な知識をもって広域的に更生保護にかかわる
のに対して,保護司は地域に身近なところで本人

たちとかかわりをもつことになる。保護司は犯罪
等に関与した本人と直接的な関係をもつことか
ら,とくに引き受け手を探すのが困難だが,実際
には保護司同士のつながりや保護観察官との緊
密な連携のもとで活動をしており,ひとりで不安
と責任感を抱えながら無理をして本人と会い続
けるようなしくみではない。

7

◆7　保護観察

犯罪をした人，非行のある少年が，実社会の中でその健全な一員として更生するように，国の責任において指導監督および補導援護を行うもので，少年院からの仮退院を認められた少年や，家庭裁判所で保護観察に付された少年が対象者として含まれる。具体的には，面接等の方法により接触を保ち，対象者が遵守事項を守れるように必要な支援をする他，住居探し，職業訓練機会の確保，生活環境の改善など具体的な援護を行う。

Check

次の記述の正誤を答えなさい。

　要保護児童対策地域協議会には，教育関係，保健医療関係の機関の職員も構成員として参加することが想定されている。

(答)○：かかわる機関は連携先として重要であり，要保護児童対策地域協議会のような法定化されたネットワークの運用への参加も想定されている。
(第24回社会福祉士国家試験問題142より)

注　(1)　法務省（2014）「人権侵犯事件統計」の「種類別　人権侵犯事件の受理及び処理件数」。

第4節 子どもの権利擁護のしくみ

この節のテーマ
●子どもの権利擁護のしくみについて理解する。
●子どもの権利を擁護する社会の役割について理解する。

　子どもは，小さな大人ではない。「子ども期」という固有の発達段階を歩みながら，「今」を生きる存在である。子どもは誰もが発達の主人公であり，生きる主体として捉えられる。大人には子どもが権利主体であることを保障する役割がある。つまり，社会全体で子どもの権利を擁護するしくみを堅持し，発展させなければならない。

子どもの権利を擁護する枠組み

　1989年に国連総会で採択された子どもの権利条約では，締結国は，条約に規定された子どもの権利を実現することが義務づけている。締結国は，子どもの権利の実現のためにとった措置の実施状況について，条約締結後2年以内，さらに5年ごとに条約の実施監視機関である国連「子どもの権利委員会（以下，CRC〈Committee on the Right of the Child〉）」に提出し，審査される（条約第44条）。日本では1994年の批准後，1998年，2004年，2010年，2019年に審査が実施された。

　2019年のCRCによる「総括所見」では，子どもの権利擁護の具現化に向けて，33地方自治体で子どものための公的第三者機関が設置されていることを評価しながら，さらなる設置に向けた迅速性への課題に言及している。したがって，子どもの権利を擁護するしくみとして，第三者機関の設置は喫緊の課題であるといえよう。

　国家レベルでの機関ではないものの，都道府県・市町村レベルでは，子どもの権利に関する条例が各地で制定されている。例えば，**オンブズパーソン**[1]制度では，1998（平成10）年に兵庫県川西市「子どもの人権オンブズパーソン条例」に基づき，公的な第三者機関が日本で最初に創設された。川西市の条例では，子どもの意見表明権，人権侵害からの救済を図るための調査権，勧告が付与されている。

　また，埼玉県では，2002（平成14）年に制定された「埼玉県子どもの権利擁護委員会条例」に基づき，公平で中立的な第三者機関として「子どもの権利擁護委員会（子どもスマイルネット）」を設置している。このほか，条例に則る子どもの権利救済機関では，「子どもアシストセンター」（北海道札幌市），相談室では「むなかた子どもの権利相談室ハッピークローバー」（福岡県宗像市），区長及び教育委員会に付随する第三者機関として「せたがやホッとこどもサポート」（東京都世田谷区）「名古屋市子どもの権利相談室なごもっか」（愛知県名古屋市）等があげられる。

子どもが社会参画するしくみ

　内閣府では，子どもが施策に意見を述べ，参画

するしくみとして「青少年意見募集事業」を実施している。本事業は，中学生以上30歳未満の「ユース特命報告員」から特定のテーマに対する意見について，インターネットを通して募集するものである。さらにユース特命報告員と関係省庁の施策担当者が対面して意見交換を行う「ユース・ラウンド・テーブル」も実施され，議論の結果が公表されている。

都道府県・市町村レベルでは，子どもが行政施策に参画するしくみとして，**子ども会議**を設置している自治体もある。例えば，岐阜県多治見市では，「子どもが市政に意見を表明し参加することを目的」に1999（平成11）年から毎年「たじみ子ども会議」が実施されている。会議は，小学生から高校生の子どもスタッフが企画運営を担当し，2020年で22回目を迎えた。

社会的養護における子どもの権利擁護

社会的養護では，より子どもの権利擁護が意識されなければならない。子どもたちの多くは，権利が脅かされた経験や権利が侵害されそうな危機にあるがゆえに，行政措置によって本来ある権利を回復するために社会的養護のもとで生活しているからである。社会的養護で生活することが決まるとき，多くの場合子どもに「**子どもの権利ノート**」という小さな冊子が配布される。「権利ノート」は子どもに自らにある権利を伝え，権利擁護のしくみを伝える媒介である。[(1)]

権利擁護がより強く意識され，推進される一方で，施設職員や里親等による体罰を含め不適切な

◆1　**オンブズパーソン**
行政機関を外部の公正・中立な立場から監視し，市民の意見表明や必要に応じて調査し，勧告等を行う制度，またはその人。

◆2　**第三者評価**
福祉サービスや質の向上を目的として，公正で中立である第三者機関が客観的な基準に基づいて福祉事業の評価を行うこと。国は，福祉サービスの質の公正かつ適切な評価の実施に資するための措置を講ずるよう努めなければならない（社会福祉法第78条第2項）。

Check

次の記述の正誤を答えなさい。

児童相談所長は，児童虐待を受けた児童の意に反して，一時保護を行うことはできない。

（答）×：児童相談所長は必要があると認めるときは，児童の一時保護を行うことができる（児童福祉法第33条第1項）。とりわけ児童虐待対応において，児童の保護者や子ども本人の同意がなくとも子どもの安全の確保等が必要な場合は一時保護を躊躇なく行うべきである（厚生労働省「児童相談所運営指針」第5章第1節）。
（第28回社会福祉国家試験問題139より）

注
(1) 長瀬正子（2016）「全国の児童養護施設における『子どもの権利ノート』の存在——改訂および改定の動向に焦点をあてて」『佛教大学社会学部論集』12，73-74。
(2) 2012（平成24）年3月29日付雇児発第0329第2号，社援発第0329第6号「社会的養護関係施設における第三者評価及び自己評価の実施について」等。

関わりが「被措置児童等虐待」として報告されている。被措置児童虐待とは，施設職員等が施設に入所している子どもに身体的虐待，性的虐待，ネグレクト，心理的虐待を行うことをいう。国は，2009（平成21）年に施行された改正児童福祉法をもとに「**被措置児童等虐待対応ガイドライン**」（2009年3月）を策定し，被措置児童等虐待に関する届け出制度を施行した。

　被措置児童虐待を受けたと思われる児童を発見した者には，通告義務が課せられている。**図4-3**は，実際に被措置児童虐待を発見した場合の対応の流れ（イメージ）である。通告受理機関は，市町村，福祉事務所，児童相談所等であり，子ども本人からの届け出や発見者からの通告後，速やかな対応が求められる。

　2016年3月には実際に発生した被措置児童等虐待ケースを分析した「被措置児童等虐待事例の分析に関する報告」が公表され，虐待の発生要因や予防策について分析されている。ただ，被措置児童等虐待に関する届出・通告が5年間全くない自治体もあり，実際の発生件数と届出には乖離があることが推察される。

　被措置児童等の虐待の防止はもとより，子どもの権利擁護推進に向けて，施設内でのしくみづくりも求められる。第一に，施設長をはじめ，施設職員等が子どもの権利擁護を推進する主体者になることである。具体的には，研修を通した子どもの権利擁護の意識の向上，ケースカンファレンスの開催やスーパービジョン等の資質向上に向けた取り組みがあげられる。さらに，職員自身のメンタルヘルスに対する配慮も必要である。

　次に，子どもの参画や意見表明を推進することである。例えば，「子どもの自治会」の設置や職員との意見交換会等を行うことも被虐待予防に向けた取り組みとなる。また，直接ケア職員には言いにくい出来事について，子どもの声を届ける「目安箱」の設置や施設外部の連絡先に直接連絡を取ることできる実践を行っている施設もある。

　被措置児童虐待をはじめとした権利侵害について，施設で生活する子ども自らが権利回復に向けて訴えることは容易なことではない。そこで，社会的養護施設でも2012年から**第三者評価**の受審及び自己評価，結果の公表が義務づけられた。[2] (2) 第三者評価事業は，社会福祉法第78条「福祉サービスの質の向上のための措置等」として位置づけられている。第三者評価の実施方法は，まず，施設は評価基準に基づいて自己評価を行い，施設全体で課題を共有することからはじまる。そのうえで，3年に1回以上第三者評価を受審し，さらに結果を公表しなければならない。あわせて，第三者評価を受審しない年は第三者評価の評価項目に沿って自己評価を行うことも定められている。例えば，児童養護施設の第三者評価共通評価基準では，子どもの生活やケアに直結する項目以外に，施設の経営環境や事業計画，施設長のリーダーシップ，職員の就業状況への配慮が含まれている。

　また，苦情解決のしくみとして，施設内に苦情解決責任者，苦情受付担当者，第三者委員を置くことが求められる。さらに外部機関として都道府県社会福祉協議会に設置されている運営適正化委員会について，子どもにわかりやすく伝えることも権利擁護推進のための取り組みとなる。

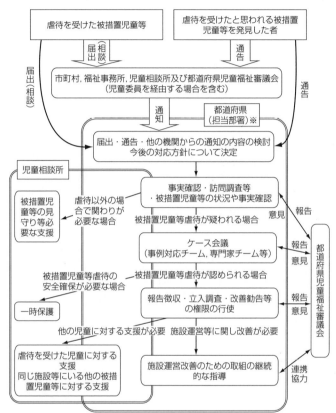

図4-3
被措置児童虐待対応の流れ（イメージ）
出所：厚生労働省（2009）「被措置児童等虐待対応ガイドライン」12頁。

子どもの権利を擁護する機関の創設

　これまでみてきたように自治体レベルや個々の施設では，子どもの権利擁護の具現化に向けたしくみづくりが推進されつつあるが，国家レベルでは，法的な整備が行われていない。子どもの権利擁護に向けて，包括的な法的整備とともに社会的に広く認知されるかたちでの第三者機関の創設は大きな課題である。

〈参考文献〉
国連子どもの権利委員会（2010）「第 3 回政府報告書審査に基づく最終見解」。
厚生労働省（2009）「被措置児童等虐待対応ガイドライン——都道府県・児童相談所設置市向け」。
厚生労働省（2017）「新たな社会的養育の在り方に関する検討会」第14回会議資料（子どもの権利擁護に関する取組等について）。
厚生労働省社会保障審議会児童部会社会的養護専門委員会（2016）「被措置児童等虐待事例の分析に関する報告」。
日本弁護士連合会子どもの権利委員会（2017）『子どもの権利ガイドブック（第 2 版）』。

さらに学びたい人への基本図書

柏女霊峰（編著）『子ども家庭福祉における地域包括的・継続的支援の可能性』福村出版，2020年
地域・領域ごとに分断されながら展開してきた子ども家庭福祉における施策・実践をいかに統合し，切れ目のない包括的継続支援を構築していくことができるのか，全国調査の結果や地域実践から考える書となっている。

山野則子『学校プラットフォーム』有斐閣，2018年
学校を拠点として関係機関がつながる仕組みが提案されている。地域包括支援のあり方を考える上で参考になる一冊。

荒巻重人・半田勝久・吉永省三『子どもの相談・救済と子ども支援』日本評論社，2016年
子どもの権利を守るための相談，権利救済機関の制度や取り組み，さらに社会のありようについて総合的に論じられている。子どもの権利の視点と公的第三者機関の役割では，子どもが権利行使の主体として受け止められることによって生まれる「エンパワメントアプローチ」について解説されている。

Try! 第4章

問：地域の子ども家庭福祉を支える市町村のしくみと児童相談所の関係性について説明しよう。

ヒント：市町村における子どもと家庭を支援する機関・施設や児童相談所の役割と，そのネットワークを整理しよう。

第 **5** 章

子ども家庭福祉のしくみ２

本章で学ぶこと

●社会的養護の考え方と形態を学ぶ。（第１節）

●各施設種別と施設養護の動向を理解する。（第２節）

●さまざまな種類の里親について知る。（第３節）

●養子縁組制度とそのしくみを学ぶ。（第４節）

社会的養護の体系

○ **この節のテーマ**
- ●**社会的養護のとらえ方について学ぶ。**
- ●**社会的養護の形態について学ぶ。**
- ●**社会的養護のあり方について考える。**

2016（平成28）年児童福祉法一部改正に基づく新しい社会的養育ビジョン

　戦後，戦災孤児の保護は喫緊の問題であり，子どもを保護し，施設で育てる福祉が優先されてきた。しかしながら，社会の変化に応じて，とくに1990年代以降，地域で暮らす家庭における親から子どもへの虐待や子育て不安や負担の問題は，大きな社会問題と認識され，子ども虐待の防止及びその対応における施策が展開されてきた。児童福祉法等において実務に関する改正はなされてきたものの，近年の子ども虐待事例の急増や自立が困難な子どもの増加など急速な変化に対応が追いついておらず，その増加をとどめるには至っていない。

　このような状況に鑑み，全ての子どもが適切な養育を受け，子どもらの発達と自立が保障されるよう，子ども家庭福祉の体系を再構築すべく，2015（平成27）年9月「新たな子ども家庭福祉のあり方に関する専門委員会」が立ち上げられた。当該委員会の2016（平成28）年3月の報告書に基づき，5月に児童福祉法が抜本的に改正されるに至った。子どもを権利の主体としてとらえ，**家庭養育優先の原則**が明示された。子どもとその家庭への支援から代替養育までの社会的養育の充実をめざすものである。この後設置された「新たな社会的養育の在り方に関する検討会」では，2011（平成23）年7月の児童養護施設等の社会的養護の課題に関する検討委員会・社会保障審議会児童部会社会的養護専門委員会による「社会的養護の課題と将来像」を全面的に見直し，2017（平成29）年8月に，ポピュレーションアプローチから代替養育に至るまでの「**新しい社会的養育ビジョン**」を提言した。社会的養育の対象は，家庭で暮らす子どもから代替養育を受ける子どもとすべての子どもであり，子どもの権利と子どものニーズを優先に，その胎児期から自立までにわたって，身近な市区町村における支援を図っていくことが示されている。

社会的養護の体系

　「新しい社会的養育ビジョン」において，「**社会的養護**」とは，通常の養育支援や子どもへの直接的な支援において，サービスの開始と終了に行政機関が関与し，子どもに確実に支援を届けるサービス形態と定義づけられた。この定義に従えば，社会的養護には，保護者と分離している場合と分離していない場合が含まれるが，分離している場合をとくに「**代替養育**」と呼ぶ。具体的には，在宅指導措置（児童福祉法第27条第1項第2号），里親・施設等への措置（児童福祉法第27条第1項第

3号), 一時保護（児童福祉法第33条）の児童相談所の行政処分はもとより, 自立援助ホームや障害児施設, 母子生活支援施設やショートステイも社会的養護に含まれる。ただし, 保護者と分離して子どもが養育されている形態として, 親族, 非親族, 学生寮, 下宿, 法外施設等に保護者と契約で養育されている場合があるが, これらは社会的養護に含めないとされている。

　2016（平成28）年6月の児童福祉法の一部改正により, その第3条の2において, 国・地方公共団体（都道府県・市町村）の責務として, 家庭と同様の環境における養育の推進等が明記された。①まずは, 子どもが家庭において健やかに養育されるよう, 保護者を支援すること, ②家庭における養育が適当でない場合, 子どもが「家庭における養育環境と同様の養育環境」において継続的に養育されるよう, 必要な措置を講ずること, ③②の措置が適当でない場合, 子どもが「できる限り良好な家庭的環境」で養育されるよう, 必要な措置を講ずることが示された（**図5-1**）。

　児童福祉法第3条の2に基づく代替養育のあり方として, 国連「児童の代替的養護に関する指針」をも踏まえ, 「新しい社会的養育ビジョン」では, 「**家庭における養育環境と同様の養育環境**」とは, family based care と解釈すべきであり, それに伴い, 「**できる限り良好な家庭的環境**」は「児童の代替的養護に関する指針」における family-like care 及び residential care に当たると考えるべきと示されている。これには, 緊急一時保護などのごく短期的な養育環境から, 数年の養育環境までが含まれる。

必ず覚える用語
☐ 家庭養育優先の原則
☐ 新しい社会的養育ビジョン
☐ 社会的養護
☐ 代替養育
☐ 家庭における養育環境と同様の養育環境
☐ できる限り良好な家庭的環境
☐ 児童の代替的養護に関する指針

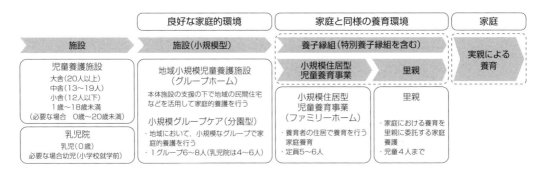

里親等委託率 $=$ $\dfrac{\text{里親＋ファミリーホーム}}{\text{養護＋乳児＋里親＋ファミリーホーム}}$　　平成31年3月末　20.5%

図5-1
家庭と同様の環境における養育の推進
出所：厚生労働省（2020）「社会的養育の推進に向けて」20頁。

　適切な支援をもってしても，親が子どもに適切な養育を提供できないと判断された場合における「家庭における養育環境と同様の養育環境」とは，子どもに出自家庭とは別の家庭における養育を提供されることを定めており，特別養子縁組，普通養子縁組，及び里親養育（養育里親，親族里親，専門里親）による養育を指す。ファミリーホームについては，その養育者が里親登録を受けている場合に限り，家庭養育の一形態とみなすべきとされている。

　「できる限り良好な家庭的環境」に措置する場合としては，虐待やネグレクトなど不適切な養育に起因する，子どもの行動上の問題や心理的問題が深刻な状態であり，養子縁組家庭や里親家庭といった個人的な家庭環境ではそうした行動上の問題や精神症状等に対処することができず，そのために子どもが家庭生活を営むことが不可能もしくは極めて困難な場合や，子どもの年齢が高く，子ども自身が家庭生活に拒否感をもっている場合が示されている。そういった場合に家庭以外の養育環境である「できる限り良好な家庭的環境」

として，小規模施設における，小集団を生活単位とした養育環境，具体的には，地域小規模児童養護施設や分園型グループケアが提供される。

　施設（ユニットケアや施設内グループケアを含む）は，「できる限り良好な家庭的環境」として見なすことができないとされ，このような形態の施設の新たな設置（改築）計画は慎重に検討されなければならないと示されている。

　親がない，あるいは親がいてもともに暮らすことのできない子ども[(1)]は，2019（平成31）年3月現在，約4万5000人となっている。児童養護施設で暮らす子どものうち約6.5割が被虐待児であり，4割弱が障害のある子どもである。里親やファミリーホームに委託された子どもの数の7104人に対し，児童養護施設に措置された子どもは2万4908人，乳児院に措置された子どもは2678人であり，**里親等への委託率**[◆1]は20.5%となっている。

社会的養護の考え方

　欧米やオセアニア諸国では里親養育が主流で

あるのに対し，わが国では，施設養護が中心となってすすめられてきた。[2]しかしながら，代替養育の役割に鑑みれば，実家庭で育てられることが困難な場合には，より家庭に近い環境の中で，特定の大人との継続的で安定した愛着関係のもと養育される必要があると考えられており，今やユニバーサルな認識となっている。2009年には，国連総会にて，「児童の代替的養護に関する指針」が採択決議されている。

「新しい社会的養育ビジョン」において，代替養育は本来一時的な解決であり，児童相談所は，家庭復帰，親族との同居，あるいは，それらが不適当な場合の養子縁組，中でも特別養子縁組といった永続的解決を目的とした対応を図ることを掲げている。子どもの最善の利益として家庭復帰や養子縁組が困難な場合に長期養育里親委託や長期施設入所措置もやむを得ない場合には，子どものニーズに応じた養育形態が選択されること，かつ，永続的解決に向けた計画の立案とその実現に向けた不断の努力を必須とすることとなっている。

社会的養護は，「子どもの最善の利益のために」「社会全体で子どもを育む」という理念に基づき，①子どもの養育の場，②虐待等からの保護と回復，③世代間連鎖の防止，④ソーシャルインクルージョン（社会的包摂）の役割を担うものである。2012（平成24）年3月に出された里親及びファミリーホームと各種施設の養育／運営指針には，この理念に基づく社会的養護の原理として，①家庭養育と個別化，②発達の保障と自立支援，③回復をめざした支援，④家族との連携・協働，

⑤継続的支援と連携アプローチ，⑥ライフサイクルを見通した支援が示されている。

さらに，「新しい社会的養育ビジョン」では，代替養育の解釈に関し，重視されるべき養育に関する機能が示されている。「家庭における養育環境と同様の養育環境」は，家庭での養育が困難な子どもが対象であり，単に，虐待やネグレクトのない良好な生活基盤というだけではなく，逆境体験や離別・喪失による傷つきからの回復を促進する生活基盤となる必要があるとし，そのために必要な養育の機能として，①心身ともに安全が確保され，安心して生活できる機能，②継続的で特定的な人間関係による「心の安全基地」としての機能，③生活単位としての生活基盤を提供する機能，④発育及び心身の発達を保障する機能，⑤社会化の基盤としての機能，⑥病んだ時の心身の癒しと回復を促進する機能，⑦トラウマ体験や分離・喪失体験からの回復を促進する機能，⑧新たな対象とのアタッチメント形成を促進する機能，⑨発達を促し，生活課題の解決が意図的・計画的に図られる機能があり，こうした機能は家庭のみで遂行するのではなく，社会的資源を活用しつつ具体化することが重要であるとしている。

「できる限り良好な家庭的環境」においては，「家庭における養育環境と同様の養育環境」では提供できない機能を有するものであり，子どもの状況によって適用すべき環境は異なるため，その

1 ◆1 里親等委託率
里親数＋ファミリーホーム数／児童養護施設数＋乳児院数＋里親数＋ファミリーホーム数。

機能に関する原則が提示されている。①「家庭における養育環境と同様の養育環境」と同様の機能を有する。②「家庭における養育環境と同様の養育環境」では不利益が生じる子どもへの適切なケアの機能があること。そのケアは，子どもの個別のニーズに応ずるもので，他者への信頼感や自尊感情の回復を含めた，子どもの逆境体験による影響からの回復につながり，「家庭における養育環境と同様の養育環境」での生活を可能にするとの指向性を有する必要がある。

社会的養護の施策の流れ

　わが国の社会的養護を担う里親と施設は，1948（昭和23）年に制定された児童福祉法ではじめて公法上位置づけられた。制定時の法文では，里親は，要保護児童に対するさまざまな保護措置の一つとして，里親が児童福祉施設と並べられて規定された（児童福祉法（旧）第27条第1項3号）。現在，里親は児童福祉法第6条の4に，施設は第7条に定められている。

　1989年，児童の権利に関する条約が国連で採択され，わが国は1994年に批准した。その後，子どもの権利委員会の1998年，2004年，2010年の勧告で，その都度，わが国は社会的養護のあり方を見直すよう求められている。[3] その間，2002（平成14）年に里親制度の大改革を行った。「里親の認定等に関する省令」と「里親が行う養育に関する最低基準」という2つの省令が出され，これまでの養育里親，短期里親に加え，親族里親と専門里親が創設された。2009（平成21）年には，児童福

祉法の一部改正により，養子縁組を前提とする里親と養育里親を区別し，里親によるファミリーホームを新設した。

　同年2009年12月の国連総会では，児童の権利に関する条約20周年にあわせ「**児童の代替的養護に関する指針**[◆2]」が採択されている。2010年の子どもの権利委員会からの第3回指摘と，その年末からわが国で巻き起こった，児童相談所や児童養護施設などにランドセルなどが贈られる「タイガーマスク運動」の波及により，ようやくわが国は，施設養護中心のあり方を見直し，国連の指針を考慮した，代替的養育にかかわる全ての部門を視野に入れた総合的施策を展開することとなった。2011（平成23）年7月に厚生労働省は「社会的養護の課題と将来像」をまとめ，「里親委託ガイドライン」を策定し，里親等家庭養護が子どもの最善の利益にかなうという視点のもと，「里親委託優先の原則」を示した。また，社会的養護の質の確保・向上と社会に対する説明責任を果たしていくため，社会的養護それぞれの形態における子どもの養育の理念や方法，手順などを示す，社会的養護関連5施設の運営指針と「里親及びファミリーホーム養育指針」等もつくられている。

　2017（平成29）年8月の「新しい社会的養育ビジョン」では，永続的解決（パーマネンシー保障）としての特別養子縁組の推進，乳幼児の家庭養育原則の徹底と，年限を明確にした取組目標，子どもニーズに応じた養育の提供と施設の抜本改革等が掲げられ，10年以内を目処に取り組むことが示された（**図5-2**）。各都道府県において「都道府県社会的養育推進計画」の策定が求められ，

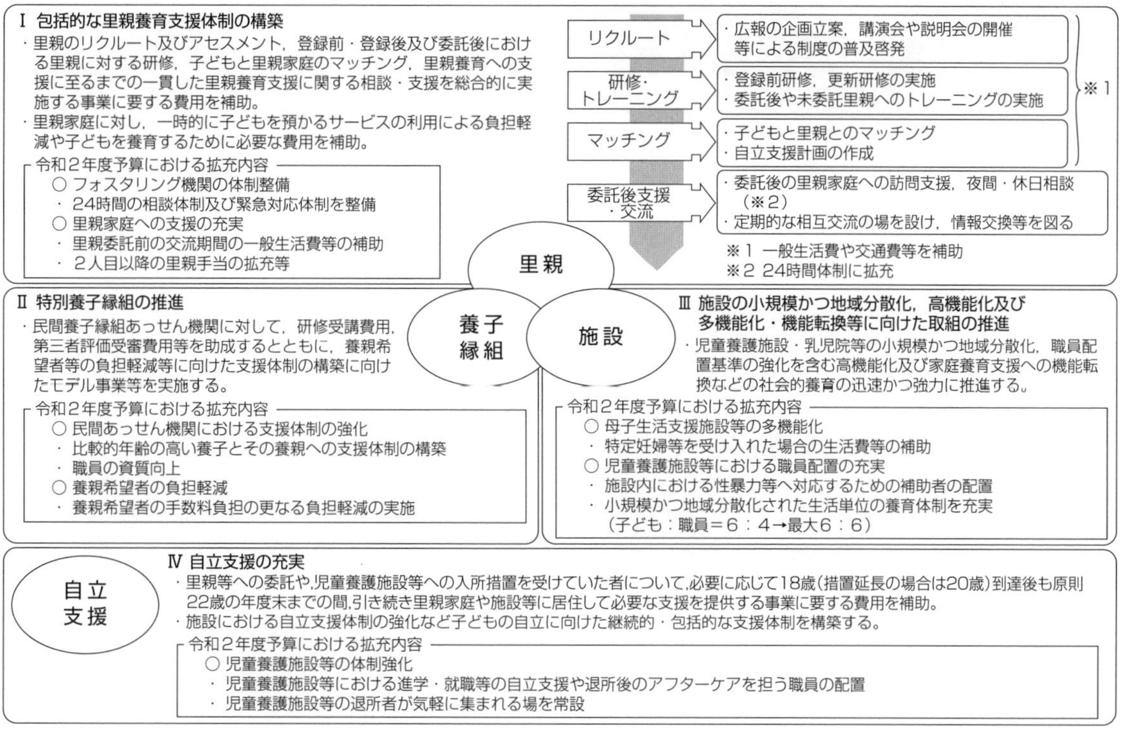

図5-2
家庭的養育優先原則に基づく取組等の推進
出所：厚生労働省（2020）「社会的養育の推進に向けて」13頁。

取り組みが進められる。しかしながら，これに関しては，養子縁組や里親と施設は二者択一のものではなく，子どもの権利を護る社会的養護の多様な選択肢の必要性や，里親委託における里親委託解除・措置変更等の現状を踏まえた改革の必要性などを指摘する意見もあり，検討を要するところである。(4)

2

◆2 児童の代替的養護に関する指針
この指針では，代替的養護を決定する場合，子どもを家族から引き離すのは最終的手段であるとする。あくまで家族を基本とし，親子分離の場合でも，定期的な見直しにより根本原因が解消されたならば，親のもとへもどす家族再統合を図る。施設養護は限定的にとどめ，家庭的養護と施設養護の相互補完は認めつつも，将来的には施設の廃止をすすめることにもふれている。

Check

平成28年6月に改正された「児童福祉法」を受けて厚生労働省から示された，家庭と同様の環境における養育の推進に関する次の記述の正誤について答えなさい。

「家庭と同様の養育環境」には，里親がある。

(答) ○：里親と養子縁組をさす。
（令和元年 保育士試験 筆記試験（後期）社会的養護 問2より）

注
(1) 厚生労働省（2020）「社会的養育の推進に向けて（令和2年4月）」2，5，9，12頁。
(2) 木村容子（2012）『被虐待児の専門里親支援 ──M-D&Dにもとづく実践モデル開発』相川書房，第2章。
(3) 平野裕二「ARC平野裕二の子どもの権利・情報サイト」(http://www26.atwiki.jp/childrights/)。
(4) 全国児童養護問題研究会（2017）「『新しい社会的養育ビジョン』に対する意見」全国児童養護問題研究会。

○ **この節のテーマ**
- **施設養護の種別について学ぶ。**
- **各施設種別の概要と法令について整理する。**
- **施設養護の動向について理解する。**

子ども家庭福祉を担うしくみのうち，施設において社会的養護を提供する体系についてみていく。

家庭的養護の推進

現在，児童養護施設をはじめとした施設養護では，できる限り家庭的な環境において，安定した人間関係の下での養育が提供できるよう，施設のケア単位の小規模化（**小規模グループケア**[◆1]）や**地域小規模児童養護施設**[◆2]の取り組みによるグループホーム化など家庭的養護の推進がめざされている（**図5-1**，102頁）。

こうした施設の小規模化および施設機能の地域分散化が進むことで，より一般家庭に近い形態での生活が提供され，「あたりまえの生活」の保障がめざされる。

さらに，2017（平成29）年8月に出された「新しい社会的養育ビジョン」では，施設でのケアは，「ケアニーズが非常に高く，施設等における十分なケアが不可欠な場合」に限り，「高度専門的な手厚いケアの集中的提供を前提に」，「小規模・地域分散化された養育環境」で実施されるものとされ，「その滞在期間は，原則として乳幼児は数か月以内，学童期以降は1年以内とする。また，特別なケアが必要な学童期以降の子どもであっても3年以内を原則とする」と明記された。具体的な数値を示し，施設養育の役割を専門的かつ限定

表5-1
小規模かつ地域分散化の状況（形態ごとの定員数）

	定員総数*	敷地内				敷地外
		大・中・小舎	小規模グループケア			地域小規模児童養護施設
			本体施設内	別棟	分園型	
児童養護施設	29,939人 [100%]	16,944人 [56.6%]	7,233人 [24.1%]	2,240人 [7.5%]	984人 [3.3%]	2,538人 [8.5%]
乳児院	3,545人 [100%]	2,295人 [64.7%]	975人 [27.5%]	179人 [5.0%]	96人 [2.7%]	—

注：1）＊暫定定員を組んでいる場合は暫定定員。
　　2）※2018（平成30）年10月1日現在（家庭福祉課調べ）（施設数：児童養護施設606か所，乳児院139か所）。
出所：厚生労働省。

的なものに制限する方針を示した。今後，この「新しい社会的養育ビジョン」がどのように制度化されるか，注目されている。

ただ，2020（令和2）年現在の状況は，社会的養護を必要とする子ども約4万5000人のうち，「施設養護」と呼ばれる，施設形態の社会的養護のもとで生活する子どもたちが，約4万人となっている。また規模としても大・中・小舎制が児童養護施設で56.6%，乳児院で64.7%と大半を占めている（**表5-1**）。

施設養護の種別と詳細（**表5-2**）を解説する。

▌乳児院

乳児院は，「乳児（保健上，安定した生活環境の確保その他の理由により特に必要のある場合には，幼児を含む。）を入院させて，これを養育し，あわせて退院した者について相談その他の援助を行うことを目的とする施設」（児童福祉法第37条）である。

乳幼児の基本的な養育機能に加え，被虐待児・病児・障害児などに対応できる専門的養育機能をもつ。

乳児院の在所期間は，半数が短期で，1か月未満が26%，6か月未満を含めると48%となっている。長期の在所では，乳幼児の養育のみならず，保護者支援，退所後のアフターケアを含む親子再統合支援の役割が重要となる。

また，乳児院は，地域の育児相談や，ショートステイ等の子育て支援機能も担っている。

1

2

必ず覚える用語

☐ 乳児院
☐ 児童養護施設
☐ 児童心理治療施設
☐ 児童自立支援施設
☐ 母子生活支援施設
☐ 自立援助ホーム

◆1 小規模グループケア
児童養護施設，乳児院，児童心理治療施設および児童自立支援施設において，小規模なグループによるケア（養育）を行う体制。
各グループに，居室やリビング・ダイニング，台所，浴室，トイレ等を整備し，家庭的な雰囲気の中で支援・養育を行う。各グループの定員は，種別によって以下の要に定められている。児童養護施設は6人以上8人以下，乳児院は4人以上6人以下，児童心理治療施設および児童自立支援施設は5人以上7人以下である。

◆2 地域小規模児童養護施設
児童養護施設における本体施設の分園（グループホーム）のうち，都道府県知事，指定都市市長または児童相談所設置市市長の指定を受けたもの。地域社会の民間住宅等を活用して近隣住民との適切な関係を保持しつつ，家庭的な環境の中で養護を実施することにより，子どもの社会的自立の促進に寄与することを目的とする。対象となる子どもは，児童養護施設に入所する子どものうち，本体施設から離れた家庭的な環境の下で養育することが適切なもの。定員は，6人とし，常に現員5人を下回らないようにすることと定められている。

表5-2
施設種別ごとの一覧

施設	乳児院	児童養護施設	児童心理治療施設	児童自立支援施設	母子生活支援施設	自立援助ホーム
対象児童	乳児（特に必要な場合は，幼児を含む）	保護者のない児童，虐待されている児童その他環境上養護を要する児童（特に必要な場合は，乳児を含む）	家庭環境，学校における交友関係その他の環境上の理由により社会生活への適応が困難となった児童	不良行為をなし，又はなすおそれのある児童及び家庭環境その他の環境上の理由により生活指導等を要する児童	配偶者のない女子又はこれに準ずる事情にある女子及びその者の監護すべき児童	義務教育を終了した児童であって，児童養護施設等を退所した児童等
施設数	140か所	605か所	50か所	58か所	226か所	176か所
定員	3857人	3万1826人	1985人	3609人	4672世帯	1148人
現員	2678人	2万4908人	1366人	1226人	3735世帯 児童6333人	643人
職員総数	5048人	1万8869人	1384人	1815人	2084人	858人

小規模グループケア	1790か所
地域小規模児童養護施設	423か所

※里親数，FHホーム数，委託児童数，乳児院・児童養護施設・児童心理治療施設・母子生活支援施設の施設数・定員・現員は福祉行政報告例（平成31年3月末現在）
※児童自立支援施設・自立援助ホームの施設数・定員・現員，小規模グループケア，地域小規模児童養護施設のか所数は家庭福祉課調べ（平成30年10月1日現在）
※職員数（自立援助ホームを除く）は，社会福祉施設等調査報告（2018年10月1日現在）
※自立援助ホームの職員数は家庭福祉課調べ（2019年3月1日現在）
※児童自立支援施設は，国立2施設を含む

出所：厚生労働省（2017）「社会的養護の現状について（参考資料）（平成29年12月）」。

児童養護施設

　児童養護施設は，「保護者のない児童（乳児を除く。ただし，安定した生活環境の確保その他の理由により特に必要のある場合には，乳児を含む。），虐待されている児童その他環境上養護を要する児童を入所させて，これを養護し，あわせて退所した者に対する相談その他の自立のための援助を行うことを目的とする施設」（児童福祉法

第41条）である。

　児童養護施設では，安定した生活環境を整えるとともに，生活指導，学習指導，家庭環境の調整等を行いつつ養育を行い，子どもの心身の健やかな成長とその自立を支援する。概ね18歳まで（20歳までの措置延長が可能）の子どもたちが生活している。これらの子どもたちのうち，虐待を受けたとされる子どもは65.6％，何らかの障害をもつ子どもが36.7％と増加傾向にあり，専門的なケアの必要性が高まっている。

児童心理治療施設

　児童心理治療施設は，「家庭環境，学校におけ
る交友関係その他の環境上の理由により社会生
活への適応が困難となった児童を，短期間入所さ
せ，又は保護者の下から通わせて，社会生活に適
応するために必要な心理に関する治療及び生活
指導を主として行い，あわせて退所した者につい
て相談その他の援助を行うことを目的とする施
設」（児童福祉法第43条の２）である。2016（平
成28）年の児童福祉法改正により，「情緒障害児
短期治療施設」から名称変更された。

　心理的・精神的問題を抱え，日常生活の多岐に
わたり支障をきたしている子どもたちに，医療的
な観点から生活支援を基盤とした心理治療を行
う。

　施設内に設けられた分級などで学校教育との
連携を図りながら，総合的な治療・支援を行い，
あわせて，その子どもの家族への支援を担う。平
均入所期間は，２年程度であり，比較的短期間で
治療を行う。同時に，家庭復帰に向けた支援を行
ったり，里親・児童養護施設等の次の社会的養護
の場につなぐ役割をもつ。

　児童心理治療施設では，虐待された経験をもつ
子どもの割合が75％と非常に高い。[2]また，広汎性
発達障害，軽度・中度の知的な課題のある子ども
や，児童精神科を受診したり，薬物治療を行って
いる子どもも多く，特に高い専門性をもった治
療・養育が求められている。そのため，児童精神
科等の医師と常に連携できる体制があり，心理

療法担当職員の配置が厚くなっている。

立ち直り，社会的自立に向けた支援が行われる。

児童自立支援施設

児童自立支援施設は，「不良行為をなし，又は
なすおそれのある児童及び家庭環境その他の環
境上の理由により生活指導等を要する児童を入
所させ，又は保護者の下から通わせて，個々の児
童の状況に応じて必要な指導を行い，その自立を
支援し，あわせて退所した者について相談その他
の援助を行うことを目的とする施設」（児童福祉
法第44条）である。

つまり，非行や触法行為等を行った子どもやそ
のおそれがある子ども，また家庭環境の理由によ
って，生活指導が必要な子どもを入所させる施設
である。少年法に基づく家庭裁判所の保護処分等
により入所する場合もある。こうした役割から，
大多数が公立施設となっている。

児童自立支援施設は，1997（平成9）年の児童
福祉法改正により，「教護院」から名称を変更し，
虐待などの不適切な環境や複雑な問題を抱える
家庭で育ったことによる支援が必要な子どもも
対象に加わった。非行等の問題をもつ子どもであ
っても，その背景には，不適切な養育を経験して
いることも多く，子どもたちの抱える問題やニー
ズは複雑である。また，他の施設養護で対応が困
難な子どもたちの受け入れも行っている。

そのため，専門性を有する職員が配置され，「枠
のある生活」を基盤とする中で，子どもの健全で
自主的な生活を志向しながら，家庭的・福祉的な
アプローチによって，個々の子どもの育ち直しや

母子生活支援施設

母子生活支援施設は，「配偶者のない女子又は
これに準ずる事情にある女子及びその者の監護
すべき児童を入所させて，これらの者を保護する
とともに，これらの者の自立の促進のためにその
生活を支援し，あわせて退所した者について相談
その他の援助を行うことを目的とする施設」（児
童福祉法第38条）である。

かつては生活に困窮する母子家庭に住む場所
を提供する施設であり，「母子寮」の名称であっ
た。1997（平成9）年の児童福祉法改正で，施設
の目的に「入所者の自立の促進のためにその生活
を支援すること」が追加され，名称も変更された。

近年では，DV 被害者（入所理由が夫等の暴
力）が入所者の54％を占め，虐待を受けた児童が
入所児童の41％を占めている(3)。また，母親が精神
障害や知的障害のある場合や，子どもが発達障害
などの障害のある場合も増加している。また，利
用者の就労収入は，母子家庭の中でもさらに低く，
母子生活支援施設は，貧困母子世帯への支援の一
翼を担っているといえる。

母子生活支援施設は，母子が一緒に生活しつつ，
共に支援を受けることができる唯一の児童福祉
施設という特性を活かし，保護と自立支援の機能
の充実が求められている。

自立援助ホーム
（児童自立生活援助事業）

　自立援助ホームは，義務教育を終了した20歳未満の子どものうち，児童養護施設・児童自立支援施設などを退所した場合や，都道府県知事が必要と認めた場合に，共同生活を営む住居（自立援助ホーム）において，相談その他の日常生活上の援助，生活指導，就業の支援等を行う事業である。また，退所した者に対するアフターケアも実施する。児童福祉法第6条の3ほかによって定められている。上記の施設が**第1種社会福祉事業**であるのと異なり，**第2種社会福祉事業**に分類されている。2016（平成28）年の児童福祉法改正により，大学等就労の場合に限り，22歳の年度末までの入所が可能となった。

　さらに，上記の他の施設種別とは違い，自立援助ホームの入所は，希望する児童自身の申請によって許可される。また，自立援助ホームで暮らす子どもたちは，自ら就労した給料で，食事や居住に要する費用など（3万円程度）の費用を負担する。

　家庭的雰囲気の中で，5人から20人程度の子どもたちが，職員（指導員）の支援を受けながら共同で生活し，社会的自立をめざす。高等学校卒業程度認定試験等の取得を支援したり，大学等への進学を支援する取り組みを行っている自立援助ホームもある。

3

◆3　第1種社会福祉事業・第2種社会福祉事業

児童福祉法に規定されている施設を経営する事業は，社会福祉法において，社会福祉事業として位置づけている。社会福祉事業は，社会福祉を目的とする事業として，規制と助成を通じて公明かつ適正な実施の確保が図られなければならない事業として，社会福祉法に列挙されており，第1種社会福祉事業と第2種社会福祉事業に分類されている。第1種社会福祉事業は，利用者への影響が大きいため，経営安定を通じた利用者の保護の必要性が高い事業（主として入所施設サービス）であり，経営主体は，行政および社会福祉法人が原則である。第2種社会福祉事業は，比較的利用者への影響が小さいため，公的規制の必要性が低い事業（主として在宅サービス）である。経営主体に制限はなく，すべての主体が届出をすることにより事業経営が可能となる。

児童福祉施設最低基準の見直し

2011（平成23）年の児童福祉法改正によって，児童福祉施設の設備や運営については，都道府県が条例によって基準を定めることとなった。このうち，人員配置や施設基準等に関する事項は「児童福祉施設の設備及び運営に関する基準」として，厚生労働省によって定められている。この改定に伴い，これまでの児童福祉施設最低基準が見直され，施設の児童指導員や保育士など基本的な人員配置が30数年ぶりに引き上げられた。これによって，児童養護施設では，小学校就学以降の子ども6人に対して1人だった職員配置が，5.5人に対して1人となった。

障害児入所支援の概要

障害種別に分かれていた障害児の入所施設は，2012（平成24）年度から「障害児入所施設」として一元化された。これによって，障害が重複した場合や重度の障害の場合の対応を図り，自立（地域移行）に向けた計画的な支援を提供することが目指されている。

障害児入所施設の対象は，身体に障害のある児童，知的障害のある児童，精神に障害のある児童（発達障害児を含む）であり，手帳の有無は問わず，児童相談所，市町村保健センター，医師等により療育の必要性が認められた児童も対象となる。

18歳以上の障害児施設入所者は，障害者施策（障害者総合支援法の障害福祉サービス）によって，年齢に応じた適切な支援を提供することとなる。そのため，自立（地域生活への移行等）を目指した支援を提供することも重要である。

障害児入所施設には，①**福祉型障害児入所施設**◆4と，②医療を併せて提供する**医療型障害児入所施設**◆5の2類型がある。その他**指定発達支援医療機関**◆6がある。3障害対応を原則とするが，障害の特性に応じた支援の提供も可能である。一元化される前の障害種別による施設で提供されていた支援と同等の支援を確保するとともに，主たる対象とする障害種別以外の障害のある子どもを受け入れた場合には，その障害に応じた適切な支援を提供する。

重度心身障害のある子どもに対する支援

重度心身障害とは，「重度の知的障害と重度の肢体不自由が重複」（児童福祉法第7条第2項）し，発達期に発症し，医療的ケアの必要な児童や者である。重症心身障害のある子どもに対しては，生命を守り，一人ひとりのライフステージに応じた支援の提供が必要である。施設における支援として，医療型障害児入所施設での支援を行う。

また，在宅における支援として，身近な地域にある児童発達支援や放課後等デイサービス等を受けられるように，地域における課題の整理や地域資源の開発等を行いながら，支援体制の充実を図る必要がある。また，障害者総合支援法による生活介護等や短期入所，居宅介護等の制度や，訪問看護を利用することもできる。

虐待を受けた障害のある子どもに対する支援

厚生労働省によると，2019（平成31）年1月時点での障害児入所施設の入所理由について，福祉型では42.6%が，医療型では47.9%が疑いを含む虐待により入所している。障害のある子どもの子育てには特有の困難さがあり，家庭に対する予防的サポートやサービスが重要である。

また，虐待を受けた障害のある子どもに対しては，障害児入所施設において小規模なグループによる支援や心理的ケアを提供することにより，障害児の状況等に応じたきめ細やかな支援を行うことが必要である。さらに，障害者入所施設には，専門的機能の強化を図り，短期入所や親子入所等の実施体制を整備することによって，地域において虐待を受けた障害のある子ども等への対応を含めた，様々なニーズに対応する機関としての役割が期待されている。

4

◆4　福祉型障害児入所施設
福祉型障害児入所施設では，施設に入所している障害のある子どもに対して，保護，日常生活の指導および知識技能の付与を行う。

5

◆5　医療型障害児入所施設
医療型障害児入所施設では，施設に入所または指定医療機関に入院している障害児に対して，保護，日常生活の指導および知識技能の付与並びに治療を行う。

6

◆6　指定発達支援医療機関
独立行政法人国立病院機構，もしくは独立行政法人国立精神・神経医療研究センターの設置する医療機関であって厚生労働大臣が指定するものが規定されている。具体的には国の指定する国立病院に重症児病棟が設置されている。

Check

次の記述の正誤を答えなさい。

情緒障害児短期治療施設は，軽度の情緒障害を有する児童を，短期間，入所させる施設であることから，入所期間は1年以内と児童福祉法で規定されている。

（答）×：情緒障害児短期治療施設の入所期間は原則2〜3年程度とされているが，児童福祉法で規定されているものではない。なお，現在施設名は「児童心理治療施設」へ名称変更されている。
（第25回社会福祉国家試験問題137より）

注　(1)〜(3)　厚生労働省「社会的養護の施設等について」。

○ この節のテーマ
- さまざまな種類の里親について知る。
- どのような子どもたちに，どのような里親が適しているのかについて考える。
- 里親家庭に委託される子どもや里親・里親家庭にはどのようなニーズがあるのかについて考える。
- 子どもや里親にはどのような支援があるのかについて学ぶ。

里親制度の意義

　虐待を受けた子どもが増えている中，社会的養護を必要とする子どもの多くは，保護者との愛着関係はもとより，他者との関係が適切に築けない，学校等への集団にうまく適応できない，自尊心をもてないなどのさまざまな課題を抱えている。また，予期せぬ妊娠で生まれた子どもをその親が養育できないケースの子どもの養育が課題となっている。何らかの事情により家庭での養育が困難または受けられなくなった子どもに，温かい愛情と正しい理解を持った家庭環境のもとで養育を提供する里親制度は，家庭での生活を通じて，子どもが成長する上で極めて重要な特定の大人との愛着関係の中で養育を行うことにより，子どもの健全な育成を図る有意義な制度である。

　施設養護中心であったわが国の施策において，厚生労働省が2011（平成23）年に出した「**里親委託ガイドライン**」では，里親制度を必要とする社会的背景と里親制度の意義が示されており，「**里親委託優先の原則**」がはじめて打ち出された。このガイドラインは，2016（平成28）年の児童福祉法改正に伴い，第1条・第2条の理念の実現と，

第3条の2「国及び地方公共団体は，児童が家庭において心身ともに健やかに養育されるよう，児童の保護者を支援しなければならない。ただし，児童及びその保護者の心身の状況，これらの者の置かれている環境その他の状況を勘案し，児童を家庭において養育することが困難であり又は適当でない場合にあっては児童が家庭における養育環境と同様の養育環境において継続的に養育されるよう，（中略）必要な措置を講じなければならない」を踏まえ，特別養子縁組を含む養子縁組や里親委託を原則として取り組んでいかなければならないとして，改正されている。

　社会的養護が必要な子どもを里親家庭に委託することにより，子どもの成長や発達にとって，①特定の大人との愛着関係の下で養育されることにより，自己の存在を受け入れられているという安心感の中で，自己肯定感を育むとともに，人との関係において不可欠な，基本的信頼感を獲得することができる，②里親家庭において，適切な家庭生活を体験する中で，家族それぞれのライフサイクルにおけるありようを学び，将来，家庭生活を築く上でのモデルとすることが期待できる，③家庭生活の中で人との適切な関係の取り方を学んだり，身近な地域社会の中で，必要な社会性

を養うとともに，豊かな生活経験を通じて生活技術を獲得することができる，というような効果が期待できうる。

里親の類型

里親とは，保護者のない子ども，あるいは保護者に監護させることが不適当であると認められる子ども（要保護児童）を，自らの家庭内にあずかり養育することを希望する者である。養育里親および養子縁組によって養親となることを希望する者，その他これに類する者として厚生労働省令で定める者のうち，都道府県知事が第27条第1項第3号の規定により子どもを委託する者として適当と認める者をいう（児童福祉法第6条の4）。2016（平成28）年の児童福祉法改正では，子どもが家庭において健やかに養育されるよう，保護者を支援することを第一とするが，支援をもってしても家庭における養育が適当でない場合において，「家庭における養育環境と同様の養育環境」で子どもが継続的に養育されるよう講ずる措置の一つとして位置づけられている。

現在，里親には，従来の「**養育里親**」と，それに類する「**専門里親**」，「**養子縁組里親**」と，「**親族里親**」がある。2002（平成14年）度の里親制度の改革により，従来の養育里親に加え，親族里親と専門里親が創設され，2008（平成20）年の児童福祉法改正で，養育里親と養子縁組を希望する里親を法律上区別し，また里親による**小規模住居型児童養育事業（ファミリーホーム）**が第2種社会福祉事業として制度化された。2010（平成21）年

必ず覚える用語

☐ 里親委託ガイドライン
☐ 里親委託優先の原則
☐ 里親
☐ 養育里親
☐ 専門里親
☐ 養子縁組里親
☐ 親族里親
☐ 小規模住居型児童養育事業（ファミリーホーム）
☐ 里親養育包括支援機関（フォスタリング機関）
☐ 里親支援専門相談員

表5-3
里親等と委託児童数

里親	家庭における養育を里親に委託		登録里親数	委託里親数	委託児童数	ファミリーホーム	養育者の住居において家庭養護を行う（定員 5〜6 名）	
			1 万2315世帯	4379世帯	5556人			
	区分（里親は重複登録有り）	養育里親	1 万 136世帯	3441世帯	4235人		ホーム数	372か所
		専門里親	702世帯	193世帯	223人			
		養子縁組里親	4238世帯	317世帯	321人		委託児童数	1548人
		親族里親	588世帯	558世帯	777人			

出所：厚生労働省子ども家庭局家庭福祉課（2020）「社会的養育の推進に向けて（令和 2 年10月）」2 頁。

度から，養育里親と専門里親について研修が義務化されている。2016（平成28）年の児童福祉法改正により，都道府県（児童相談所）の業務として，里親の新規開拓から委託児童の自立支援までの一貫した里親支援が位置づけられるとともに，養子縁組里親を法定化し，研修を義務化した。

　2019（平成31）年 3 月末現在，登録里親数 1 万2315世帯のうち，委託里親数は4379世帯，委託児童数は5556人であり，ファミリーホームは372か所，委託児童数が1548人となっている（**表5-3**）。

里親の基準と要件

①　養育里親

　養育里親は，子どものニーズに応じ，一時的に子どもの養育を担う。養育里親として認定されるための要件は，(1)要保護児童の養育についての理解および熱意と，子どもに対する豊かな愛情を有していること，(2)経済的に困窮していないこと（要保護児童の親族である場合を除く），(3)都道府県知事が行う養育里親研修を修了していること，

(4)里親本人またはその同居人が，児童福祉法第34条の19第 1 項の欠格事由に該当していないことである。養育里親の登録の有効期間は 5 年であり，更新するには更新申請の上，更新研修を受けなければならない。養育里親に支給される手当等としては，里親手当（月額） 9 万円（2020年度より 2 人目以降も同額）と，食費・被服費等の一般生活費（月額）として乳児は 5 万9510円・乳児以外は 5 万1610円のほか，幼稚園費，教育費，就職支度費，大学進学等支度費，医療費，通院費等が支給される（2020年度）。また，2020年度には里親委託前における生活費等支援（日額5180円）と研修受講支援（日額3490円）の補助が創設された。

②　専門里親

　専門里親は，要保護児童のうち，都道府県知事がその養育に関し，とくに支援が必要と認めた(1)子ども虐待等の行為により心身に有害な影響を受けた子ども，(2)非行等の問題を有する子ども，(3)身体障害，知的障害，もしくは精神障害がある子どものための養育里親である。子どもの委託期間は 2 年までであるが，必要と認められる場合は，

当該期間を更新することができる。専門里親の要件は，養育里親の要件(1)〜(4)のすべてに該当していることに加え，養育里親あるいは児童福祉事業に3年以上携わった者であること，専門里親研修を修了していること，委託児童の養育に専念できることが必要である。養育里親の登録の有効期間は2年であり，更新するには更新申請の上，更新研修を受けなければならない。専門里親に支給される手当等としては，専門里親手当（月額）が14万1000円（2020年度より2人目も同額）のほか，養育里親と同様に支給される（2020年度）。

③　養子縁組里親

養子縁組里親は，養子縁組によって養親となることを希望する里親であり，養育里親の要件の(1)，(2)および(4)に該当することと，養子縁組里親研修を修了していることが必要である。養子縁組里親に子どもを委託する際には，当該里親と永続的な関係性を築くことが当該委託児童にとって最善の利益となるように配慮することが大事である。養子縁組里親には，子どもの一般生活費等は支給されるが，里親手当は支給されない。

「里親委託ガイドライン」では，未婚，若年出産など望まない妊娠による出産で，養育できない，しないという保護者の意向が明確な場合には，妊娠中からの相談や出産直後の相談に応じ，出産した病院から直接里親の家庭へ委託する特別養子縁組を前提とした委託（新生児委託）の方法が有用であるとされる。その場合，当該保護者との相談により，養育を支援する制度の紹介や親族による養育の可能性等について調査し，養育の意向の有無について丁寧に確認をとる。また，養子縁組

を希望する里親に対しても，子どもの性別や親の事情を問わないことや，子どもの障がいや病気は受けとめること，保護者の意向が変わることがあることなどを説明し，理解が得られたかどうかを確認することとなっている。

④　親族里親

親族里親は，要保護児童の扶養義務者およびその配偶者である親族であって，その子どもの両親あるいは現に監護する者が，死亡，行方不明，拘禁，疾病による入院などにより，子どもを養育することが期待できない場合に，その子どもの養育をする里親である。養育里親の要件(1)と(4)に該当する必要がある。親族里親の認定についても養育里親研修の受講が要件となるが，相当と認められる範囲で研修科目の一部を免除することができる。また，親族里親として，子どもの一般生活費等は支給されるが，里親手当は支給されない。子どもの委託が解除されると，その認定は取り消される。なお，叔父・叔母等扶養義務のない親族に対する里親委託については，養育里親が適用される。

⑤　小規模住居型児童養育事業(ファミリーホーム)

ファミリーホームは，養育経験豊富な養育里親等(養育里親として2年以上同時に2人以上の委託児童を養育した経験のある里親，養育里親として5年以上登録し，かつ通算して5人以上の委託児童を養育した経験のある里親や，乳児院，児童養護施設，児童心理治療施設または児童自立支援施設において児童の養育に3年以上従事した者など)が，5人または6人の子どもを，養育者の住居において養育するものである。養育者は，ファミリーホームが生活の本拠である者であり，3人以上置かねばならない(夫婦である養育者と補助者1名以上，あるいは養育者1名と補助者2名以上)。養育者は里親に準じ，可能な限り研修を受講することとなっている。

どのようにして里親になるのか

里親となることを希望する場合，まずは児童相談所や**里親養育包括支援機関(フォスタリング機関)**等によるガイダンスを受ける。自身の志望動機とともに，子どものウェルビーイングのための里親制度についての理解を明確にする。その上で，里親の申請をするが，申請は居住地の児童相談所である。児童相談所では，里親希望者の希望する里親の種別の資格要件を満たしているかについてアセスメントを行う。里親希望者は基礎研修や認定前研修を受講する。アセスメントの結果と研修の修了証をもって児童福祉審議会里親認定部会の審議で認定可否を受けることとなる。認定を受け，里親登録をすれば，子どもの委託を受けることが可能となる。

里親委託が検討される子どもがいれば，登録里親から適した里親候補を選定し，マッチングを行う。里親候補者が受託できるようであれば，その子どもとの面会，外出，里親家庭での外泊などの交流を通じ検討を重ね，委託の可否を最終的に判断することとなる。

1 子どもや里親，里親家庭への支援

里親に委託される社会的養護の子どもは，虐待を受けた経験があり，心に傷をもつ子どもが多く，さまざまなかたちで育てづらさが生じる場合も多い。このため，里親には，研修，相談，里親同士の相互交流，レスパイト（里親の休養）など，さまざまな支援を行い，里親の孤立化を防止することが大切である。

2016（平成28）年の児童福祉法の改正により，里親制度の普及啓発から里親の選定及び里親と子どもとの間の調整，そして子どもの養育に関する計画の作成までの一貫した里親支援と，養子縁組に関する相談と援助は，都道府県（児童相談所）の業務として位置づけられた。これに伴い，2017（平成29）年3月「里親支援事業実施要綱」が定められ，翌2018（平成30）年7月には，里親支援事業を再編し，「**フォスタリング機関（里親養育包括支援機関）及びその業務に関するガイドライン**」が出された。2016年児童福祉法改正における「家庭養育優先原則」を受け，質の高い里親養育を実現するため，都道府県が行うべき**フォスタリング業務**[◆1]の実施方法や留意点等を示すとともに，フォスタリング業務を民間機関に委託する場合における留意点や，民間機関と児童相談所との関係の在り方を示すものである。フォスタリング業務の実施主体は，都道府県・指定都市・児童相談所設置（予定）市であるが，事業内容の全部または一部について，児童養護施設，乳児院，児童家庭支援センター，里親会，NPO法人等，当

◆1 フォスタリング業務
里親のリクルート及びアセスメント，里親登録前後及び委託後における里親に対する研修，子どもと里親家庭のマッチング，子どもの里親委託中における里親養育への支援，里親委託措置解除後における支援に至るまでの一連の過程において，子どもにとって質の高い里親養育がなされるために行われる様々な支援であり，2016（平成28）年改正によって法第11条第4項に規定された里親支援事業（同条第1項第2号へに掲げる業務）に相当する。

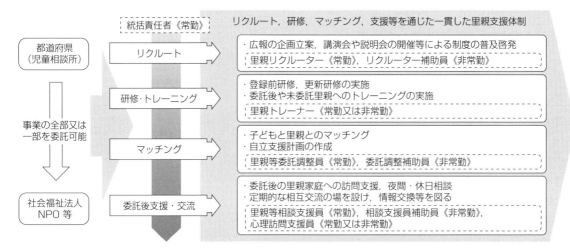

図5-3
フォスタリング（里親養育包括支援）事業イメージ
出所：厚生労働省（2020）「社会的養育の推進に向けて（令和2年10月）」48頁を，一部改変。

該事業を適切に実施することができると認めた者に委託して実施できる。児童相談所は，**里親担当職員**[◆2]等の里親支援を担当する職員を中心に，児童養護施設・乳児院の**里親支援専門相談員**[◆3]（里親支援ソーシャルワーカー）や市町村の地域子育て支援事業の活用もしながら連携協働を図り，①里親制度等普及促進・リクルート事業，②里親研修・トレーニング等事業，③里親委託推進等事業，④里親訪問等支援事業，⑤共働き家庭里親委託促進事業などの事業を行っていく（**図5-3**）。

◆2　里親担当職員

2

里親支援の体制整備の一環として，児童相談所には，専任または兼任（できるだけ専任が望ましい）の里親担当者を配置することが進められている。

◆3　里親支援専門相談員

3

里親支援専門相談員とは，「里親支援ソーシャルワーカー」とも呼ばれ，施設に地域支援の拠点機能を持たせ，里親やファミリーホームへの支援体制の充実を図るとともに，施設と里親との新たなパートナーシップを構築することを目的に，乳児院や児童養護施設に配置されるものである。

里親の種類に関する次の記述の正誤について答えなさい。

里親には，養育里親，養子縁組里親，親族里親，週末里親の4種類がある。

（答）×：週末里親ではなく，専門里親がある。
（第32回社会福祉士国家試験問題138より）

第4節 養子縁組制度

●●●●●

○ この節のテーマ

- ●社会的養護にある子どもにとっての養子縁組の意義について考える。
- ●わが国の養子縁組制度について学ぶ。
- ●社会的養護にある子どもの養子縁組を支援する機関等のしくみについて学ぶ。
- ●養子縁組に関する支援のあり方について考える。

■ 養子縁組の意義

　社会的養護にある子どものうち，親のいない子ども，また親子関係の再構築並びに家族の再統合が困難な子どもがいる。社会保障審議会児童部会児童虐待等要保護事例の検証に関する専門委員会（2019）の「子ども虐待による死亡事例の検証結果等について（第15次報告）(1)」にみるように，それら虐待死事例には，予期しない妊娠・計画していない妊娠，妊婦健康診査の未受診，乳幼児健康診査の未受診，養育力の不足，子どもの保護の怠慢・遺棄といった背景がある。早くから相談するなど何かしらの支援を受けていれば，命を落とすことのなかった子どもが数多くいる。また，里親あるいは施設のもとで生活する子どものうち，4年以上在籍する子どもは約半数である(2)。長期にわたって里親あるいは施設のもとで育ち，委託措置解除年齢に達しひとり立ちする子どもが数多くおり，その後に人間関係や就業，日常生活等あらゆる面においてさまざまな困難を抱える子どもの実態も報告されている。

　子どもの成長発達における特定の大人による養育の大切さ，またそういった大人のいる安定かつ永続的な環境である家庭の大切さが，家庭養育を優先する原則の根幹にある。そのため，第1節で触れたように，代替養育は，本来は一時的な解決策であるべきであり，「新しい社会的養育ビジョン」では，家庭復帰，親族との同居，あるいはそれらが不適当な場合には，養子縁組，中でも特別養子縁組といった永続的解決を目的とした対応を図ることが提示されている。養子縁組は，実家庭に代わる永続的な家庭を子どもに与えるパーマネンシー◆1を保障する手立ての一つである。

■ 養子縁組制度とは

　養子縁組とは，生物学的に親子関係のない者の間で法律的に親子関係を成立させることである(3)。法的には民法に規定されており，**普通養子縁組**（民法第792条～第817条の11）と**特別養子縁組**（第817条の2～第817条の11）がある（**表5-4**）。

　普通養子縁組制度は，成年であれば自身よりも年少の者を養子として迎えることができるものである。未成年者を養子とする場合は家庭裁判所の許可が必要とされ，15歳未満の場合は親権者等の同意が原則である。実親との法的関係も維持され，実親と養親双方に財産相続権と扶養義務をもち，離縁も可能である。戸籍には実親と養親双方の名前が記載され，養子は「養子（養女）」と書

表5-4
普通養子縁組制度と特別養子縁組制度

普通養子縁組	特別養子縁組
〈縁組の成立〉 養親と養子の同意により成立	〈縁組の成立〉 養親の請求に対し家裁の決定により成立 実父母の同意が必要（ただし，実父母が意思を表示できない場合や実父母による虐待など養子となる者の利益を著しく害する理由がある場合は，この限りでない）
〈要件〉 養親：成年に達した者 養子：尊属又は養親より年長でない者	〈要件〉 養親：原則25歳以上（夫婦の一方が25歳以上であれば，一方は20歳以上で可） 　　　配偶者がある者（夫婦双方とも養親） 養子：原則，15歳に達していない者 　　　子の利益のために特に必要があるときに成立
〈実父母との親族関係〉 実父母との親族関係は終了しない	〈実父母との親族関係〉 実父母との親族関係が終了する
〈監護期間〉 特段の設定はない	〈監護期間〉 6月以上の監護期間を考慮して縁組
〈離縁〉 原則，養親及び養子の同意により離縁	〈離縁〉 養子の利益のため特に必要があるときに養子，実親，検察官の請求により離縁
〈戸籍の表記〉 実親の名前が記載され，養子の続柄は「養子（養女）」と記載	〈戸籍の表記〉 実親の名前が記載されず，養子の続柄は「長男（長女）」等と記載

出所：厚生労働省（2020）「社会的養育の推進に向けて（令和2年10月）」139頁。

かれる。

　特別養子縁組制度は，1987（昭和62）年の民法改正時に立法化された。実親による養育が困難・不適切であり，子どもの福祉のために必要であると認められた場合，実親との関係を断絶，養親からの離縁は原則不可という形態をとる制度である。実家庭に代わる子どものパーマネンシー保障のための特別養子縁組が推進される施策が展開されている一方で，要件が厳格等の理由で特別養子制度を利用できないといった問題があった。2019（令和元）年6月，児童養護施設に入所中の児童等に家庭的な養育環境を提供するため，特別養子縁組の成立要件を緩和すること等により，制度の利用を促進することを目的として，特別養子縁組に関する民法が改正された。

1

必ず覚える用語
☐ 普通養子縁組 ☐ 特別養子縁組 ☐ 養子縁組を希望する里親 ☐ 養子縁組あっせん事業 ☐ 民間あっせん機関による養子縁組のあっせんに係る児童の保護等に関する法律

◆1　パーマネンシー
パーマネンシーとは，子どもが育つ環境の安定性と永続性を意味する概念である。これは，アメリカの連邦法で定められているパーマネンシー・プランニングに拠るものである。パーマネンシー・プランニングとは，短い限定された時間内で子どもが家族と生活することを支援するために計画された一連の目標志向の活動を遂行する手続きであり，実父母あるいは養育者との関係の継続および人生を通じ関係を確立する機会を提供するものである。

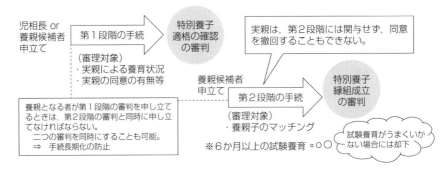

図5-4
特別養子縁組の審判の流れ（イメージ図）
出所：法務省民事局（2019）「民法の一部を改正する法律の概要」3頁。

見直しのポイントは，特別養子制度の対象年齢の拡大と家庭裁判所の手続きの合理化による養親候補者の負担軽減である。原則15歳未満の要保護性のある子どもに適用され（改正前は6歳未満），養親候補者による6か月以上の試験養育期間を経て家庭裁判所で審判を受ける。養親候補者の申立て手続きにおいては，①二段階手続きの導入（特別養子適格確認の審判・特別養子縁組の成立の審判），②（実親の）同意の撤回制限（実親が第1段階の手続きの裁判所の期日等でした同意は，2週間経過後は撤回不可），③児童相談所長の関与（児童相談所長が手続きの申立人または参加人として主張・立証をする）が採り入れられた（**図5-4**）。

民間事業者による養子縁組あっせん事業

前項のように，里親制度に相乗りした形での養子縁組のしくみがある一方で，わが国には民間事業者による**養子縁組あっせん事業**◆2がある。

わが国において，養子縁組あっせん事業に関する法律は，児童福祉法の中に，「成人及び児童のための正当な職業紹介の機関以外の者が，営利を目的として，児童の養育をあつせんする行為」を禁ずる条項があるのみであった（第34条第1項8）。1987年特別養子縁組制度の施行にともない，

厚生労働省は「養子縁組あっせん事業の指導について」の通知を出し，養子縁組あっせん事業を行う場合には都道府県に届出をし，事業者の状況や養子・養親家庭に関する調査と指導内容，事業の収支計画などを報告することとした。2012（平成24）年に一部改正を経て，2014年5月に改めて出された本通知では，民間事業者による養子縁組あっせん事業は，社会福祉法の第2種社会福祉事業としての届出を要件とし，子どもの権利条約の規定を十分に尊重するための遵守事項や，事業の適正な運営を担保するために必要な体制（社会福祉士及び児童福祉司等の有資格者2名以上の配置），支援の内容・方法等を示した業務方法書の作成・記録の保管，養親希望者への説明等が規定された。しかしながら，一部の事業者が不当に営利を図る，あるいは適正なあっせんを行わない等の不当行為がある事案が生じていることにより，民間あっせん機関による養子縁組のあっせんに係わる子どもの保護と，民間事業者による適正な養子縁組のあっせんの促進を図るための法整備が求められていた。このような経緯を経て，2017（平成29）年11月「民間あっせん機関による養子縁組のあっせんに係る児童の保護等に関する法律」（以下，「あっせん法」）が成立・公布され，翌年4月より施行（または適用）された。

また，**国際養子縁組**◆3をあっせんする民間事業者

もある。国際養子縁組に関しては，1989年国連の「児童の権利に関する条約」において，養子縁組は可能な限り国内委託を優先することが定められており，やむをえず海外に送り出す場合も子どもの最善の利益に最大限の配慮がなされるべきことが示されている。さらに，1993年の「国際養子縁組に関する子の保護及び協力に関する条約」（ハーグ国際養子縁組条約）では，国際養子縁組を実施する実務の原則が明示された。この原則は，先の「養子縁組あっせん事業の指導について」において遵守することとされ，さらに2016（平成28）年6月に改正された児童福祉法（第3条第2項）に位置づけられ，あっせん法においても引き継がれている。

民間あっせん機関による養子縁組のあっせんのしくみ

　先のあっせん法では（**図5-5**），養子縁組あっせん事業を行う者について，当該養子縁組あっせん事業を行おうとする事業所の所在地を管轄する都道府県知事（指定都市にあっては指定都市市長，児童相談所設置市にあっては児童相談所設置市市長を含む）の許可制となる。子どもの最善の利益を最大限に考慮し，児童相談所との連携・協力をもってこれに適合するよう事業を実施していくことがめざされる。本法にもとづく許可制度導入後の民間あっせん機関，都道府県，児童相談所，家庭裁判所等との関係は**図5-6**のようなしくみとなっている。2018（平成30）年度には，特別養子縁組民間あっせん機関職員の研修事業と，人材育成や相談・援助等を実施する上での質確保のた

2

◆2　養子縁組あっせん事業
民間事業者が行う養子縁組あっせん事業とは，養親希望者と18歳未満の子どもとの間をとりもって養子縁組の成立が円滑に行われるように第三者として世話し，これを一定の目的をもって同種の行為を反復継続の意思を持って業として行うこと。

3

◆3　国際養子縁組
養子縁組を目的に，子どもが出身国を離れ，養親候補者の住む受入国に移住することを指す。[3]

> **Check**
>
> **特別養子縁組に関する次の記述の正誤について答えなさい。**
>
> 　民法の規定に基づいて，養親となる者の請求により特別養子縁組を成立させることができる組織・機関は，家庭裁判所である。
>
> （答）○
> （第31回社会福祉士国家試験問題140より）

第一　総則

一　目的
- ・養子縁組あっせん事業を行う者について許可制度を導入
- ・業務の適正な運営を確保するための規制

→　養子縁組のあっせんに係る児童の保護，民間あっせん機関による適正な養子縁組のあっせんの促進

⇒　児童の福祉の増進

二　定義

「養子縁組のあっせん」：養親希望者と18歳未満の児童との間の養子縁組をあっせんすること

「民間あっせん機関」：許可を受けて養子縁組のあっせんを業として行う者

三　児童の最善の利益等

民間あっせん機関による養子縁組のあっせんは，

①　児童の最善の利益を最大限に考慮し，これに適合するように行われなければならない。

②　可能な限り日本国内において児童が養育されることとなるよう，行われなければならない。

四　民間あっせん機関及び児童相談所の連携及び協力

五　個人情報の取扱い

第二　民間あっせん機関の許可等

民間の事業者が養子縁組のあっせんを業として行うことについて，（これまで）第二種社会福祉事業の届出

↓

（新法）許可制度を導入

（許可基準（営利目的で養子縁組あっせん事業を行おうとするものでないこと等），手数料，帳簿の備付け・保存・引継ぎ，第三者評価，民間あっせん機関に対する支援等について定める。）

第三　養子縁組のあっせんに係る業務

一　相談支援

二　養親希望者・児童の父母等による養子縁組のあっせんの申込み等

三　養子縁組のあっせんを受けることができない養親希望者（研修の修了の義務付け等）

四　児童の父母等の同意

（養親希望者の選定，面会，縁組成立前養育の各段階での同意（同時取得可））

五　養子縁組のあっせんに係る児童の養育

六　縁組成立前養育

七　養子縁組の成否等の確認

八　縁組成立前養育の中止に伴う児童の保護に関する措置

九　都道府県知事への報告（あっせんの各段階における報告義務）

十　養子縁組の成立後の支援

十一　養親希望者等への情報の提供

十二　秘密を守る義務等

十三　養子縁組のあっせん責任者

第四　雑則

一　（厚生労働大臣が定める）指針

二　（都道府県知事から民間あっせん機関に対する）指導及び助言，報告及び検査

三　（国・地方公共団体による）養子縁組のあっせんに係る制度の周知

第五　罰則

無許可で養子縁組あっせん事業を行った者等について，罰則を規定

第六　その他

施行期日（平成30年４月１日），経過措置，検討

図5-5
民間あっせん機関による養子縁組のあっせんに係る児童の保護等に関する法律（概要）
出所：厚生労働省（2020）「社会的養育の推進に向けて（令和２年10月）」142頁。

めの，民間あっせん機関の職員が受講する研修参加費用や相談・援助等に要する経費を補助する助成事業が創設された。

2020（令和２）年10月現在，あっせん法に定める許可を受けた養子縁組あっせん事業者数は，全国で21団体である[4]。

里親制度と養子縁組制度との関係

里親制度においては，「養子縁組里親」がある。では，養子縁組制度とはどのような関係があるのだろうか。これについては，とくに特別養子縁組制度との関連が強い。

養子縁組を希望する人とはどのような人々か。多くは，自分の子どもとして育てたいがために，乳児を希望する傾向があり，乳児との縁組であれば養子縁組制度の中でも特別養子縁組制度を適用することになる。前項にあったように，特別養子縁組制度の対象となる子どもは「要保護」性のある子どもに限られている。養子縁組を希望する人々は，このような子どもと出会う場として，児童相談所と民間あっせん機関を頼ることになる。また，特別養子縁組を家庭裁判所に申し立て審判する際には，６か月以上の試験養育期間が必要であり，その養育状況や養子候補の子どもと養親候補者・家庭との相性等，養親子のマッチングを家庭裁判所が判断することになる。そのようなプロセスにおいて，里親制度を活用し養子縁組里親と

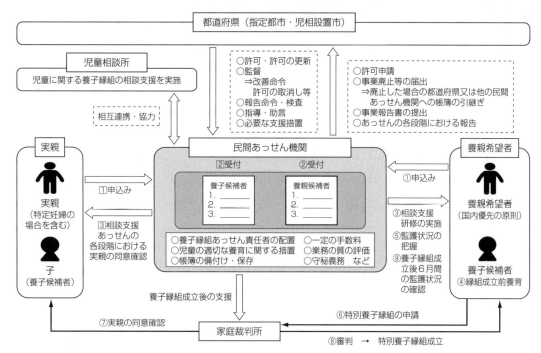

図5-6
許可制度導入後の民間あっせん機関による養子縁組のあっせんの仕組み（大まかなイメージ）
出所：厚生労働省（2020）「社会的養育の推進に向けて（令和2年10月）」143頁。

なれば，児童相談所が養子候補の子どもとのマッチングだけでなく，試験養育期間においても支援してくれるのである。2016（平成28）年の児童福祉法改正により，養子縁組後の支援を含む養子縁組支援が児童相談所の業務に位置づけられもした。それゆえ，養子縁組を希望する人々の多くが里親制度を利用しているのである。

　民間あっせん機関については，近年まで法整備もなされておらず支援の質に不安があった。養子縁組に係る経費も養子縁組希望者の自己負担によるところが大きい。一方で，全国区で活動している機関も多く，子どもとの出会いを求めて，民間あっせん機関を利用する人びとも多い。養子縁組を希望する人びとの中には，里親制度も民間あっせん機関も利用している人びともある。また，民間あっせん機関の中には，養子縁組希望者には養子縁組里親として児童相談所に登録することを条件としている機関もある。

注
(1) 社会保障審議会児童部会児童虐待等要保護事例の検証に関する専門委員会（2019）の「子ども虐待による死亡事例の検証結果等について（第15次報告）」
(2) 厚生労働省（2020）「社会的養育の推進に向けて（令和2年10月）」9頁。
(3) 中谷茂一（2013）「養子縁組」山縣文治・柏女霊峰（編）『社会福祉用語辞典（第9版）』ミネルヴァ書房。
(4) (2)の141頁。

さらに学びたい人への基本図書

谷口由希子『児童養護施設の子どもたちの生活過程——子どもたちはなぜ排
　除状態から抜け出せないのか』明石書店，2011年
児童養護施設に入所する子どもたちが，子ども家庭福祉における支援を受け
ながらも，退所後，なぜ再び社会的排除の状態に置かれるのか。本書は，児
童養護施設における長期的なフィールドワークを通して子どもと援助者の生
活過程を参与観察し，子どもたちが排除状態から脱け出すための課題を分析
している。

永野咲『社会的養護のもとで育つ若者の「ライフチャンス」——選択肢とつ
　ながりの保障，「生の不安定さ」からの解放を求めて』明石書店，2017年
イギリスの社会的養護の大改革のゴールである「ライフチャンス」という概
念に着目し，量的調査・質的調査から社会的養護のもとで育った子どもたち
の退所後の生活状況を把握・分析して，社会的養護が保障すべきものは何か
を検討している。

津崎哲朗『里親家庭・ステップファミリー・施設で暮らす子どもの回復・自
　立へのアプローチ——中途養育の支援の基本と子どもの理解』明石書店，
　2015年
中途養育の難しさの意味やメカニズムについて，場面ごとに子どもたちの心
理・言動の特徴をつかみ，どのような回復・成長のプロセスをたどるのかを
解説した，養育に携わる当事者および援助者必携の書。

 第5章

**問：施設養護，家庭養護と養子縁組制度それぞれの目的と役割につい
てまとめよう。**

ヒント：実親のいない，あるいはいても一緒に暮らせない子どものうち，どのよう
　　　　な子どもにどのような生活環境がふさわしいのかを考えよう。

第 **III** 部
子どもを取り巻く現状と対応

第6章

子ども家庭福祉の実際1

本章で学ぶこと

●子ども虐待の現状とその対応を学ぶ。（第1節）

●子どもの貧困の現状とその対策を学ぶ。（第2節）

●ドメスティック・バイオレンスの実態とその対応を学ぶ。（第3節）

●母子保健法に基づく母子保健サービスを理解する。（第4節）

●ひとり親家庭の現状とその支援策を学ぶ。（第5節）

●障害の捉え方と，障害のある子どもと家庭に対する支援を学ぶ。（第6節）

第**1**節 子ども虐待

この節のテーマ
- ●**子ども虐待の定義を理解する。**
- ●**子ども虐待対応の現状を知る。**
- ●**虐待が子どもに与える影響を学ぶ。**

子ども虐待への関心の高まり

　厚生労働省の統計によれば2018（平成30）年度中に全国212か所の**児童相談所**（以下，児相）が対応した児童虐待相談は15万9838件で，これまでで最多の件数（**図6-1**），また市町村でも同年度12万6246件の児童虐待相談を対応した。

　児相等による対応件数が激増しているとの報告から，近年，虐待される子どもが増え続けていると捉えられる一方，これまで潜在していた子ども虐待が，様々な普及啓発活動の効果や社会の関心の高まり等によって地域で発見され，顕在化していると見ることもできる。

子どもの「人権」と子ども虐待

　子どもも大人と等しく，ひとりの人間としての権利である「人権」を有している。だが，わが国においては子どもが救済や保護の対象に過ぎなかった時期が長らくあった。18歳未満の児童（子ども）を権利をもつ主体と位置づけ，ひとりの人間としての人権を認めるとともに，成長・発達の過程で特別な保護や配慮が必要な子どもならではの権利も定めた**児童の権利に関する条約**を，子どもの基本的人権を国際的に保障するためにわ

が国が批准したのは1994（平成6）年のことである。子どもの「人権」や権利擁護が取り上げられるようになってまだ日が浅いといえよう。

　2000（平成12）年に施行された**児童虐待の防止等に関する法律**（以下，虐待防止法）では，第1条で「児童虐待が児童の人権を著しく侵害し，その心身の成長及び人格の形成に重大な影響を与えるとともに，我が国における将来の世代の育成にも懸念を及ぼす（以下略）」と規定しており，子ども虐待が人権侵害にあたると明記している。

　その他，子どもの権利擁護を目的とする法律として，「**児童買春，児童ポルノに係る行為等の規制及び処罰並びに児童の保護等に関する法律**」[(1)]が，1999（平成11）年に施行されている。

子ども虐待の定義

　子ども虐待[(2)]とは何か。虐待防止法第2条では，次のように定義している。

　「児童虐待とは保護者（親権を行う者，未成年後見人その他の者で，児童を現に監護するものをいう。以下同じ。）がその監護する児童（18歳に満たない者をいう。以下同じ。）について行う次に掲げる行為をいう。

　1　児童の身体に外傷が生じ，又は生じるおそれのある暴行を加えること。

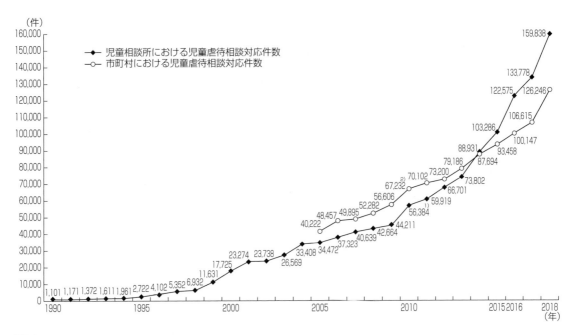

図6-1
児童相談所および市町村における児童虐待の相談対応件数
注：1）東日本大震災の影響により，福島県を除いて集計した数値である。
　　2）東日本大震災の影響により，岩手県，宮城県（仙台市を除く）の一部及び福島県を除いて集計した数値である。
出所：厚生労働省（2018）「平成29年度福祉行政報告例」；厚生労働省（2019）「平成30年度福祉行政報告例」より筆者作成。

　2　児童にわいせつな行為をすること又は児童をしてわいせつな行為をさせること。

　3　児童の心身の正常な発達を妨げるような著しい減食又は長時間の放置，保護者以外の同居人による前二号又は次号に掲げる行為と同様の行為の放置その他の保護者としての監護を著しく怠ること。

　4　児童に対する著しい暴言又は著しく拒絶的な対応，児童が同居する家庭における配偶者に対する暴力（配偶者（婚姻の届出をしていないが，事実上婚姻関係と同様の事情にある者を含む）の

身体に対する不法な攻撃であって生命又は身体に危害を及ぼすもの及びこれに準ずる心身に有害な影響を及ぼす言動をいう。）その他の児童に著しい心理的外傷を与える言動を行うこと」。

子どもが虐待を受けているのか否かを判断する根拠になるのが，この条文である。実際に虐待を受けているかだけでなく，虐待が疑われる場合も含んでいることにも注目してほしい。子どもに関わるすべての機関，さらには地域で子どもを見守り育てるすべての大人が，この条文の視点で子どもの状態を注意深く見ていく必要がある。

なお，厚生労働省「子ども虐待対応の手引き」では，法が規定する子ども虐待の４つの行為類型について，①**身体的虐待**，②**性的虐待**，③**ネグレクト**[◆1]，④**心理的虐待**としている。

身体的虐待と体罰禁止

安全・安心が脅かされている子どもが地域で発見された場合，個別の事例ごとにさまざまな機関や専門職が，要保護児童対策地域協議会の仕組みの中で連携・協働しながら，虐待の再発防止や**マルトリートメント**[◆2]（不適切な関わり）の改善を図るための支援に取り組んでいる。

児相や市区町村子ども家庭総合支援拠点（以下，支援拠点）等が，身体的虐待が疑われる通告を受け，親や養育者に調査，確認したところ，「子どもをしつけるために体罰で叩いた。虐待はしていない」と言われることがあるという。虐待と"しつけのための体罰"はどう違うのか。

2016（平成28）年の虐待防止法改正で，親権者

は児童のしつけに際して，監護・教育に必要な範囲を超えて児童を懲戒してはならならず，親権の適切な行使に配慮しなければならない，と明記された。さらに，2019（令和元）年同法改正により，「児童の親権を行う者は，児童のしつけに際して，体罰を加えることその他民法（明治29年法律第89号）第820条の規定による監護及び教育に必要な範囲を超える行為により当該児童を懲戒してはならず，当該児童の親権の適切な行使に配慮しなければならない。」（第14条第１項）とされ，しつけの際の体罰が禁止されることとなった。

厚生労働省「体罰等によらない子育ての推進に関する検討会」が2019（令和元）年２月にとりまとめた「体罰等によらない子育てのために～ みんなで育児を支える社会に ～」では，たとえしつけのためだと親が思っても，子どもの身体に何らかの苦痛を引き起こし，又は不快感を意図的にもたらす行為（罰）である場合は，どんなに軽いものであっても体罰に該当し法律で禁止される，としている。[(3)]

他方，この報告書は，「親を罰したり，追い込むことを意図したものではなく，子育てを社会全体で応援・サポートし，体罰によらない子育てを社会全体で推進することを目的」としている。体罰禁止が法定化されたことを契機に，子どもをしつける際は，その行為を子どもがどう感じるのか，子どもにとってどうなのか，大人が改めて考え直すことが，子どもを育てる親・養育者だけでなく社会全体に求められている。

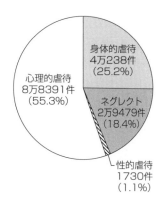

図6-2
2018（平成30）年度の児童相談所での虐待相談の内容別件数
出所：厚生労働省（2019）「平成30年度福祉行政報告例」より筆者作成。

心理的虐待と DV 通告

　前述の「子ども虐待対応の手引き」では，心理的虐待の具体的な行為例として，ことばによる脅かし，脅迫，子どもを無視したり，拒否的な態度を示すこと，子どもの心を傷つけることを繰り返し言う，他のきょうだいとは著しく差別的な扱いをする等が示されている。

　2018（平成30）年度全国の児相が対応した児童虐待の相談対応件数における相談内容別の割合を見ると，心理的虐待が最も大きいことがわかる（**図6-2**）。

　同じ統計を相談経路別に見ると，警察等，近隣知人，家族，福祉事務所，学校等に分類された中で，約50％にあたる 7 万9138件が，警察等からの通告となっている。警察等が最多件数を占めるようになっているのは，2012（平成24）年度からで

1

2

必ず覚える用語

- ☐ 児童相談所
- ☐ 児童の権利に関する条約
- ☐ 児童虐待の防止等に関する法律
- ☐ 児童買春，児童ポルノに係る行為等の処罰及び児童の保護等に関する法律
- ☐ 身体的虐待
- ☐ 性的虐待
- ☐ ネグレクト
- ☐ 心理的虐待

◆1　ネグレクト
「子ども虐待対応の手引き」では，子どもの健康・安全への配慮を怠っている具体例として，重大な病気になっても病院に連れて行かない，乳幼児を家に残したまま外出する，子どもの意思に反して学校等に登校させない，子どもにとって必要な情緒的欲求に応えていない（愛情遮断など），適切な食事を与えない，下着など長期間ひどく不潔なままにする，などの行為を示している。
　また，親がパチンコに熱中したり，買い物をしたりするなどの間，乳幼児等の低年齢の子どもを自動車の中に放置し，熱中症で子どもが死亡したり，誘拐されたり，乳幼児等の低年齢の子どもだけを家に残したために火災で子どもが焼死したりする事件も，ネグレクトという虐待の結果であることに留意すべきである。
　同手引きでは，ネグレクトの影響を受けた子どもの状況について，「心身の発達が遅れていたり，落ち着きがない，乱暴，無気力，不登校，非行など，二次被害ともいうべき情緒面や行動面で示される問題」もあり，子どもの「将来に及ぼす危険性についても考慮して対応を考えるべき」と記している。

◆2　マルトリートメント
マルトリートメント（maltreatment：不適切な関わり）は，子ども虐待の上位概念に位置づけられ，欧米諸国では，虐待とネグレクトを包括的に示す言葉として用いられている。これは，家庭外で起こる虐待も含め考え対応していく必要性と，「虐待」という言葉から生起する，身体的虐待に注目がされやすいという問題を考慮する視点による。要保護だけでなく要支援も含め，さらに啓発，教育も含み，虐待やマルトリートメントを予防する働きかけも進めていく考え方。

ある。

　配偶者からの暴力（DV，ドメスティックバイオレンス）や夫婦間暴力等を端緒とした110番通報等により警察が関与した家庭の中に子どもがいる場合，心理的虐待として警察から児相に通告されるケースの急増が，各地で報告されている。これらは「DV通告」と呼ばれることがあり，児相の相談対応業務を逼迫させているが，一方で，子どもの面前で行われるDVや夫婦間暴力等が，子どもへの心理的虐待に該当するという知識が社会に広がることに貢献している。

　DVが子どもに与える心理的影響について，「子ども虐待対応の手引き」では，「DV家庭で育った子どもには，幼児期には行動の問題が多くみられ，学童期には発達の問題，自尊感情の低下，学校での問題，対人関係の問題が多い」としている。

　近年，警察と児相間の円滑な情報共有とさらなる連携強化が推進されている。2018（平成30）年に厚生労働省子ども家庭局家庭福祉課長「児童虐待への対応における警察との連携の強化について」（子家発0720第2号）が発出されたほか，児相においては現職警察官の人事交流や警察OBの職員採用等により，警察職員等の知見の活用が進んでいる。連携の効果として，DV通告が適切に取り扱われ，心理的虐待下にある子どもが1人でも多く救済されることが期待される。

■ 虐待の判断をするうえで最優先すること

　子ども家庭相談においては，主たる相談者が子

どもであることは稀で，そのほとんどは親・養育者である。したがって支援者側も親・養育者からの影響を受けやすく，その意向に沿った支援方針を立ててしまいがちである。虐待事例の場合は特に注意する必要がある。

　虐待であるかどうかは，子どもの側に立って判断すべきであり，児童相談所（以下，児相長）が児童福祉法第33条に基づき一時保護を実施する場合も，子どもの安全・安心が脅かされていないか，損なわれていないか，その程度によって判断がなされている。なお，これまでは児相長が「必要と認めるとき」とだけ規定されていた一時保護の目的が，2016（平成28）年児童福祉法改正により，「児童の安全を迅速に確保し適切な保護を図るため，又は児童の心身の状況，その置かれている環境その他の状況を把握するため」に行うものであることと，明確に規定された。

　子どもの状態や状況を，子ども虐待の視点からアセスメントする際は，子どもが保護者を恐がっている，不自然に子どもが保護者に密着している，子どもの緊張が高い，子どもに無表情・凍りついた凝視が見られること等が一般的なポイントになる。アセスメントは子どもの状態を確認したうえで，保護者（親・養育者）の様子，生活環境の調査等から総合的に支援方針が判断できるよう行われている。

■ 子どもから話を聴くことの重要性

　個別事例において子どもの年齢や発達状態等への配慮を前提に，可能な限り子どもから直接話

を聴くことが，子どもの安全・安心を確認するうえで必要な要素になってくる。性的虐待の事例においては，特に重要である。

　性的虐待のほとんどは，家庭内の密室で起きている。加害者が虐待行為を告白しない限り，密室で起きたことを明らかにできるのは被害を受けた子どもの告白や語りだけである。多くの子どもは，さまざまな要因から，被害事実を詳細に話すことが難しい状態，状況に置かれている。身近にいる大人や支援者が，子どもから事実内容を正確に聴き取ることは，子どもの安全・安心と最善の利益を守ることにつながる。

　他方，性的虐待対応の大きな課題は，まさしく子どもからの微かな発信を聞き逃さず，子どもから被害事実を聴き取ることの難しさにある。近年，暗示や誘導，教唆等によらない面接法が導入され，児相，警察，検察，家庭裁判所等子どもの面接を担うスタッフによる研修と実践が，多機関連携・協働の下，各地で取り組まれている。⁽⁵⁾

　「子ども虐待対応の手引き」によれば，性的虐待がトラウマ性の体験となり，その後遺症と思われる症状や行動（PTSD，抑うつ症状，解離性障害，衝動性のコントロール不全，性化行動，性的逸脱行動等）が認められる場合があるという。その記述からだけでも，性的虐待がいかに子どもを重篤な状態に陥らせるのか，知ることができる。

▌乳幼児の安全・安心と重大事例の検証

　それでは，自らまだ十分に話をすることもできないような乳幼児の安全・安心は，どのような状

注

(1) 法の目的について，第1条で「児童に対する性的搾取及び性的虐待が児童の権利を著しく侵害することの重大性に鑑み，あわせて児童の権利の擁護に関する国際的動向を踏まえ，児童買春，児童ポルノに係る行為等を規制し，及びこれらの行為等を処罰するとともに，これらの行為等により心身に有害な影響を受けた児童の保護のための措置等を定めることにより，児童の権利を擁護すること」と明記している。
　警察庁は児童ポルノに関して，○児童が性的虐待等を受けている姿の記録そのもの（児童は，性的虐待や性的犯罪の被害を受けただけでなく，その姿が記録され，形として残されてしまう）○将来に渡って児童を苦しめる（一旦流出すると，インターネットを通じて世界中に広がり，完全に消し去ることは困難となり，児童に消えることのない苦しみを与える）○児童を性の対象とする風潮を助長する（児童を性欲の対象としてとらえる風潮が助長され，児童一般を他の様々な犯罪に巻き込む危険性を高める）と広報し，児童ポルノを含む子どもの性被害の根絶に向けた対策を強化している。

(2) 英語の child abuse & neglect を，日本では子ども虐待とネグレクトとしている。「子ども虐待」という言葉が社会に浸透することによって，子どもの人権への関心が少しずつ高まってきた。その一方で，市町村や児童相談所等の実践者からは，子ども虐待相談ケースの実状がそれらの定義に必ずしも合致しないという声もあり，より広い概念である「マルトリートメント」（不適切な関わり）という言葉の方が適しているとの意見もある。

(3) 「体罰等によらない子育てのために～みんなで育児を支える社会に～」では，体罰に該当するものとして，次の行為を例示している。
・言葉で3回注意したけど言うことを聞かないので，頬を叩いた
・大切なものにいたずらをしたので，長時間正座をさせた
・友達を殴ってケガをさせたので，同じように子どもを殴った
・他人のものを取ったので，お尻を叩いた
・宿題をしなかったので，夕ご飯を与えなかった
・掃除をしないので，雑巾を顔に押しつけた
　また，体罰以外の暴言等の子どもの心を傷つけるとして，次の行為についても例示している。
・冗談のつもりで，「お前なんか生まれてこなければよかった」など，子どもの存在を否

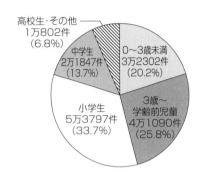

図6-3
2018（平成30）年度の虐待を受けた子どもの年齢構成
出所：図6-2と同様。

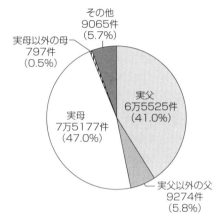

図6-4
2018（平成30）年度の主たる虐待者
出所：図6-2と同様。

況にあるのか。虐待を受けた子どもの年齢構成を見ると，学齢前の乳幼児の割合が高い傾向にあり（**図6-3**），主たる虐待者では，実母が最も多い（**図6-4**）。

さて，子どもの虐待死等の重大事例に関しては，児童虐待防止法第4条第5項で国及び地方公共団体の責務として，事例の分析，調査研究及び検証を行うことが示されている。

2019（令和元）年8月に発表された，同第15次報告では，2017（平成29）年4月1日から2018（平成30）年3月31日までの間に発生し，または表面化した子ども虐待による心中以外の虐待死50例について，死亡した子どもの年齢では，28例・28人（53.8％）が0歳であり，主たる加害者は実母が22例・25人（48.1％），実母が抱える問題（複数回答）として，遺棄（19例・19人，36.5％），予期していない妊娠／計画していない妊娠（16

例・16人，30.8％），助産師などの立ち会いがない自宅分娩（16例・16人，30.8％）等が報告されている。また，0か月児死亡14事例のうち，関係機関の関与があった事例はわずか2例しかなかったという。

同様の事案が繰り返されないためにも，子どもの虐待死については，関係機関にとどまらず社会全体が問題として捉え，未然防止に取組むことが必要である。

関係機関連携による親子関係再構築支援

一般的に，里親委託あるいは施設措置されたケースの支援プログラムでは，親子関係再構築，家族再統合がゴールに設定される。そこでは当事者（子ども，親・養育者，家族，親族等）と支援者が協働して，当事者を主体にこれからの子どもの

安全・安心を考える取り組みがなされている。

2016（平成28）年改正児童福祉法では，児童福祉施設，児相，市町村，教育機関，医療機関等の関係機関等が連携して親子関係再構築支援を行うことが明確化された。また，同年改正された虐待防止法では，措置解除時から必要と認める期間，児相が関係機関と緊密な連携を図りつつ，親子再統合の促進や，虐待を受けた子どもが家庭で生活すること，継続的な家庭訪問等による子どもの安全確認，保護者からの相談対応，養育に関する指導，助言を行うこと等が明記された。

保護者（親・養育者）の中には，自ら被虐待体験を有し，あるいは不適切な養育環境で育てられた経験から，子どもに愛情を持っていても，適切に養育する方法を知らず結果として虐待行為に至る者も多くいるだろう。また，家庭の経済的困窮や社会的な孤立が，子ども虐待発生に大きな影響を与える養育環境のリスクになり得る。

社会的養護の支援を受けることになった子どもの多くは，親・養育者が虐待行為を改善し，自身の置かれた家庭や地域環境に帰ることを望んでいるのではないだろうか。そうでないにしても，子どもの自立を支援する際，選択肢の一つとして子どもに家庭復帰を提示できるよう，当事者である親・養育者と支援者が協働し，親子関係再構築・家族再統合に向けた取り組みを進めていく必要があると考える。

昨今子どもの意見表明権を保障するしくみづくりが進み始めた中，真の当事者ともいうべき子どもから支援者が，親・養育者との協働の成果について直に問われる時期は目前と思われる。

定するようなことを言った
• やる気を出させるという口実で，きょうだいを引き合いにしてけなした
　体罰等が子どもに与える悪影響について，同報告書では，「親から体罰を受けていた子どもは，全く受けていなかった子どもに比べ，落ち着いて話を聞けない，約束を守れない，一つのことに集中できない，我慢ができない，感情をうまく表せない，集団で行動できない，という行動問題のリスクが高まり，また，体罰が頻繁に行われるほど，そのリスクはさらに高まる」と指摘している。

(4) 子ども虐待対応の現場では，「子どもの安全・安心」というキーワードが多用されている。「子ども虐待対応の手引き」には，「虐待の定義はあくまで憎いから，意図的にするから，虐待と言うのではありません。親はいくら一生懸命であっても，その子をかわいいと思っていても，子ども側にとって有害な行為であれば虐待なのです。我々がその行為を親の意図で判断するのではなく，子どもにとって有害かどうかで判断するように視点を変えなければなりません。」との記述がある。

(5) 2016（平成28）年10月28日付け厚生労働省雇用均等・児童家庭局総務課長通知「子どもの心理的負担等に配慮した面接の取組に向けた 警察・検察との更なる連携強化について」により，子どもの心理的負担の一層の軽減及び子どもから聞き取る話の内容の信用性確保のため，児童相談所，警察及び検察（以下「3機関」という。）が連携を強化し，個別事例に応じて，3機関を代表した1名による面接（以下「協同面接」という。）の実施を含め，調査や捜査の段階で，可能な限り，子どもから同じ内容の話を繰り返し聴取しないなど，子どもの特性を踏まえた面接・聴取方法等を3機関で協議・実施する取組を試行的に実施することとなった。
　その後，2018（平成30）年7月24日付け「児童虐待事案に係る子どもの心理的負担等に配慮した面接の 取組に向けた警察・検察との更なる連携強化の推進について」で，3機関間の連携強化がさらに推進されている。

(6) 山野則子・武田信子編（2015）『子ども家庭福祉の世界』有斐閣，116，227頁。

〈参考文献〉
髙橋重宏編（2001）「子ども虐待」有斐閣。
厚生労働省雇用均等・児童家庭局総務課長通知「子ども虐待対応の手引き（平成25年8月改正版）」（雇児総発0823第1号）。

第2節 子どもの貧困

○ **この節のテーマ**

● 子どもの貧困について学ぶ。

● 子どもの貧困対策の現状について学ぶ。

● 子どもの貧困対策の今後の課題について学ぶ。

子どもの貧困とは

　古くから社会福祉施策として，研究，実践されてきたのが，貧困問題である。社会福祉の歴史を紐解かずとも，国内外問わず貧困対策はいつの時代も取り組まれてきた社会問題である。そして子どもを対象とした実践の歴史も古い。そのことからも，貧困と子どもという2つの概念からなる「子どもの貧困」という社会問題は新しい問題ではなく，時代や社会背景により姿を変えながら存在し続けている問題といえるだろう。子どもの貧困は，**子どもの貧困率**[1]という所得から割り出した指標があり，その数字により広がりを捉えている。このときの貧困率というのは，**相対的貧困率**[2]という考え方である。この考え方は，経済協力開発機構（OECD）やユニセフなどで用いられているため，諸外国の公的な貧困率を算出する基準となるものである。貧困という言葉から連想される飢餓状態のような絶対的貧困とは違い，その国の中で生活をしていくうえで，十分な所得を得ることができていない状態，ある基準以下の状態にあることを相対的貧困と呼ぶ。そして日本においては，この相対的貧困を示す貧困率というものが長い間公表おらず，政府がはじめて公表したのが2009（平成21）年である。その後厚生労働省は，過年度の貧困率の推移も公表している。ここで明らかになったのは，バブル経済の時期においても，10％以上の貧困率があり，徐々に右肩上がりで数字が悪化してきた。直近では数字上は改善傾向になってきているが，依然として高い貧困率である。国民皆保険や国民層中流といった一見貧困問題はなくなったように見えていた時代においても，実際には厳しい状況にある子どもが存在し，忘れ去られていた問題に光があたったのが，子どもの貧困という古くて新しい社会問題なのである。2020（令和2）年7月に公表されたデータによると，子どもの貧困率は，13.5％（新基準14.0％）で，日本における相対的貧困率は15.4％（新基準15.8％）である。これはつまり，日本の子どもの7人に1人，そして，日本人の6人に1人が相対的貧困状態にあるということである。さらに，ひとり親世帯においてその状況が顕著であり，48.1％（新基準48.2％）が子どもの貧困と直面している。

子どもの貧困の影響

　貧困という言葉からは経済的な困難の印象を強く感じるだろうが，実際には，経済的な困難から派生する多様な問題も重要である。大きくは9つあり，①不十分な衣食住，②健康・発達への影

複合的困難・累積する不利

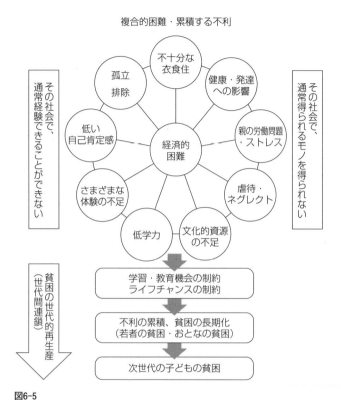

図6-5
子どもの貧困イメージ図
出所：秋田喜代美・小西拓馬・菅原ますみ編著（2016）『貧困と保育』かもがわ出版。

響，③親の労働問題・ストレス，④虐待・ネグレクト，⑤文化的資源の不足，⑥低学力，⑦さまざまな体験の不足，⑧低い自己肯定感，⑨孤立・排除，である。そして，これらの問題と経済的困難が相互に影響し合い，問題を深刻化させていくことで，子どもの貧困が長期化し，次の世代へ継承されてしまい，さらなる子どもの貧困を生み出している（**図6-5**）。例えば，子ども時の貧困状況が，教育の機会を限定し，進学もままならず，限られた職につき，低所得となり，大人になっても低い生活水準となるという流れである。この流れが必ずしも全員に当てはまる訳ではないが，貧困状態にあることでその可能性を引き上げる。そして，その大人になった状態のままで親になることで，

1

◆1　子どもの貧困率
17歳以下の子ども全体に占める，貧困線の中央値の半分の額に満たない17歳以下の子どもの割合。貧困線とは，等価可処分所得（世帯の可処分所得を世帯人員の平方根で割って調整した所得，のことである。

2

◆2　相対的貧困率
相対的貧困とは，人が社会生活を送る中で，その人が所属する社会・国で他者が当たり前に手にすることができる権利や，機会を得ることができない経済状況。そしてその相対的貧困率は，個人単位で計算した等価世帯所得を金額順に並べたときの中央値（100人いたら真ん中の人）の所得の半分（貧困線）以下で生活する人の割合を指す。OECD では2015年に従来の可処分所得からさらに「自動車税・軽自動車税・自動車重量税」，「企業年金・個人年金等の掛金」および「仕送り額」を差し引いた新基準を定めている。

次世代の子どもの貧困を生み出すという世代間連鎖を作り出している。また，子どもの貧困を背景に，子ども虐待や，いじめ，不登校など子ども家庭福祉の対象となる課題を引き起こすことや，家庭内暴力や，ひとり親家庭，親の病気や障害などが子どもの貧困の背景にあることも多く，子ども家庭福祉実践をしていくうえでは，子どもの貧困の影響は無視できないと考えられる。

日本における子どもの貧困対策の現状

このような状況において，2013（平成25）年に「**子どもの貧困対策の推進に関する法律**（通称，子どもの貧困対策推進法）[◆3]」が成立し，翌年2014（平成26）年1月に施行となった。この法律では，内閣総理大臣を会長とした子どもの貧困対策会議において，「**子供の貧困対策に関する大綱**[◆4]」の策定や対策に関する重要事項について審議することが定められている。それを受け，同年8月には子供の貧困対策に関する大綱（以下，大綱）が閣議決定され，その内容を受け，各都道府県でも子どもの貧困対策計画が策定された。この都道府県計画については，努力義務であるが，他の子ども・子育て施策との兼ね合いもみながら都道府県で策定されている。またこの法律にかかわる部分では，生活保護制度の見直し，若者支援，親支援という点で**生活困窮者自立支援制度**[◆5]，児童扶養手当の見直し，奨学金制度などかかわる法律・制度は多い。しかし，子どもの貧困対策が大きく打ち出されてはいるものの，貧困対策全体を見たときに，必ずしも整合性が取れた制度の整備がなさ

れているわけではない。この制度整備自体は時間がかかる問題であるが，子どもの貧困は「子どもの権利」「人権」にかかわる問題である以上，国として最低限保障すべきことを政策として取り組み，税の再分配が行われる必要があるといえる。これらの状況を踏まえ，2019年6月の法律改正では，目的に，①子どもの「将来」だけでなく「現在」に向けた対策であること，②貧困解消に向けて，児童の権利条約の精神に則り推進することを明記し，理念では，①子どもの年齢等に応じて，その意見が尊重され，その最善の利益が優先考慮され，健やかに育成されること，②各施策を子どもの状況に応じ包括的かつ早期に講ずること，③貧困の背景に様々な社会的要因があることを踏まえることを盛り込んだ。さらに改正大綱では都道府県・政令市だけではなく，市町村に対し，貧困対策計画を策定する努力義務を定めた[(1)]。

また貧困対策では，「学校をプラットフォーム」ということがクローズアップされ，スクールソーシャルワーカーの配置人数を増やすことも進められている。対策のフィールドを学校とその学区となる地域とし，すべての子どもが通る義務教育期間で得られる情報と関係性を活かし，学校と地域資源をソーシャルワーカーがコーディネートし，問題解決に当たることが求められている。もちろん早期発見，早期対応という点では，就学前に対応できることは大切である。あわせて，義務教育期間を終了後の若者への進学，就業，自立生活，中途退学などへの支援も取り組むことも子どもの貧困の連鎖を断ち切る上では重要な点である。

さらに，子どもの貧困対策においては，大きく

子ども支援と親・家庭支援にも分かれている。子ども支援においては，低所得によって教育や進学の機会が失われないよう，学習支援や奨学金や就学援助制度などの充実が進めれている。親・家庭支援については，現状は親の就労支援が中心になっている。実際にはもともと働くことのできない親や生活の安定していない家庭もあり，就労支援など現物給付的支援だけでなく，純粋な現金給付の充実も求められている。しかし，現段階の子どもの貧困対策に関する政策では，現金給付に関するものは充分といえない。

　上記のような現状からかかわる専門職，専門機関なども多岐にわたる。出生から17歳以下までの子どもとその親という幅の広い支援対象でもあるため，保健師，医師（歯科医師），看護師，医療ソーシャルワーカー，保育士，幼稚園教諭，民生委員，社会福祉協議会のコミュニティソーシャルワーカー，福祉事務所のケースワーカー，児童相談所のケースワーカー，各種学校の教師，各種児童福祉施設のワーカー，地域のNPOなどの支援組織のスタッフといった専門職の関わりが必要である。また学習支援や生活支援など日常を支える必要があるため，住民のそれぞれの仕事や特技を活かした，インフォーマルな支援も多様な子どもの貧困からの課題解決には不可欠である。その点ではこのような人をコーディネートする専門性も必要となる。

生活困窮者自立支援制度

2015（平成27）年4月から本格的に始動となっ

3

◆3　子どもの貧困対策の推進に関する法律
子どもの将来がその生まれ育った環境によって左右されることのないよう，貧困の状況にある子どもが健やかに育成される環境を整備するとともに，教育の機会均等を図るため，子どもの貧困対策に関し，基本理念を定め，国等の責務を明らかにし，および子どもの貧困対策の基本となる事項を定めることにより，子どもの貧困対策を総合的に推進することを目的として制定された法律（2013（平成25）年6月制定）。

4

◆4　子供の貧困対策に関する大綱
2014（平成26）年1月に施行された「子どもの貧困対策の推進に関する法律」に基づき，子供の貧困対策を推進していくうえでの基本方針，指標，重点施策を定め，またそのための実態調査や研究，国や自治体の推進体制，官民協働で進める国民運動，取り組まれる施策の評価，そして大綱の見直しについて定めたものである。

5

◆5　生活困窮者自立支援制度
生活保護に至る前の段階の自立支援策の強化を図るため，生活困窮者に対し，自立相談支援事業の実施，住居確保給付金の支給その他の支援を行うための所要の措置を講ずることを目的成立した，「生活困窮者自立支援法」（2013（平成25）年12月制定）を受けて実施される制度。

た本制度だが，貧困対策として，生活困窮者自立相談支援の窓口を全国の福祉事務所のある自治体に設置し，生活保護になる前段階で住宅確保給付金や，就労準備支援，一時生活支援，家計相談，その他の自立支援を受けることができるものである。子どもの貧困に関する部分では，親がこの支援を受け自立就労，収入を得られる状態になる点や，子どもにとっても，生活困窮世帯の子どもの学習支援事業が位置づけられているため，非常に関係の深い制度である。しかし，子どもの学習支援については，任意の事業であり，実施やその内容は自治体次第である。現在，限られた予算の中ではあるが，この学習支援事業は増えてきており，子どもを支援するためには重要な事業である。一方親の支援としては，給付金や各支援事業には期間があり，また，最低賃金の適応外の就労訓練プログラムなどもあるなど，制度としては不十分な部分も多く，さらに生活保護の受給の妨げになる可能性もある。これからの制度ではあるため，この制度運用への働きかけ次第で，子どもの貧困対策，生活困窮者支援として有益になってくると考えられる。

子どもの貧困対策の課題

　最大の課題として，そもそも現状把握が進んでいないという根本問題の解消がある。国として相対的貧困率が13.5％（新基準14.0％）であるという数字が明らかになっているが，実際に自治体格差は大きく，所得で単純に線引きをできる問題ではない。その問題を抱えた子どもや家庭が，どこにいるのか，誰なのかということを把握できていないことで，状況把握もニーズ把握も不足している。また，対象となる子どもや家庭が見えていないことで，学習支援や生活支援といった直接支援の際の，サービス圏域設定や，その情報を届けることもできておらず，これまでの対策や事業も活用されていないという状況である。この点などは，子どもの貧困対策に関する法律において，政府は毎年１回子どもの貧困の状況や対策の実施状況を公表しなければならない。この公表内容を注視し，支援に取り組むことが大切である。さらに支援団体・機関同士の連携や情報共有も必要になるが，そもそも各種機関において子どもの貧困という問題の認識が不足していることもあり，まずその認知向上が求められる。そしてスクールソーシャルワーカーの増員，設置からもわかる通り，これから子どもの貧困対策にかかわる多くの支援者が必要になるため，その支援者・専門職の育成は急務である。国，政府としては，「**子供の未来応援国民運動**[6]」として，官民協働での問題啓発や基金設置などにも取り組んでいることからも，どの支援，活動においても地域や市民の力を借りることが前提となっている。もちろん子どもの貧困問題は，他人事ではできない問題であるため，多くの力を結集し解決することが求められる。しかし最終的には，国として，政策として，「子どもの権利」や「人権」を保障していくという最低限の保障として制度・政策の整備が急務であり，そのことへのアドボカシーが必要である。なお，法律改正により，子どもの貧困対策会議で大綱の案を作成するにあたり，「貧困の状況にある子ど

も及びその保護者，学識経験者，子どもの貧困対策に係る活動を行う民間の団体その他の関係者の意見を反映させるために必要な措置を講ずるものとする」という内容を規定しており，現場から声を積極的に上げていくことが求められる。

6

◆6　子供の未来応援国民運動
2014（平成26）年 8 月に閣議決定された「子供の貧困対策に関する大綱」に基づき，子どもの貧困対策を，国民の幅広い理解と協力のもとに展開させていく運動。国民への広報・啓発活動，地域における交流・連携事業の展開，支援活動と支援ニーズのマッチング，優れた応援事例の収集・情報提供・顕彰，支援情報の一元的な集約・情報提供，民間資金を核とする基金創設の検討を行う。

Close up

子ども食堂や学習支援の広がり

　子どもの貧困問題が注目された当初から，所得と学力，就労と学歴との関係について，世代間連鎖を断つという意図のもと，学習支援が各地で広がった。その多くが大学生や地域の住民などのボランティア活動であり，対象となる子どもは，生活保護世帯や生活困窮世帯の受験を控える中学 3 年生とされてきた。実際には進学や学習活動の前に，かんたんなコミュニケーションをとることによる関係の構築，日常生活で受けるストレスや悩みの発散や休息といった学習（もしくは勉強）以前のフォローが必要であったため，成績向上だけではない機能も求められている。

　また現在，子ども食堂という取り組みが注目されている。「子ども」と「食事」という子どもの貧困という言葉からは想像しやすい切り口でもあったため多くの認知を得て，全国に活動が広がっている。活動の頻度は毎日実施の場合もあれば月 1 回程度であったり，規模も小規模から100人近い規模の活動までその形態はさまざまある。2019年 6 月にNPO法人全国こども食堂支

援センターむすびえが発表した「こども食堂・最新箇所数調査」では，全国に少なくとも3718か所を確認している。一方で，不定期で月 1 回の食事活動をすることのみでは，不足する食事の代替とするには頻度が低く，その子どもの家庭の課題自体を直接解決する活動とは言い難い。さらに活動が注目される中で，学習支援も子ども食堂も「貧困家庭がいく場所」という偏見から参加を拒む子どもや家庭もある。また不登校，ひきこもり，子どもや家庭が障害によって参加が難しい場合にも活動を活かしきれないこともある。子どもと地域の大人が出会い，その声を代弁するきっかけとしてや，その場を居場所にできる子どもにとっては，多くの関係を構築し，社会参加の入り口にもなり得るが，一部の子どもや家庭限定となりかねない。その点からもこのようなボランティアが主体的に動く活動が万能薬として機能することに頼らず，制度としての家庭支援機能やアウトリーチ（訪問型支援）の充実，所得向上や支出軽減などの施策もあわせて充実させていくことが求められている。

注

(1)　子供の貧困対策に関する有識者会議『資料 2 　子どもの貧困対策の推進に関する法律の一部を改正する法律（概要）』（2019年 6 月25日第13回）参照（https://www8.cao.go.jp/kodomonohinkon/yuushikisya/k_13/gijishidai.html 2020年 9 月20日アクセス）。

〈参考文献〉
阿部彩（2008）『子どもの貧困――日本の不公平を考える』岩波書店。
阿部彩（2014）『子どもの貧困Ⅱ――解決策を考える』岩波書店。
稲葉剛（2013）『生活保護から考える』岩波書店。
子どもの貧困白書編集委員会編（2009）『子どもの貧困白書』明石書店。
山野良一（2014）『子どもに貧困を押しつける国・日本』光文社。

第3節 ドメスティック・バイオレンス

この節のテーマ

- ●DV の概念・考え方を理解する。
- ●DV の実態を知る。
- ●DV 支援法とその対応の流れを学ぶ。

DV とは

DV とは**ドメスティック・バイオレンス**（Domestic Violence）の略であり，一般的に DV とは，配偶者や恋人など親密な関係にある，またはかつてそのような関係にあった者から振るわれる暴力を指す。しかし**「配偶者からの暴力の防止及び被害者の保護等に関する法律（以下，DV 防止法）」**では DV という言葉は正式には使わず，より限定的な「配偶者からの暴力」という言葉を使っている。

DV 防止法は，その前文に書かれているように，日本国憲法で保障されている「個人の尊重」と「法の下の平等」の一環として取り組むべき，人権の擁護と男女平等を目指すための法律である。

そのために，配偶者からの暴力に係る通報，相談，保護，自立支援等の体制を整備し，配偶者からの暴力の防止及び被害者の保護を図ることを目的としている。

DV の定義

DV 防止法によれば，「配偶者からの暴力」は，配偶者から受ける「身体に対する暴力」や，「心身に有害な影響を及ぼす言動」のことを指す。これはいわゆる，身体的暴力・精神的暴力・性的暴力と表される。しかし，DV の相談を受ける中心機関である**配偶者暴力相談支援センター**◆1に寄せられる暴力に関する相談はそれだけではない。DV の相談としてあがってくる暴力をより理解しやすいように，細分化して整理すると**表6-1**の

表6-1
DV の種類

・身体的暴力：殴る，蹴る，物を投げつける，髪の毛を引っ張る，首を絞める，など
・精神的暴力：大声や音・威嚇などで脅す・怖がらせる，自尊心を奪うような言動，何を言っても無視する，など
・性 的 暴 力：性行為を強要する，避妊に協力しない，無理やりポルノなどを見せる，など
・社会的暴力：交友や親戚等付き合いをさせない，仕事をさせない，メールや電話など行動を常に監視する，など
・経済的暴力：生活費を渡さない，金銭の使用を細かく監視し指示する，収入を許さない，など
・その他の暴力：子どもの前で暴力を振るう，子どもを取り上げるまたは傷付けるなどと言って脅す，子どもを使った暴力など

出所：筆者作成。

ようなものがあげられる。

DVの対象者

　DV防止法における「配偶者からの暴力」の被害者は暴力を受けた配偶者，または元配偶者であった。2013（平成25）年の法改正により，配偶者でなくとも「生活の本拠を共にする交際関係にある相手からの暴力」についても対象になった（第28条の2）。いわゆる「同棲関係」においてもDV防止法の対象となったのである。したがって，生活の本拠を共にしていない，つまり同棲関係にない交際相手からの暴力については，DV防止法の対象とならない。

DVの実態

　内閣府が3年に1度行っている「男女間における暴力に関する調査」の2017（平成29）年度の報告書では，次のことが示されている。[(1)]

　図6-6から，約4人に1人は配偶者から暴力を受けたことがあり，約10人に1人は繰り返し暴力を受けていることになる。また同調査から，女性の約3人に1人，男性の約5人に1人が配偶者から被害を受けており，女性の約7人に1人，男性の20人に1人が繰り返し被害を受けている。さらに，被害を受けた女性の約4割，男性の約7割はどこにも相談していない。そして，「別れたい（別れよう）」と思ったのは女性が約5割半，男性が約3割であるが，男女とも別れたのは約1割程度である。さらに被害を受けたことがある家庭の約

必ず覚える用語

☐ ドメスティック・バイオレンス（DV）
☐ 配偶者からの暴力及び被害者の保護等に関する法律（DV防止法）
☐ 配偶者暴力相談支援センター
☐ ストーカー行為等の規制等に関する法律
☐ 福祉事務所

◆1　配偶者暴力相談支援センター
配偶者暴力支援センターは都道府県に設置義務があり，婦人相談所などの適切な施設がその機能を果たす。また市町村も配偶者暴力支援センターの機能を果たすための努力義務がある。支援センターはDVの防止および被害者の保護に関する中心的な存在である。

1

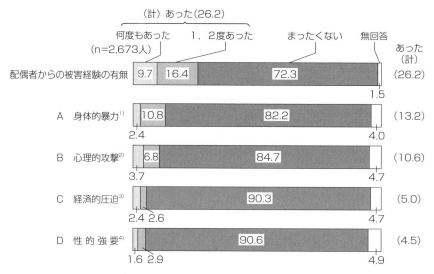

図6-6
配偶者からの被害経験率
注：1）例えば，なぐったり，けったり，物を投げつけたり，突き飛ばしたりするなどの身体に対する暴行。
　　　2）例えば，人格を否定するような暴言，交友関係や行き先，電話・メールなどを細かく監視したり，長期間無視するなどの精神的な嫌がらせ，あるいは，自分もしくは自分の家族に危害が加えられるのではないかと恐怖を感じるような脅迫。
　　　3）例えば，生活費を渡さない，貯金を勝手に使われる，外で働くことを妨害されるなど。
　　　4）例えば，嫌がっているのに性的な行為を強要される，見たくないポルノ映像等を見せられる，避妊に協力しないなど。
出所：内閣府（2017）「男女間における暴力に関する調査（平成29年度）」22頁。

２割は子どもへの被害もみられる。被害を受けたことのある人の約９人に１人，そのうち女性の約７人に１人，男性の3.1％は命の危険を感じた経験があった。

　警察庁の犯罪統計白書によると，2018年における傷害，暴行，脅迫，殺人などの配偶者間検挙件数は，8229件にのぼり，被害者が女性である事件は９割を占めた。[2]

　配偶者からの暴力全般に関する相談窓口である，配偶者暴力相談支援センターへの相談件数は，2018（平成30）年度は11万4481件と約３倍となっている。[3]

デートDVとストーカー行為等の規制等に関する法律

　婚姻関係，および同棲関係にない交際相手からのDVを一般にデートDVという。同棲関係にない交際であっても，交際相手からDVであげたような暴力を受けることは起こりうる。デートDVについてはDV防止法の対象にはなっていない。

しかし，交際という親密な関係のためその暴力被害の発見が困難であったり，第3者の介入がうまくいき難かったり，また深刻化しやすいなど，DVと同じような特徴もあり，交際相手への暴力に対しても支援が必要である。その場合「**ストーカー行為等の規制等に関する法律**」の範疇となる。

　DV防止法と異なり，つきまとい等で悩まされていれば誰でも「ストーカー行為等の規制等に関する法律」の対象となる。ストーカー行為とはこの**つきまとい等の行為**[◆2]を繰り返し行うことであり，ストーカー行為を行った者には，6か月以下の懲役かまたは50万円以下の罰金が課される。警察本部長等に申出をして，加害者に対して警告を出してもらうことができ，この警告に従わなかった場合，都道府県公安委員会に禁止命令を申出ることができる。もし禁止命令に違反した場合は，1年以下の懲役又は100万円以下の罰金が課されることになる。

DV防止法と対応の流れ

　国際的な流れ，そして社会的要請を受け2001（平成13）年にDV防止法が成立した。その重要な点として次のことがあげられる。①配偶者からの暴力の防止について，被害者の自立支援・保護に対する国・地方自治体の責務と役割を明確にした。②警察，配偶者暴力相談支援センター，**婦人相談所**[◆3]，**福祉事務所**[◆4]，など関係各機関の役割を明確にした。③配偶者（あるいは元配偶者）からの暴力を受けている者を発見した場合は通報するよう勤めなければならない（通報義務）。④保

2

◆2　つきまとい等の行為
2000（平成12）年に制立した「ストーカー行為等の規制等に関する法律」に記されており，第2条に規定される次の例にあげられる行為を指す。①つきまとい，待ち伏せ，押し掛け等，②監視していると思わせるような事項の告知等，③面会，交際その他の要求，④著しく粗野または乱暴な言動，⑤無言電話，連続した電話・ファックス・電子メール，⑥汚物・動物の死体等の送付等，⑦名誉を害する事項の告知等，⑧性的羞恥心を害する事項の告知や文章等の送付等。この行為を繰り返すことをストーカー行為という。

3

◆3　婦人相談所
1956（昭和31）年に制立した「売春防止法」第34条に基づき，各都道府県にひとつ設置されており，元々は売春を行う恐れのある女性の相談，指導，一時保護を行う施設であったが，DVについてもその相談・保護の役割を果たしてきた。DV防止法の成立により，支援センターの機能を担う重要な施設のひとつとして位置づけられ，一時保護の機能も有している。

4

◆4　福祉事務所
社会福祉法第14条に規定された，自治体が運営する社会福祉についての行政機関。DV防止法第8条の3に，福祉事務所は被害者の自立を支援することが記されており，DVについて相談を受ける機関のひとつとなっている。DVについては「婦人相談員」が相談にのる。都道府県および市，特別区は設置が義務づけられており，町村は任意で設置することができる。なお，婦人相談員の主な仕事は，要保護女子を発見や相談・指導を行い，入所の必要性を判定したり，また各関係機関への連絡・報告などを行ったりすることである。売春防止法第35条に基づいており，都道府県知事または市長から委嘱される。婦人相談所や福祉事務所に配置され，近年ではDV被害の相談業務も増加している。

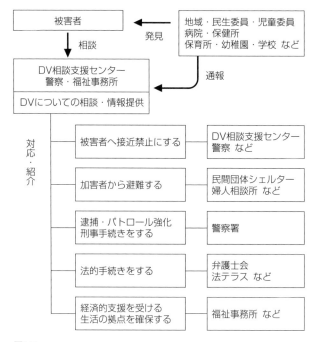

図6-7
DV 被害の対応の流れ
出所：東京都（2006）「配偶者暴力被害者支援ハンドブック」より筆者作成。

護命令◆5とその違反したものに対する処罰が明記された。

　DV 防止法の附則にも，施行後 3 年を目途に法律を見直すことが記されており，2020年 4 月 1 日現在では2018年に最終改正が行われている。主な点をあげると，2004年の改正では，①保護命令制度の拡充，②「配偶者からの暴力」の定義の拡大，③被害者の自立支援の明確化などがなされた。また2007年の改正では，①さらなる保護命令の拡充，②市町村への基本計画策定の努力義務化，③ DV 相談支援センターの機能が市町村で努力義務となるなどした。2013年の改正では，「配偶者から

の暴力」のみでなく，「生活の本拠を共にする交際をする関係にある相手からの暴力」について，配偶者からの暴力に準じて DV 防止法の規制対象とした。今後もより検討を重ね，より適切かつ効果的に被害者を支援し，被害を防止するためにさらなる改正が望まれる。

　DV 被害の対応の流れは**図6-7**の通りである。

　DV 被害を支援し防止するために，公的機関の連絡調整，また民間団体との適切な連携をすることが DV 防止法にも明記されており，医療，保健，福祉，警察，教育，行政，民間など，より柔軟でさまざまな領域にわたった支援が求められている。

5

◆5　保護命令

DV 防止法の第10条に規定されており，被害者（配偶者および元配偶者）から申立てがあった場合，生命や身体に危害が加えられることを防ぐために，加害者に対し「被害者，子ども，親族への 6 か月間の接近禁止命令」や「生活の本拠を共にする場合は 2 か月間の退去命令」の命令が出せるようになっている。

次の記述に対し正誤を答えなさい。

　「配偶者からの暴力の防止及び被害者の保護等に関する法律」において，配偶者からの暴力を受けている者を発見した者は，その旨を当該市町村の長に通報しなければならないと定められている。

(答)×：同法第 6 条には「発見した者は，その旨を配偶者暴力相談支援センター又は警察官に通報するよう努めなければならない」とある。
(第20回社会福祉士国家試験問題 9 より)

注

(1)　平成29年度内閣府「男女間における暴力に関する調査」（http://www.gender.go.jp/policy/no_violence/e-vaw/chousa/h11_top.html）。

(2)　警察庁「犯罪白書」（http://hakusyo1.moj.go.jp/jp/66/nfm/mokuji.html）。

(3)　配偶者暴力相談支援センターにおける配偶者からの暴力が関係する相談件数等の結果について（http://www.gender.go.jp/policy/no_violence/e-vaw/data/pdf/2018soudan.pdf）。

〈参考文献〉
森田ゆり（2007）『ドメスティック・バイオレンス』小学館。
小島妙子（2014）『DV・ストーカー対策の法と実務』民事法研究会。

第4節 母子保健

この節のテーマ

● 地域保健法に基づく保健所と市町村保健センターの役割を理解する。
● 母子保健法に基づく母子保健サービスについて理解する。
● すべての子どもが健やかに育つ社会をめざす国民健康運動「健やか親子21（第2次）」の概要を理解する。

母子保健法

日本の母子保健行政は，児童福祉法1947（昭和22）年と**母子保健法**1965（昭和40）年の制定により大きな改善を遂げた。これに，**児童虐待の防止等に関する法律**や健やか親子21など，いくつかの法律や政策が加わり現在の「母子保健対策体系（**図6-8**，**図6-9**）」が成り立っている。本節では，現行の母子保健対策の中から，母子保健法に基づく「母と子を対象とした妊娠から育児までの一貫したサービス」の要点と健やか親子21（第2次）の概要について解説する。

地域保健法と保健所および市町村保健センター

母子保健法に基づく母子保健サービスの担い手である「保健所」および「市町村保健センター」は，**地域保健法**に基づき設置されている。日本に保健所が始めて設置されたのは，戦前は1937（昭和12）年のことである。当時，社会的な問題となっていた結核の撲滅と母子保健の向上を目的に保健所が設置された。その後，1947（昭和22）年の保健所法改正により保健所は地域の公衆衛生業務を一手に担う中心的機関となった。1994

（平成6）年にはさらに大幅に改正され，**保健所と市町村保健センターの役割を定めた地域保健法が制定された。地域保健法は，都道府県，政令市，特別区に対して保健所の設置を義務づけると共に，公衆衛生に関する14の事項を掲げ，それらの事項に対する企画，調整，指導を明文化した。一方，市町村に対しては市町村保健センターを設置可能とし，「住民に対し，健康相談，保健指導及び健康診査その他地域保健に関し必要な事業を行う」と定めた。保健所は地域保健の広域的，専門的，技術的拠点としての役割を担い，**市町村保健センター**は対人保健分野の総合拠点として，より住民に身近なところで頻度の高い生涯を通じた健康づくりを行う機関となった。

母子保健法と子育て世代包括支援センターおよび産後ケア事業の法制化

当初，母子保健法に基づく母子保健サービスの実施主体は保健所を所管する都道府県等であった。1994（平成6）年の母子保健法の大きな改正により，基本的な母子保健サービスの実施主体は，都道府県等から市町村に移管された。2013（平成25）年4月1日より**未熟児訪問指導**や**養育医療**の支給なども市町村に移管され，母子保健サービスの大部分を市町村が担うようになった。市町村は，

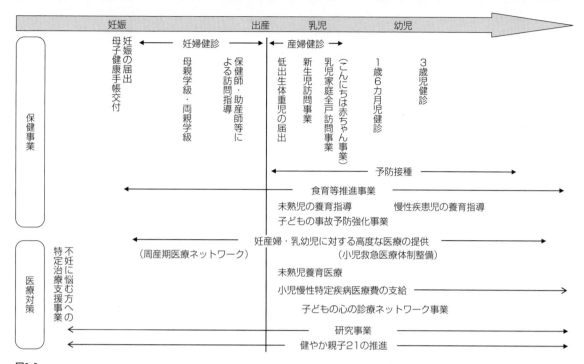

図6-8

母子保健関連施策の体系

出所：厚生労働省子ども家庭局母子保健課（2020）「歯科口腔保健の推進について──母子保健行政の動向」（第150回市町村職員を対象とするセミナー）。

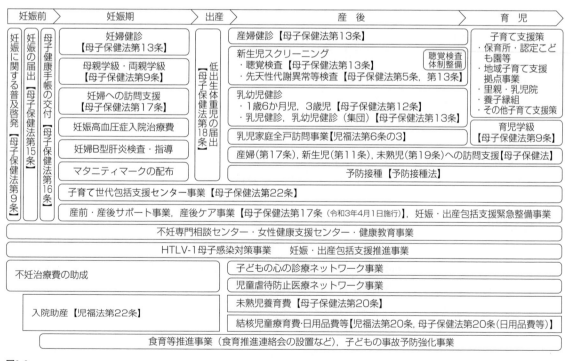

図6-9

母子保健関連施策

出所：図6-8と同じ。一部筆者訂正。

妊娠期から子育て期までの支援の充実に努めてきたが，「支援が一貫性を欠いている」という課題を残していた。そのような状況の下，2016（平成28）年の改正により，2017（平成29）年 4 月から**子育て世代包括支援センター**（法律上の名称は「**母子健康包括支援センター**」）の設置が市区町村の努力義務とされた。

　さらに，2019（令和元）年12月には改正母子保健法が公布され，出産後 1 年を経過しない産婦および乳児を対象に産後ケア事業を行うことが，市町村の努力義務とされた（改正法の施行は2021年4 月予定）。

　産後ケア事業を行うにあたっては，妊娠期から出産後に至る支援を切れ目なく行う観点から，母子健康包括支援センターその他の関係機関や母子保健法や児童福祉法に基づく他の事業との連携を図ることにより，妊産婦と乳児に対する支援の一体的な実施，その他の措置を講ずるよう努めなければならないとされた。

　住民の視点にたった，妊娠，出産，子育てに関する切れ目のない支援の実現が期待されている。

妊娠の届出

　母子保健法の第15条（妊娠の届出）には，「妊娠した者は，厚生労働省令で定める事項につき，速やかに，市町村長に妊娠の届出をするようにしなければならない」と規定されている。母子保健法施行規則に定められた届出の内容は，「届出年月日」「氏名，年齢及び職業」「居住地」「妊娠月数」「医師又は助産師の診断又は保健指導を受け

たときは，その氏名」「性病及び結核に関する健康診断の有無」の 6 項目のみであり，届出を受ける際に行うべき支援なども規定されていない。そのため妊娠の届出を受ける際の対応は市町村により異なる。保健師や助産師等の専門職が，届出のために来所した妊婦の相談に応じながら対応している市町村もあれば，事務的に対応している市町村もあるのが現状である。

　妊娠の届出は母子保健サービスの原点とも言えるイベントである。子育て世代包括支援センターの設置が法制化され，妊娠，出産，育児を通した一貫した質の高いサービスや，育児不安や育児困難，児童虐待，DV（ドメスティック・バイオレンス）などの予防，早期把握，早期支援に向けた，妊娠の届出時からのきめ細やかな対応が広がりを見せている。

母子健康手帳の交付

　「市町村は，妊娠の届出をした者に対して，母子健康手帳を交付しなければならない」（母子保健法第16条）。**母子健康手帳**の歴史は，妊産婦手帳（1942（昭和17）年創設）にはじまる。この時代の妊産婦手帳には「丈夫ナ子ハ丈夫ナ母カラ生マレマス。妊娠中ノ養生ニ心ガケテ，立派ナ子ヲ生ミオ國ニツクシマセウ」など，富国強兵の思想が描かれていた。1965（昭和40）年に母子保健法に基づく母子健康手帳となってからは，社会情勢や保健医療福祉制度の改正，乳幼児身体発育曲線の改訂等を踏まえ，概ね10年ごとに様式の改正が行われて来た。現在の母子健康手帳は，大きさや

デザインなど市町村によりさまざまであるが，記載内容については，医学的記録と保護者の記録は厚生労働省令で定められており（省令様式），行政情報や育児情報等については省令で記載項目のみを定め，その具体的な内容は市町村に委ねられている（任意様式）。

母子健康手帳は，妊娠，出産，乳幼児期の一貫した健康記録である。妊娠期から子育て期までの切れ目のない支援にむけ，今後ますますの活用が期待される。

妊産婦および乳幼児健康診査

妊産婦の健康診査は，母子保健法第13条に定められている。妊婦健康診査は，合併症，早流産，妊娠高血圧症，胎児発育不全などの早期発見，早期治療と適切な保健指導を目的として行われており，妊娠初期から出産までに14回の健診回数が標準的とされている。2009（平成21）年度より，健康診査費用の負担軽減を図るため，14回のうち5回を地方財政措置，9回を国庫補助と地方財政措置が2分の1ずつ負担するようになった。

乳幼児の健康診査は，母子保健法第12条，第13条に定められている。1歳6か月児，および，3歳児の健康診査は，「満1歳6か月を超え満2歳に達しない幼児」「満3歳を超え満4歳に達しない幼児」に対して実施することが市町村の義務とされている。乳幼児健康診査は，子どもの成長発達の確認，疾病の早期発見，早期支援のみならず，育児不安や児童虐待等の早期把握，支援，同年齢の親子との交流を通した子育て支援，自主グルー

プ作りなどの役割を担っている。実施方法は各市町村により異なり，保健センターにて集団で実施している市町村もあれば，医療機関に委託している市町村もあるが，いずれの場合も，来所者がリラックスして悩みや心配事を相談できる，育児不安を受け止め軽減できるような技法と環境作りが求められている。また，健診未受信者の全数把握は，健康状態の確認のみならず児童虐待予防の観点からも重要な意味をもつ。

妊産婦および乳幼児訪問指導

母子保健法に基づく訪問指導の対象者は，新生児（第11条），妊産婦（第17条），未熟児（第19条）とされており，市町村長は，医師，保健師，助産師またはその他の職員に当該者を訪問させ，必要な指導を行わせることが明記されている。新生児に対する訪問指導は，当該新生児が新生児でなくなった後においても継続することができるとしており，発育発達，栄養状態，生活環境の改善，疾病予防などを目的とした指導が行われている。一方，児童福祉法（第6条の3第4項）には，**「乳児家庭全戸訪問事業（こんにちは赤ちゃん事業◆1）」**が定められており，原則として生後4か月までの乳児のいるすべての家庭を訪問し，子育てに関する情報の提供並びに乳児およびその保護者の心身の状況および養育環境の把握を行う他，養育についての相談に応じ，児童虐待等の早期把握，支援に努めている。乳児家庭全戸訪問事業は，市町村の努力義務とされている。これらの訪問は，法的根拠は異なるものの，互いに連携し，補完し

あいながら母子の健やかな育ちを支えている。

健やか親子21（第2次）と成育基本法

「健やか親子21」は，21世紀の母子保健の取り組みを示した国民運動計画である。当初，2001（平成13）年度〜2010（平成22）年度までの10年間の予定であったが，次世代育成支援対策推進法に基づく都道府県及び市町村行動計画の計画期間が，2014（平成26）年度までと定められており，この行動計画は「健やか親子21」との関連が深く，両者を一体的に推進することが目標の達成に効果的であるとされたことから，健やか親子21の計画期間が2014（平成26）年度まで4年間延長された。しかし，健やか親子21は，「10代の自殺率」「全出生数中の低出生体重児の割合」の2つの指標が悪化するという課題を残した。日本の母子保健を取り巻く状況には，「少子化の進行」「晩婚化・晩産化と未婚率の上昇」「核家族化，育児の孤立化」「子どもの貧困」「母子保健領域における健康格差（小学生の肥満の割合，3歳児のむし歯）」などが見られており，国全体での継続した取り組みが求められている。

「健やか親子21（第2次）：2015年度〜2024年度」は，10年後にめざす姿を「すべての子どもが健やかに育つ社会」とし，すべての国民が地域や家庭環境等の違いにかかわらず，同じ水準の母子保健サービスが受けられることをめざしている。従来の「健やか親子21」で掲げてきた課題を見直し，現在の母子保健を取り巻く状況をふまえた3つの基盤課題（A：切れ目のない妊産婦・乳幼児

への保健対策，B：学童期・思春期から成人期に向けた保健対策，C：子どもの健やかな成長を見守り育む地域づくり）と，特に重点的に取り組む必要のある2つの重点課題（①育てにくさを感じる親に寄り添う支援，②妊娠期からの児童虐待防止対策）を設定している。

「成育基本法」の正式名称は「成育過程にある者及びその保護者並びに妊産婦に対し必要な成育医療等を切れ目なく提供するための施策の総合的な推進に関する法律」である。2018（平成30）年12月14に公布され，2019（令和元）年12月1日に施行され，成長過程にある子ども，保護者，妊産婦に対して，必要な成育医療を切れ目なく提供するための施策を総合的に推進することを目的としている。

「成育医療等」を「妊娠，出産及び育児に関する問題，成育過程の各段階において生ずる心身の健康に関する問題等を包括的に捉えて適切に対応する医療及び保健並びにこれらに密接に関連する教育，福祉等に係るサービス等」と定義し，子どもの健全な育成は国や市町村，関係機関の責務であることを明記し，保護者の支援を含め，教育，医療，福祉などの分野の連携を規定している。

健やか親子21（第2次）と成育基本法は，理念や目指す方向が同じである。本法と健やか親子21が連動し，より充実した取り組みの展開が期待されている。

1

◆1　乳児家庭全戸訪問事業（こんにちは赤ちゃん事業）

原則として，生後4か月を迎える日までの乳児のいるすべての家庭を訪問し，子育ての不安や悩みの相談を受けたり，子育てに必要な情報を提供したり，助言などを行う。保健師や助産師などの専門職が訪問する場合もあれば，母子保健推進員（市町村長より委嘱を受けて活動するボランティア）などが訪問する場合もある。児童福祉法に基づき，市町村に努力義務がある。

第5節 ひとり親家庭

この節のテーマ
- ●ひとり親家庭の現状を学ぶ。
- ●ひとり親家庭に対する支援策について学ぶ。
- ●ひとり親家庭に対する支援の方向性について理解する。

ひとり親家庭の現状

厚生労働省が公表した「平成28年度全国ひとり親世帯等調査結果（以下，全国調査）」によると，2016（平成28）年現在，推計値ではあるが母子世帯は123万2000世帯，父子世帯は18万7000世帯となっている。ひとり親世帯になった理由をみると，母子世帯の79.5%，父子世帯の75.6%が離婚となっている。死別の割合をみると，母子世帯が8.0%，父子世帯が19.0%となっており，父子世帯の方が死別の割合が高い。他の理由についてみると，未婚や別居といった理由も見受けられ，いわゆる離別によってひとり親世帯になったものがほとんどである。

母子家庭だけに着目すると，戦後間もない頃は戦争による被害から死別母子家庭となったケースが圧倒的に多かった。高度経済成長期に入ると，漁業や林業等第1次産業に勤めていたり，工場に勤めていたりした父親たちが事故で亡くなるなどで，母子家庭になるというケースが見受けられた。

ひとり親家庭について，これまで多く注目されてきたことは経済的なことである。全国調査によると，母子世帯の場合2015（平成27）年の年間就労収入は200万円，父子世帯の場合は398万円とな

っている。これに児童手当や児童扶養手当，場合によっては生活保護費や養育費[1]を加算した平均年間収入は，母子世帯で243万円，父子世帯で420万円となっている。このように見ていくと，父子世帯の方が収入が高いと考えられるが，全国調査では両親がそろっている家庭と比較したデータがある。それによると，母子家庭は一般家庭の約50%程度，父子家庭は約80%程度の収入となっていることが確認できる。

ひとり親家庭の就労収入が低い背景には，就労形態が影響していると考えられている。母子家庭の場合，全体の81.8%が何らかの就労をしており，日本は先進国の中でも，母親たちの就労率が圧倒的に高い。しかし，そのうち43.8%がパート・アルバイト等として働いている。父子家庭については，85.4%の父親が働いており，そのうち6.4%がパート・アルバイト等として働いている。

また近年，母親たちの学歴と収入の関連についても言及されるようになってきた。全国調査によると，母子家庭のうち11.5%，父子家庭のうち13.1%の最終学歴が中学校卒業となっており，学歴が短い場合収入が低いという結果が報告されている。父子家庭について見ると母子家庭よりも正規雇用の割合が高い。しかし，その働き方をみると，子育てのために時間を短縮して働いていたり，子どもとの時間を作るために収入の低い仕事

に転職するケースが見られることを念頭におく
必要がある。

　全国調査によると母子家庭で現在養育費を受
け取っている割合は24％である。母子家庭の大部
分は，別れた夫から養育費を受け取っていないと
いえる。また，「過去に養育費を受け取ったこと
がある」割合と母子家庭になった期間の関係をみ
ると，時間が経過するとともに「過去に養育費を
受け取った」割合が増加していく。つまり，これ
は，過去には養育費を受け取ったことがあるが，
現在は受け取っていないことを反映しており，養
育費を継続的に受け取ることは困難な状況であ
ることがわかる。

　この背景について，当事者団体が行った調査結
果[^(1)]によると，別れた元夫の収入が，一般男性に比
べ低い金額となっている。元夫たちの中には養育
費を支払わないのではなく，支払えない状況にあ
るものも一定数いると推察される。

ひとり親家庭への支援策

　ひとり親家庭に対する支援は，「**母子及び父子
並びに寡婦福祉法**」を基本として，大きく①子育
て・生活支援，②就業支援，③養育費確保支援，
④経済的支援の４つの方向性の支援が展開され
ている（**図6-10**）。母子及び父子並びに寡婦福祉
法は，ひとり親家庭に対する支援を総合的に展開
していくための根拠法として位置づけられてお
り，「母子家庭等及び寡婦の福祉に関する原理を
明らかにするとともに，母子家庭等及び寡婦に対
し，その生活の安定と向上のために必要な措置を

◆1　養育費
法律で定義について直接的な規定はなされて
いないが，養育費を示すものとして民法第766
条に「子の監護に要する費用の分担」が記さ
れている。また，厚生労働省が公益社団法人
家庭問題情報センターに委託した「養育費相
談支援センター」のHPにおいては，「養育費
とは，子どもを監護・教育するために必要な
費用です。一般的にいえば，未成熟子（経済
的・社会的に自立していない子）が自立する
まで要する費用で，衣食住に必要な経費，教
育費，医療費などです」と記されている。2003
（平成15）年に改正された母子及び寡婦福祉法
（現，母子及び父子並びに寡婦福祉法）におい
て，扶養義務の履行が規定され，養育費の支
払いの責務等が明記された。2011（平成23）
年の民法一部改正により，先に示した第766条
に，「養育費」と離婚に際して夫婦が決めるべ
き事項として，いわゆる「面会交流」につい
ても明文化された。

自立促進計画（地方公共団体が国の基本方針をふまえて策定）

子育て・生活支援	就業支援	養育費確保支援	経済的支援
○母子・父子自立支援員による相談支援 ○ヘルパー派遣，保育所等の優先入所 ○子どもの生活・学習支援事業等による子どもへの支援 ○母子生活支援施設の機能拡充　　　　など	○母子・父子自立支援プログラムの策定やハローワーク等との連携による就業支援の推進 ○母子家庭等就業・自立支援センター事業の推進 ○能力開発等のための給付金の支給　　　　など	○養育費相談支援センター事業の推進 ○母子家庭等就業・自立支援センター等における養育費相談の推進 ○「養育費の手引き」やリーフレットの配布　　　など	○児童扶養手当の支給 ○母子父子寡婦福祉資金の貸付 ○就職のための技能習得や児童の修学など12種類の福祉資金を貸付　など

図6-10
ひとり親家庭等の自立支援策の体系

注：1）2002（平成14）年より「就業・自立に向けた総合的な支援」へと施策を強化し，「子育て・生活支援策」，「就業支援策」，「養育費の確保策」，「経済的支援策」の4本柱により施策を推進中。
　　2）2012（平成24）年に「母子家庭の母及び父子家庭の父の就業の支援に関する特別措置法」が成立。
　　3）2014（平成26）年の法改正（母子及び父子並びに寡婦福祉法と児童扶養手当法）により，支援体制の充実，就業支援施策及び子育て・生活支援施策の強化，施策の周知の強化，父子家庭への支援の拡大，児童扶養手当と公的年金等との併給制限の見直しを実施。
　　4）2016（平成28）年の児童扶養手当法の改正により，第2子，第3子以降加算額の最大倍増を実施。
　　5）2017（平成29）年の児童扶養手当法の改正により，支払い回数を年3回から年6回への見直しを実施。
出所：厚生労働省（2020）「ひとり親家庭等の支援について（令和2年4月）」10頁。

講じ，もつて母子家庭等及び寡婦の福祉を図ること」を目的としている（第1条）。法には，国および地方公共団体の責務，ひとり親家庭が自立を図る努力をすること，母子家庭等の定義，母子・父子自立支援員に関すること，都道府県・市における自立促進計画策定の努力義務，母子父子寡婦福祉資金貸付金や日常生活支援事業に関することなどが示されている。

① 子育て・生活支援

福祉事務所には原則として，ひとり親家庭に対する総合的な相談を受ける**母子・父子自立支援員**[◆2]が配置されている。他にも，ひとり親家庭を訪問し家事や子どもの勉強などを見るひとり親家庭へのヘルパー派遣事業，親たちの就労と子どもの育ちを保障するための保育所の優先入所，塾等に通うことが難しい子どもたちに大学生等が勉強を教える学習支援ボランティア派遣事業，**母子生活支援施設**[◆3]がある。

母子生活支援施設は，児童福祉法第38条に規定された児童福祉施設であり，配偶者のない女子又はこれに準ずる事情にある女子及びその監護すべき児童を入所させ，保護をすることと自立を促進するための支援，退所したものについての相談その他の援助を行うことを目的としている。具体的には，親子関係の調整や就労支援，退所後の生活を見通した自立のための支援を行っている。

全国母子生活支援施設協議会が行った調査結果によると，夫の暴力による入所理由が50％を超えており，DVからのシェルターとしての機能も求められるようになってきている。[(2)]

なお，入所中も生活保護や児童扶養手当，児童手当を受給することができる。

② 就業支援

就業支援は2002（平成14）年以降，ひとり親家庭支援の中核をなすものとして位置付けられている。例えば，福祉事務所等に配置されている自立支援プログラム策定員と，児童扶養手当を受給している母親が，母親の生活状況や子どものこと，就労への意欲等について確認しながら，自立に向けて計画を策定する母子自立支援プログラムや，就労相談から履歴書の書き方などを学ぶ就業支援講習会の実施，仕事の紹介を行うとともに，弁護士等のアドバイスを受け養育費の取り決めなどの専門的な相談を行う母子家庭等就業自立支援センター，資格取得のための費用を支援する高等職業訓練促進給付金等事業や自立支援教育訓練給付金などがある。

③ 養育費確保支援

母子及び父子並びに寡婦福祉法では，養育費の支払いの責務が記されている。しかし，先述したように，支払い状況は決して思わしくないのが現状である。

支払われない養育費への対策として，養育費等の強制執行手続きの改善や養育費確保のための裁判費用の貸付，養育費の算定基準や低い割合になっている取り決めに関する周知や広報の他，養育費相談支援センターを母子家庭等就業自立支

◆2 母子・父子自立支援員

母子及び父子並びに寡婦福祉法第8条第2項において，母子・父子自立支援員とは，次の業務を行うものとされている。①「配偶者のない者で現に児童を扶養しているもの及び寡婦に対し，相談に応じ，その自立に必要な情報提供及び指導を行うこと」，②「配偶者のない者で現に児童を扶養しているもの及び寡婦に対し，職業能力の向上及び求職活動に関する支援を行うこと」，また，同法第8条第3項で，母子・父子自立支援員は，都道府県，市，福祉事務所が設置されている町村に配置されており，非常勤であることが法律上明記されている。ただし，相当の知識経験を有する者については，常勤とすることができる。なお，これまでは母子自立支援員という名称で，母子家庭への支援を行うことを目的していたが，2014（平成26）年の母子及び父子並びに寡婦福祉法への改正により，父子家庭も支援の対象となった。

◆3 母子生活支援施設

利用に際しては，福祉事務所が窓口となっている。費用は，住民税等の税額によって異なる。2018（平成30）年10月1日現在，全国に222か所設置されている。[(4)]

援センターに設置している。

④　経済的支援

父又は母と生計を同じくしていない子どもが育つ家庭の生活の安定と自立の促進を支えるために, ひとり親家庭の子どもに支給される手当を**児童扶養手当**という。死別ひとり親家庭で, 遺族年金の支給を受けている場合, 児童扶養手当を受けることはできない。ただし, 遺族年金の支給額が児童扶養手当のそれより低い場合は児童扶養手当を受給することができる。支給対象は18歳に達する日以後の最初の3月31日までの間の子どもと暮らしている親や祖父母等となっている。支給額は養育者の所得や子どもの人数によって異なる。また物価スライドを適用しているため, その年によって金額が若干変わる。児童扶養手当法によると, 子どもが一人の場合, 1か月に41000円が支給される。子どもが二人の場合は10000円が加算され, 3人目以降はそれぞれ6000円が加算される。支払時期は奇数月に, それぞれの支払月の前月までの2か月分が支払われる。

他にも, 資格取得や子どもの入学時の費用に対する貸付金である母子父子寡婦福祉資金貸付金や, 一般施策である児童手当がある。また, 生活保護の利用もありうる。

⑤　その他の支援

ここでは, 高等学校卒業程度認定試験合格支援事業や配偶者暴力相談センターを取りあげる。

高等学校卒業程度認定試験合格支援事業は, 2015年4月より運用がはじまった。先にも見たように学歴が必ずしも長くないひとり親家庭の親にとって, 学歴が短いことで就労が難しくなって

いる場合がある。ひとり親家庭の親の学び直しを支援することで, より良い条件での就職や転職に向けた可能性を広げ, 正規雇用を中心とした就業につなげていくため, ひとり親家庭の親が高卒認定試験合格のための講座（通信講座を含む）を受け, これを修了した時および合格した時に受講費用の一部を支給するものである。

次に配偶者暴力相談センターについてである。当事者団体が行った調査によると, 調査対象者の57.7%が元夫からの暴力や嫌がらせを経験しており,[3] 離婚理由にもDVが上位にあげられていることからひとり親家庭への支援を考えるうえで, DVの影響は過誤できない。センターの役割はDV被害者の相談や心のケア, 安全の確保ならびに一時保護, 住まいに関する相談など広範囲にわたる。なお, センターは婦人相談所にその機能をつけることが義務づけられている（第6章第3節参照）。

ひとり親家庭支援の課題

子どもの貧困研究によって, ひとり親家庭, 特に母子家庭の子どもたちが直面している困難が可視化されるようになってきている。

ひとり親家庭の子どもたちに直接届く支援としては, 保育所の優先入所の他ヘルパーが派遣される日常生活支援事業と, 大学生等のボランティアが勉強をサポートする学習支援ボランティア事業がある。それ以外に, 本節では紹介していないが, **生活困窮者自立支援法**における学習支援を利用することができる可能性がある。

ひとり親家庭支援の特徴として，親を対象とした支援策に比べて圧倒的に子どもを対象としている支援策が少ないということと，子ども自身の相談や声に耳を傾ける支援がないということがあげられる。

　この要因については，①親を通じて子ども支えるという考え方がひとり親家庭への支援に包摂されている可能性，②子どもたちのニーズを受け止めるシステムが十分でないこと，③各基礎自治体や国において，子どもたちの暮らしの実態をつかもうとする調査研究が十分に展開されていないことなどが指摘できる。

　また，実態を把握したうえで検討された支援を子どもたちにとってより有効なものにするにはどうしたらよいか，子どもたちの意見を元に再構築することも求められる。先にあげた学習支援では，ひとり親家庭や生活保護の子どもたちだけを支援の対象にすることによって，スティグマを感じる子どもたちは少なくないという。どうしたらスティグマを感じることなく，サービスを子どもたち自身が利用することができるのかしっかりと子どもたちの意見を踏まえて検討しなければならない。そのためにも今後は，ひとり親家庭の暮らしの実態を丁寧に把握したうえで，ひとり親家庭の暮らしや子どもたちの思いに寄り添った制度設計とその有効性について子どもの参加を前提に検討することが求められる。

Check

ひとり親家庭への支援施策に関する次の記述の正誤を答えなさい。

　児童扶養手当は，父子家庭も支給対象にしている。

（答）〇：2010（平成22）年の児童扶養手当法の改正により，同年8月から父子家庭にも支給されるようになった。
（第27回社会福祉士国家試験問題140より）

注
(1)　しんぐるまざあず・ふぉーらむ（2006）『養育費をもらいましょう』独立行政法人福祉医療機構助成金報告書。
(2)　全国母子生活支援施設協議会（2017）『平成28年度　全国母子生活支援施設実態調査報告書』。
(3)　しんぐるまざあず・ふぉーらむ（2006）『母子家庭の仕事とくらし』独立行政法人福祉医療機構助成金報告書。
(4)　厚生労働省（2019）「平成30年社会福祉施設等調査」。

〈参考文献〉
草野いずみ編著（2013）『みんなで考える家族・家庭支援論——知っていますか？いろいろな家族・家庭があることを』同文書院。
しんぐるまざあず・ふぉーらむ（2006）『養育費をもらいましょう』独立行政法人福祉医療機構助成金報告書。

- この節のテーマ
  - ●障害の捉え方について学ぶ。
  - ●障害がある子どもを支える支援の概要について理解する。
  - ●子どもと家族への支援について考える。

障害とは

2001年に WHO の総会で「**国際生活機能分類**（**ICF**: International Classification of Functioning Health）」が発表された（**図6-11**）。人の「健康状態」を「心身機能・構造」「活動」「参加」の3つのシステムで捉え，それらに「環境因子」と「個人因子」がどういった影響を与えているのかを把握することを目的としたものである。

障害は個人の問題ではなく，社会が障害を作り出しているという理解の仕方を社会モデルという。一方，体が不自由であったり脳に障害があったりするという個人の問題として障害を理解することを医学モデルという。これまで医学モデル

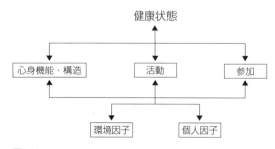

図6-11
ICF の構成要素間の相互作用
出所：厚生労働省（2002）「「国際生活機能分類──国際障害分類改訂版」（日本語版）の厚生労働省ホームページ掲載について」。

の視点から障害は捉えられてきたが，社会の側に障害があるという理解を ICF では示している。

法制度における定義

① 障害児

児童福祉法第4条第2項では「身体に障害のある児童，知的障害のある児童，精神に障害のある児童（発達障害者支援法第2条第2項に規定する発達障害児を含む。）又は治療方法が確立していない疾病その他の特殊の疾病であつて障害者の日常生活及び社会生活を総合的に支援するための法律第4条第1項の政令で定めるものによる障害の程度が同項の厚生労働大臣が定める程度である児童」を障害児と規定している。

② 身体障害

身体障害者福祉法第4条によると，別表に掲げる身体上の障害がある18歳以上の者であって，都道府県知事から身体障害者手帳の交付を受けたものをいう。別表には，①視覚障害，②聴覚又は平衡機能の障害，③音声機能，言語機能又はそしやく機能の障害，④肢体不自由，⑤内部障害が定められている。身体障害者手帳は都道府県知事，指定都市市長又は中核市市長が交付する。[(1)]

③ 知的障害

知的障害について，明確な法的定義は存在しな

い。各調査研究においてよく取り上げられる厚生労働省の「知的障害児（者）基礎調査」の定義によると，「知的機能の障害が発達期（おおむね18歳まで）にあらわれ，日常生活に支障が生じているため，何らかの特別の援助を必要とする状態にあるもの」とされている。各都道府県知事又は指定都市市長（子どもの場合は児童相談所，成人の場合は知的障害者更生相談所）が**療育手帳**[◆1]を交付する。手帳交付の判定は，IQ（知能指数）や発現時期，日常生活の状況などが総合的に勘案されている。

④　発達障害

発達障害とは，発達障害者支援法第2条によると，「自閉症，アスペルガー症候群その他の広汎性発達障害，学習障害，注意欠陥多動性障害その他これに類する脳機能の障害であってその症状が通常低年齢において発現するものとして政令で定めるものをいう」と規定されている。

発達障害の状況により，療育手帳か精神保健福祉法に規定される精神障害者保健福祉手帳が公布されることがある。

障害児とその家族を対象としたサービス

①　周産期におけるサービス

妊娠期の妊産婦健康診査では，胎児の身体計測や発達状況の観察，エコー検査を用いた診察など，母親と子どもが安全で安心して出産を迎えられるよう，母子保健ではサポートしている。この中で，胎児の知的障害等が発見されることもある。

出産後，乳児健康診査や1歳6か月健康診査，

必ず覚える用語
☐ 国際生活機能分類（ICF）
☐ 療育手帳
☐ 児童発達支援センター
☐ 保育所等訪問支援
☐ 居宅訪問型児童発達支援
☐ 放課後等デイサービス
☐ 障害者総合支援法
☐ 福祉型障害児入所施設
☐ 医療型障害児入所施設

◆1　療育手帳
法律による規定はないが，1973（昭和48）年に当時の厚生省が事務次官通知として出した「療育手帳制度について」に基づき，各都道府県知事が知的障害と判定した者に対して発行をしている。

◆2　障害者総合支援法
当法律はそれまであった「障害者自立支援法」を改正したものである。正式名称は「障害者の日常生活及び社会生活を総合的に支援するための法律」。2012（平成24）年6月に成立し，2015（平成27）年4月1日に施行された。
法の目的には「障害者及び障害児が基本的人権を享有する個人としての尊厳にふさわしい日常生活又は社会生活を営む」とあり，「地域生活支援事業」による支援を含めた総合的な支援を行うことが明記されている。大きな特徴のひとつに，「自立」の代わりに，「基本的人権を享有する個人としての尊厳」が明記されたことがあげられる。他にも，障害者の定義に制度の谷間となって支援の充実が求められていた難病等（治療方法が確立していない疾病その他の特殊の疾病であって政令で定めるものによる障害の程度が厚生労働大臣が定める程度である者）の追加，障害者自立支援法から引き継いだ自治体に対する障害者福祉計画の策定義務，ならびに国に対する基本指針の作成義務が明記されている。また，法の施行当初から実施されてきた地域生活支援事業に加えて，2014（平成26）年4月1日より，障害支援区分の創設，重度訪問介護の対象者の拡大，ケアホームのグループホームへの一元化，地域移行支援の対象拡大が本格的に実施されることとなった。

３歳児健康診査が各病院や公民館，保健所などで行われる。また，新生児訪問指導や乳児家庭全戸訪問事業，未熟児訪問指導など，母子ともに産後の相談や発達状況の把握などが実施されている。訪問サービスは子どもだけでなく，家庭環境を把握できることや，産後なかなか外に出ることができない母親自身の悩みや不安を受け止めることができ，子どもを支えていくうえで重要なアセスメントにもつながっている。

②　就学前におけるサービス

児童相談所における障害相談は，医師の診断を基礎として展開されている。生育歴，周産期の状況，家族歴，身体の状況，精神発達の状況や情緒の状態，保護者や子どもの所属する集団の状況等について調査・診断・判定し，必要な援助に結びつけている。さらに，専門的な医学的治療が必要な場合には，医療機関等にあっせんするとともに，相互の連携を行っている。

また，児童福祉法第６条２の２には障害児通所支援が規定されている。具体的には児童発達支援，医療型児童発達支援，放課後等デイサービス，居宅訪問型児童発達支援，保育所等訪問支援である。ここでは学齢期に特に利用される放課後等デイサービス以外について触れる。

児童発達支援は，集団療育及び個別療育を行う必要があると認められる主に未就学の障害児を対象に，日常生活の基本的な動作の指導，知識技能の付与，集団生活への適応訓練，その他必要な支援を行う。児童発達支援には**児童発達支援センター**と児童発達支援センター以外に分けられる。前者は通所利用障害児への療育やその家族に対する支援を行うとともに，専門機能を活かし，地域の障害児やその家族の相談支援，障害児を預かる施設への援助・助言を行う地域の中核的な支援施設として位置づけられている。後者はもっぱら，通所利用障害児への療育やその家族に対する支援を行うとされている。

居宅訪問型児童発達支援は2018（平成30）年に新設されたもので，重度の障害等により，障害児通所支援を利用するために外出することが著しく困難な障害児を対象に，障害児の居宅を訪問して発達支援を行う。対象となる障害児の例として，重度の障害の状態であって外出が困難である場合や，人工呼吸器を装着している状態その他日常生活を営むために医療を要する場合などがあげられる。就学前に限らず利用することができる。

保育所等訪問支援は，保育所や，子どもが集団生活を営む施設に通う障害児であり，集団生活への適応度から支援の必要性を判断されたり，発達障害児，その他の気になる子どもが対象となることがある。障害児が集団生活を営む施設を訪問し，当該施設における障害児以外の児童との集団生活への適応のための専門的な支援等が実施されている。具体的には，障害児本人に対する支援（集団生活適応のための訓練等）や訪問先施設のスタッフに対する支援（支援方法等の指導等）である。

③　学齢期におけるサービス

学齢期の子どもに対するサービスは，就学前と比べると少ない。その背景には，学齢期になると，子どもの暮らしの大部分が学校となり，特別支援学校や特別支援学級等へ日中通っていることが

あげられる。ただし、放課後や夏休み等長期休暇については、第2種社会福祉事業である放課後等デイサービスを利用することができる。

放課後等デイサービスとは、学校通学中の障害児に対して、放課後や夏休み等の長期休暇中において、生活能力向上のための訓練等を継続的に提供することにより、学校教育と相まって障害児の自立を促進するとともに、放課後等における支援を推進することを目的としている。なお、場合によっては20歳に達するまで利用することができる。内容として、(a) 自立した日常生活を営むために必要な訓練、(b) 創作的活動、作業活動、(c) 地域交流の機会の提供、(d) 余暇の提供などが展開されている。

④　経済的サービス

障害児に対する経済的支援として、ここでは養育医療、自立支援医療（育成医療）、特別児童扶養手当の3つを取り上げる。

養育医療とは、母子保健法第20条に基づいて1歳未満の未熟児で入院が必要な場合、医療費の一部を所得に応じて公費による負担がなされる。

自立支援医療（育成医療）とは、**障害者総合支援法**第6条で規定する自立支援給付における、自立支援医療費のうちのひとつであって、身体障害のある子どもの健全な育成を図るため、その子どもに対し行われる生活の能力を得るために必要な医療について、その治療に要する医療費を一部支給する制度である。

特別児童扶養手当とは、特別児童扶養手当等の支給に関する法律によると、20歳未満の精神または身体に障害を有する子どもについて手当を支

3

◆3　福祉型障害児入所施設

福祉型とは、障害のある児童を入所させて、保護、日常生活の指導及び自活に必要な知識や技能の付与を行うことを目的としている。厚生労働省社会・援護局障害保健福祉部障害福祉課障害児・発達障害者支援室調べによれば2019（平成31）年3月時点で、260施設設置されている。[8]

4

◆4　医療型障害児入所施設

医療型とは、障害児入所施設又は指定医療機関に入所等をする障害児に対して、保護、日常生活指導及び知識技能の付与並びに治療を行うことを目的としている。厚生労働省社会・援護局障害保健福祉部障害福祉課障害児・発達障害者支援室調べによれば2019（平成31）年3月時点で、268施設設置されている。[9]

注

(1)　なお、身体障害者福祉法別表及び身体障害者福祉法施行規則別表第5号により、障害の種別及び障害の程度（1級から7級）が定められている。視覚障害、聴覚障害、平衡機能障害、音声機能・言語機能・そしゃく機能障害、肢体不自由（上肢・下肢・体幹・乳幼児以前の非進行性の脳病変による運動機能障害）、心臓・腎臓・呼吸器・ぼうこうまたは直腸・小腸・ヒト免疫不全ウイルスによる免疫、肝臓の機能障害である。このうち、手帳は、等級が1級〜6級と判定されることによって交付される。

(2)　障害がある子どもに対する経済的支援は、取り上げた3つ以外にも、障害児福祉手当

給し，子どもの福祉の増進を図ることを目的としている。支給要件として，父もしくは母またはその養育者（障害がある子どもと同居して，これを監護し，かつ，その生計を維持する者）に対し支給される。

　⑤　施設入所サービス

　2012（平成24）年の児童福祉法改正により，それまで障害種別ごとであった施設が，**障害児入所施設**[◆3]として再編され，**福祉型障害児入所施設**[◆3]（以下，福祉型）と**医療型障害児入所施設**[◆4]（以下，医療型）となった。

　2014（平成26）年7月にまとめられた「今後の障害児支援の在り方について」では，障害児入所施設が担う機能として，発達支援機能，自立支援機能，社会的養護機能，地域支援機能が提起されている。2017（平成29）年8月にまとめられた「新しい社会的養育ビジョン」においては，障害児入所施設も社会的養護の役割を担っていることが改めて指摘されている。これらを受けて2020（令和2）年2月に「障害児入所施設の機能強化をめざして——障害児入所施設の在り方に関する検討会報告書」（以下，報告書）がまとめられ，今後の障害児入所施設のあり方についての方向性が示された。

　報告書では，福祉型，医療型ともに発達支援機能，自立支援機能，社会的養護機能，地域支援機能の方向性について示されている。例えば福祉型であれば，児童福祉法第3条の2に規定する「良好な家庭的環境」において養育されるようユニット化等によりケア単位の小規模化を推進や，教育と福祉の切れ目のない連携，加齢児問題について

は満18歳をもって退所する取扱いを基本とすべきなどがあげられている。また，施設入所している子どもたちの中には，家庭において虐待を受けてきた割合が3割程度おり，社会的養護の充実に際し，児童相談所に限らず，児童養護施設等との連携強化も取り上げられている。

　福祉型，医療型に共通する課題として，措置入所と契約入所に関することが取り上げられている。また社会的養護の分野では第3者評価や自己評価が義務付けられ，放課後等デイサービスではガイドラインが策定されており，障害児入所施設においても質の確保・向上のための仕組みを導入することが提起されている。さらに，利用する子ども自身が自らのニーズを十分に表明することが困難な場合があることから，「障害福祉サービス等の提供に係る意思決定支援ガイドライン」や，社会的養護において導入の検討が進められているアドボケイト制度を参考することも示されている。

■ 必要とされる家庭支援の視点

　いくつかの先行研究から，親たちもまた子どものことや家族のこれからの暮らしについて不安や悩みなどがあることが明らかにされている。例えば，子どもを出産した当初，障害があるのは自分のせいだと口にするような親たちに着目したものや[(5)]，特に母親たちが，子どもの障害をどのように受容してきたのか[(6)]，障害がある子どものきょうだいへの支援の必要性を指摘する研究など[(7)]である。

例えば就学前の子どもがいる親の場合，児童発達支援センターを利用して親自身が相談をすることとなる。しかし，働いている親の場合必ずしも支援センターが開いている時間に利用することができるわけではない。親同士・家族同士の相談や情報交換ができるピアカウンセリングや，レスパイト，訪問相談支援などが，多様な家族の暮らし方を十分に尊重しつつ支援を展開していくことが求められる。

がある。これは，精神または身体に重度の障害を有する20歳未満子どもについて支給されるものであり，支給額は1万4880円となっている（2020年4月現在）。特別児童扶養手当同様，所得制限がある。また，障害を支給事由とする給付受けることができるとき，あるいは障害児入所施設や児童養護施設等を利用している場合は支給の対象とならない（障害児福祉手当及び特別障害者手当の支給に関する省令第1条）。

(3) 育成医療は，もともと児童福祉法に規定されていたが，2006（平成18）年に施行された障害者自立支援法において自立支援医療に移行し，現在の制度となっている。

(4) なお，ここでいう身体障害とは，現在身体障害があるか，または現にある疾患に対する治療を行わないと，将来一定の障害を残すと認められる子どもで，手術などの治療によりその症状が軽くなり，日常生活が容易にできるようになると認められるものをいう。自立支援医療（育成医療）は，対象となる身体障害等が，障害者の日常生活及び社会生活を総合的に支援するための法律施行規則第6条の17に定められている。

(5) 例えば，藤原里佐（2006）『重度障害児家族の生活』明石書店，一瀬早百合（2012）『障害のある乳幼児と母親たち――その変容プロセス』生活書院。

(6) 中田洋二郎（2002）『子どもの障害をどう受容するか――家族支援と援助者の役割』大月書店。

(7) 吉川かおり（2008）『発達障害のある子どものきょうだいたち――大人へのステップと支援』生活書院。

(8)・(9) 厚生労働省（2019）「障害児入所施設の現状」。

〈参考文献〉
藤原里佐（2006）「重度障害児家族の生活」明石書店。
一瀬早百合（2012）「障害のある乳幼児と母親たち　その変容プロセス」生活書院。
中田洋二郎（2002）「子どもの障害をどう受容するか――家族支援と援助者の役割」大月書店。
吉川かおり（2008）「発達障害のある子どものきょうだいたち――大人へのステップと支援」生活書院。

さらに学びたい人への基本図書

松本伊智朗・湯澤直美編『シリーズ子どもの貧困①生まれ，育つ基盤──子どもの貧困と家族・社会』明石書店，2019年
子どもの貧困についてまとめられたシリーズの最初として，子どもの貧困・貧困問題について基本的な視点が整理されている書籍です。特に子ども家庭福祉領域において貧困問題を理解していく一助となる一冊である。

森田ゆり『ドメスティック・バイオレンス』小学館，2007年
ＤＶの理解と被害者の支援，子どもの影響や加害者について，著者のアメリカや日本での経験から実例を示しながらわかりやすく解説している。

バンクロフト，L.・シルバーマン，J. G.／幾島幸子訳『DV にさらされる子どもたち』金剛出版，2017年
この本では DV と子ども虐待を包括的に捉え，DV によって子どもが受ける短期的・長期的影響を詳細に述べ，子どもの回復にとって必要なことがていねいに説明されている。

小林美希『ルポ　母子家庭』ちくま新書，2015年
ひとり親家庭のことを学ぶ上で，生活者の視点，統計，支援策，時間軸を踏まえた社会における捉えられ方の4つの視点で学ぶことができる。本書は生活者としての母子家庭の姿を捉えることができる。

太田篤志『イラスト版発達障害児の楽しくできる感覚統合』合同出版，2012年
療育に関する図書であるが，ソーシャルワークを学ぶ上で重要な示唆が得られる。例えば，遊びに子どもたちを合わせるのではなく，子どもたちに合った遊びをつなげていくという視点である。障害がある子どもたちの理解が進む一冊。

Try! 第6章

問：子どもの虐待や貧困の背景にある問題について整理しよう。

ヒント：第6章のトピックを，それぞれ独立したものでなく，関連し合っているものとして捉えて整理しよう。

第7章

子ども家庭福祉の実際2

本章で学ぶこと

●子育て家庭の現状と子育て支援施策を学ぶ。（第1節）

●幼保一体化への動向を学ぶ。（第2節）

●教育と福祉の連携の重要性を理解する。（第3節）

●子どもの健全育成の意味と意義を理解する。（第4節）

●非行の実態とその対応を学ぶ。（第5節）

●いじめと不登校の現状とその支援策を学ぶ。（第6節）

この節のテーマ

●子どもと子育て家庭の現状を知る。
●子ども・子育て支援とは何かを学ぶ。
●子ども・子育て支援の課題を学ぶ。

子どもと子育て家庭を取り巻く環境

子どもと子育て家庭を取り巻く環境は，少子化，核家族化，地域社会とのつながりの希薄化，経済状況の変化，人々の価値観や生活様式の多様化などにより大きな影響を受けている。

例えば，少子化で子どもの数が減ることで，親の過保護・過干渉，子ども同士が触れ合う機会の減少などがおき，子どもの社会性が育ちにくくなっているとの指摘がある。核家族化も相まって，青少年期に乳幼児と接する機会のないまま親になることによる子育て不安も懸念されている。

また，価値観や経済状況の変化による共働き家庭の増加とそれに伴う待機児童問題は今最も注目されている課題のひとつであろう。近年では，**ワーク・ライフ・バランス**[◆1]や男性の育児参加が大きく取り上げられるようになってきており，従前の子育ては母親がするものという価値観は変化している。

核家族化や地域社会とのつながりの希薄化は，子育て家庭の孤立化，子育て不安・負担感の増加などをもたらしている。子どもを育てることの喜びや楽しみよりも，子育てのつらさや大変さがクローズアップされているのが現状といえよう。多様な選択が可能な社会のもと，安心して子ども生み育てることができ，子どもが健やかに成長していくことのできる社会となることが求められている。

子ども・子育て支援新制度

上記のような状況に対応するため，1994（平成6）年に「今後の子育て支援のための施策の方向について」（エンゼルプラン）において地域子育て支援センターの整備等が行われて以降，子育て支援はその充実が図られていくことになった。2003（平成15）年には児童福祉法改正により子育て支援事業が法定化され，2008（平成20）年には質の担保及び普及が図られた。そして2012（平成24）年8月に成立した**子ども・子育て関連3法**[◆2]により子ども・子育て支援新制度が誕生し，2015（平成27）年4月より施行されている。

子ども・子育て支援新制度（以下，新制度）は，すべての子どもが健やかに成長することができる社会の実現をめざして，「量」と「質」の両面から子育てを社会全体で支えることを目的にした制度である[(1)]。新制度では，子育て当事者を含む多くの関係者が，子育て支援の政策プロセスなどに参画・関与することができるしくみとして，国に子ども・子育て会議を設置している[(2)]。

新制度には，市町村が主体の就学前児童の教

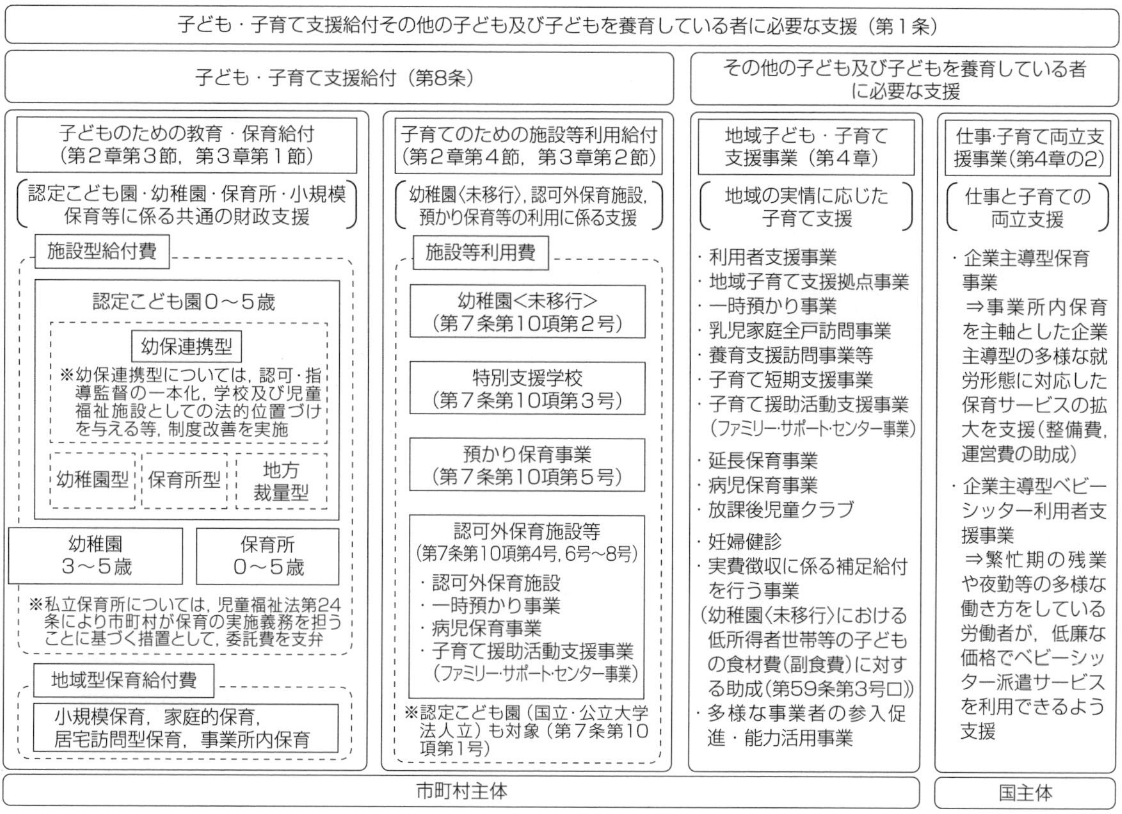

子ども・子育て支援給付その他の子ども及び子どもを養育している者に必要な支援（第1条）			
子ども・子育て支援給付（第8条）		その他の子ども及び子どもを養育している者に必要な支援	
子どものための教育・保育給付 （第2章第3節，第3章第1節）	子育てのための施設等利用給付 （第2章第4節，第3章第2節）	地域子ども・子育て支援事業（第4章）	仕事・子育て両立支援事業（第4章の2）

図7-1

子ども・子育て支援新制度の概要

出所：内閣府（2019）「子ども・子育て支援法の一部を改正する法律について（概要）」資料「幼児教育・保育の無償化に関する都道府県等説明会」4頁。

育・保育事業と地域子ども・子育て支援事業がある。前者には，①保育所，②幼稚園，③認定こども園，④小規模保育，⑤家庭的保育，⑥居宅訪問型保育，⑦事業所内保育がある（④-⑦を地域型保育という。第7章第2節を参照）。国が主体で行う仕事と子育ての両立支援もある。また，2019（令和元）年10月より幼児教育・保育の無償化が行われている（**図7-1**）。

1

◆1　ワーク・ライフ・バランス
国民一人ひとりがやりがいや充実感を感じながら働き，仕事上の責任を果たすとともに，家庭や地域生活などにおいても，子育て期，中高年期といった人生の各段階に応じて多様な生き方が選択・実現できる社会のことであり，具体的には就労による経済的自立が可能な社会，②健康で豊かな生活のための時間が確保できる社会，③多様な働き方・生き方が選択できる社会とされる。

2

◆2　子ども・子育て関連3法
65頁を参照。

表7-1
地域子ども・子育て支援事業の概要について

事業名	事業内容	新制度移行による変更点など
①利用者支援事業	子ども及びその保護者等の身近な場所で，教育・保育・保健その他の子育て支援の情報提供及び必要に応じ相談・助言等を行うとともに，関係機関との連絡調整等を実施する事業	新規事業 基本型・特定型・母子保健型
②地域子育て支援拠点事業	乳幼児及びその保護者が相互の交流を行う場を提供し，子育てについての相談，情報の提供，助言その他の援助を行う事業	利用者支援を行う地域連携型が創設され，役割が拡大
③妊婦健康診査	妊婦の健康の保持及び増進を図るため，妊婦に対する健康診査として，①健康状態の把握，②検査計測，③保健指導を実施するとともに，妊娠期間中の適時に必要に応じた医学的検査を実施する事業	妊婦健康診査に係る費用の助成拡大
④乳児家庭全戸訪問事業	生後4か月までの乳児のいる全ての家庭を訪問し，子育て支援に関する情報提供や養育環境等の把握を行う事業	
⑤養育支援訪問事業	・養育支援が特に必要な家庭に対して，その居宅を訪問し，養育に関する指導・助言等を行うことにより，当該家庭の適切な養育の実施を確保する事業 ・子どもを守る地域ネットワーク機能強化事業（その他要保護児童等の支援に資する事業） 要保護児童対策地域協議会（子どもを守る地域ネットワーク）の機能強化を図るため，調整機関職員やネットワーク構成員（関係機関）の専門性強化と，ネットワーク機関間の連携強化を図る取組を実施する事業	
⑥子育て短期支援事業	保護者の疾病等の理由により家庭において養育を受けることが一時的に困難となった児童について，児童養護施設等に入所させ，必要な保護を行う事業（短期入所生活援助事業（ショートステイ事業）及び夜間養護等事業（トワイライトステイ事業））	
⑦子育て援助活動支援事業（ファミリー・サポート・センター事業）	乳幼児や小学生等の児童を有する子育て中の保護者を会員として，児童の預かり等の援助を受けることを希望する者と当該援助を行うことを希望する者との相互援助活動に関する連絡，調整を行う事業	
⑧一時預かり事業	家庭において保育を受けることが一時的に困難となった乳幼児について，主として昼間において，認定こども園，幼稚園，保育所，地域子育て支援拠点その他の場所において，一時的に預かり，必要な保護を行う事業	①一般型，②幼稚園型Ⅰ（在籍児），③幼稚園型Ⅱ（3号認定を受けた2歳児），④余裕活用型，⑤居宅訪問型，⑥地域密着Ⅱ型（地域子育て支援拠点等）がある。②および④は新制度にて新設。⑥は2歳児を中心とした待機児童対策として2018（平成30）年度より開始。
⑨延長保育事業	保育認定を受けた子どもについて，通常の利用日及び利用時間以外の日及び時間において，認定こども園，保育所等において保育を実施する事業	保育士の加配や訪問型の創設など新設
⑩病児保育事業	病児について，病院・保育所等に付設された専用スペース等において，看護師等が一時的に保育等する事業	施設の安定的な運営確保に関する方策が検討され，新制度により充実
⑪放課後児童クラブ（放課後児童健全育成事業）	保護者が労働等により昼間家庭にいない小学校に就学している児童に対し，授業の終了後に小学校の余裕教室，児童館等を利用して適切な遊び及び生活の場を与えて，その健全な育成を図る事業	小学3年生までから小学6年生までに対象拡大。質の向上の明記
⑫実費徴収に係る補足給付を行う事業	保護者の世帯所得の状況等を勘案して，特定教育・保育施設等に対して保護者が支払うべき日用品，文房具その他の教育・保育に必要な物品の購入に要する費用又は行事への参加に要する費用等を助成する事業	新規事業
⑬多様な事業者の参入促進・能力活用事業	特定教育・保育施設等への民間事業者の参入の促進に関する調査研究その他多様な事業者の能力を活用した特定教育・保育施設等の設置又は運営を促進するための事業	新規事業

出所：内閣府（2019）「子ども・子育て支援新制度について」105-144頁。

地域子ども・子育て支援事業

　地域子ども・子育て支援事業として①利用者支援事業，②地域子育て支援拠点事業，③妊婦健康診査，④乳児全戸訪問事業，⑤養育支援訪問事業，⑥子育て短期支援事業，⑦ファミリー・サポート・センター事業（子育て援助活動支援事業），⑧一時預かり事業，⑨延長保育事業，⑩病児保育事業，⑪放課後児童クラブ（放課後児童健全育成事業），⑫実費徴収に係る補助給付を行う事業，⑬多様な事業者の参入促進・能力活用事業の13事業が定められている（**表7-1**）。これら事業について，市町村は**子ども・子育て支援事業計画**^{◆3}で各事業の量の見込みと確保方策を定めることとなっている。

　上記13事業のうち，ここではその役割の重要性が指摘されている①利用者支援事業について詳細を述べる。

利用者支援事業

　利用者支援事業は新制度で新設され，子ども及びその保護者等の身近な場所で，教育・保育・保健その他の子育て支援の情報提供及び必要に応じ相談・助言等を行うとともに，関係機関との連絡調整等を実施する事業であり，市区町村を実施主体としている。3つの類型があり，「基本型」は利用者支援と地域連携の両方をおこなうもので，地域子育て支援拠点等で当事者の目線に立った寄り添い型の支援とともに，地域の関係機関と

3

◆3　子ども・子育て支援事業計画
5年間の計画期間における幼児期の学校教育・保育・地域の子育て支援についての需給計画で，全市町村で作成される。2020（令和2）年4月より第2期計画がスタートしている。

4

◆4　アウトリーチ
要支援者から自発的な養成がない場合，あるいはニーズが自覚されていない場合に，援助機関から積極的介入を行い，その問題解決に向けた動機付けおよび具体的な専門援助を持続するアプローチ。

5

◆5　子育て世代包括支援センター
母子保健法上の名称は「母子健康包括支援センター」。保健師等を配置して，妊娠期から子育て期にわたる切れ目のない支援のために，「母子保健サービス」と「子育て支援サービス」を一体的に提供できるよう，きめ細かな相談支援等を行うもの。母子保健法を改正し子育て世代包括支援センターを法定化した（2017（平成29）年4月1日施行）。概ね2020年度末までに全国展開をめざす。

6

◆6　子育て支援員
国で定めた「基本研修」及び「専門研修」を修了し，「子育て支援員研修修了証書」の交付を受けたことにより，子育て支援員として保育や子育て支援分野の各事業等に従事する上で必要な知識や技術等を修得したと認められる者のこと。子育て経験のある者等が研修を受けることが想定されている。研修には「放課後児童コース」「社会的養護コース」「地域保育コース」「地域子育て支援コース」の4つがある。

連絡調整，連携・協働体制を作り，より効果的な支援ができるようにすることが求められている。「特定型」は，いわゆる「保育コンシェルジュ」の役割を果たすものであり，主として市町村の窓口で，保育サービスを中心とした利用支援を行う。「母子保健型」は，主として市町村保健センター等で保健師等の専門職が妊娠から子育てに至るまでさまざまな相談に継続的に応じ，関係機関と協力して支援プランの策定などを行う。2019（令和元）年度の事業類型別の設置数・割合は，基本型（805か所，31.9%），特定型（389か所，15.4%），母子保健型（1330か所，52.7%）となっている。いずれの類型も，相談支援においては来所相談のみならず**アウトリーチ**◆4が重要である。また本事業は，**子育て世代包括支援センター**◆5としての役割が期待されている。妊娠期から子育て期に至るまで切れ目ない支援が行える体制づくりが行われているのである。

地域子育て支援の担い手

　子ども・子育て支援法第2条には，「子ども・子育て支援は，父母その他の保護者が子育てについての第一義的責任を有するという基本認識の下に，家庭，学校，地域，職域その他の社会のあらゆる分野におけるすべての構成員が，各々の役割を果たすとともに，相互に協力して行われなければならない」とある。つまり，専門職のみならず，地域のすべての人が必要に応じて協力し合い，連携しあうことが求められているのである。
　地域子育て支援を担う福祉専門職には，保育士，

精神保健福祉士，社会福祉士等に期待される役割が大きい。**子育て支援員**◆6も新たに設けられた。保育士は保育所や認定こども園，地域型保育を担うだけではなく，地域子育て支援拠点事業や利用者支援事業においても重要な役割を果たす。また，子育て世代包括支援センターにおいては，保健師や助産師等の医療職の他，精神保健福祉士や社会福祉士等のソーシャルワーカーを置くことが望ましいと記載されている。
　当然ながら，市町村保健センター，保健所，学校，医療機関（産科医，小児科医），助産所，児童相談所，児童発達支援センター，市町村のさまざまな相談窓口等その他関係機関の専門職や専門機関も必要に応じて子育て家庭の支援の担い手となる。
　また地域では，民生・児童委員，子育てサークルや各子育て支援団体のボランティア，**NPO法人**◆7なども，子育て支援の担い手として重要な役割を果たしている。ようやく積極的に子育て支援に力を入れる企業も出て来ている。子育て当事者はもちろんであるが，専門職，多くの非専門職を含む人々，団体・組織が，それぞれの特色を活かしながら切れ目ない支援ができるよう必要に応じて連携していく必要があるのである。

子ども・子育て支援の課題

　0～2歳までの子育て家庭のうち，保育所等に所属している子どもは2割程度であり，多くは在宅で過ごしている。在宅子育て家庭への支援は欠かせない。地域子ども・子育て支援事業を必要な

家庭に届けることが求められている。

　まず，多種多様なニーズをもつ子育て家庭を支える担い手の育成が求められる。子育て家庭が事業やサービスを利用する背景には，さまざまな事情がある。ひとり親家庭，経済的困窮家庭，親が若年の家庭，子どもまたは保護者に病気や障害がある家庭，保護者の子育て不安・負担の強い家庭，外国にルーツをもつ家庭などである。これら多種多様な家庭に必要な情報を提供し，その家庭が利用したい（すべき）事業やサービスを自己決定できるよう支援し，必要に応じて支援計画を立て問題解決を行っていくこと，関係機関や専門職，地域のさまざまな社会資源と連携していくことはそう容易ではない。各関係機関が特色を活かしながら，専門性を発揮できるよう担い手を育成していく必要性がある。

　また，すでに述べたように子育て支援は，子育てサークルや団体など子育て当事者や子育て経験者によって支えられている側面も大きい。専門職性と当事者性の両方をいかに活かしていくかも課題である。

　そして連携を行うためには，地域の中でお互いがどのような役割を果たすことができるのかを認識しあい，少なくとも顔見知りになっていることが求められる。専門職によって連携の意味するところや連携が必要と感じるタイミング等が異なる場合もある。日頃から連絡を取り合える関係になる努力も求められる。いつでも連携できる体制づくりが必要である。

7

◆7　NPO法人
NPOは，Nonprofit Organization あるいは Not-for profit Organization の略で，「特定の公益的・非営利活動を行うこと」を目的とする法人である。保健・医療・福祉，社会教育，まちづくり，観光等20の分野に該当する活動がある。[9]

Check

次の記述の正誤を答えなさい。

　子ども・子育て支援法では，子ども・子育て会議を厚生労働省に設置することとなっている。

（答）×：内閣府である。子ども・子育て支援法第72条に規定されている。25名以内で組織され，子どもの保護者，都道府県知事，市町村長，事業主を代表する者，労働者を代表する者，子ども・子育て支援に関する事業に従事する者及び子ども・子育て支援に関し学識経験のある者のうちから，内閣総理大臣が任命することとなっている。
（第28回社会福祉士国家試験問題136より）

注
(1)　内閣府「よくわかる『子ども・子育て支援制度』」（http://www8.cao.go.jp/shoushi/shinseido/sukusuku.html）。
(2)　内閣府（2017）「子ども・子育て支援新制度について（平成29年6月）」資料，5頁。
(3)　前掲(1)，94頁。
(4)　前掲(1)，96-98頁。
(5)　厚生労働省「令和元年度実施状況」資料，1頁。
(6)　厚生労働省（2017）「子育て世代包括支援センター業務ガイドライン」資料，13頁。
(7)　日本社会福祉士会事典編集委員会編（2014）『社会福祉学事典』丸善出版，198頁。
(8)　前掲(1)，129-130頁。
(9)　内閣府NPOホームページ（https://www.npo-homepage.go.jp/）。

第2節 乳幼児期の保育と教育

この節のテーマ

- ●乳幼児期の保育と教育の歴史について学ぶ。
- ●乳幼児期の保育と教育の一体化について知る。
- ●認定こども園について学ぶ。
- ●幼保一体化の今後の課題について学ぶ。

乳幼児期の保育と教育

わが国の就学前の子どもの保育と教育は長らく保育所と幼稚園に分かれて行われてきた。保育所と幼稚園は機能として共通する部分はあるものの，根拠法など異なる部分も多い。

保育所は1947（昭和22）年に制定された「児童福祉法」の中の児童福祉施設のひとつとして，保育を必要とする子どもに保育を提供する施設で，対象年齢は0歳児から就学前の子どもである。両親が働いているなどの理由で主に日中保育を必要とする子どもを保護者に代わって保育する施設であるため，保育所は一般的に1日11時間以上開所し，保護者から子どもを預かって保育している。学校とは違って春，夏，冬休みはなく，年300日以上開所している。

一方，**幼稚園**は1947（昭和22）年に制定された「学校教育法」の中の学校のひとつとして位置づけられている施設であり，対象年齢は園により多少異なるが満3歳児から就学前の子どもである。1日4時間程度の教育をしており，小学校などと同じように春，夏，冬休みがあり，年39週以上開園している。最近では，保護者のニーズに応じて預かり保育を実施する園も増えている。

このように戦後のわが国では同じ子どもであっても，保護者（とくに母親）が働いているか否かによって一方は児童福祉施設である保育所に通い，他方は学校である幼稚園に通うのが通例となっていた。

幼保一元化の流れ

第2次世界大戦後，就学前の子どもたちは家庭の状況に応じて保育所か幼稚園のどちらかの施設を利用することが一般的になった。

保育所は福祉の施設として出発したため，当初は子どもをどう育てていくかという明確なカリキュラムはなかった。しかし，実際には幼稚園は教育，保育所は福祉という明確な役割分担がされているわけではなく，保育所も教育的な機能をもち合わせている。(1) そのため，福祉施設である保育所を利用したとしても，保育所で幼児教育を受けることができるといえる。

しかしながら，保育が必要な状況でなくなった場合，子どもが慣れ親しんだ保育所から幼稚園に移らなければいけないなどの問題がある。また，子どもは減少傾向にあっても母親の就労などを理由に保育を必要とする子どもは増えているので，都市部では保育所の定員が足りないという待

機児童問題がある。一方で，人口の減少している地域では保育所や幼稚園が定員割れによって運営が成り立たなくなり閉鎖する状況にあり，地域で保育機能を確保する必要が生じている。このような多様な現状に応えるために，保育の必要性の有無に関わらず施設を利用できるようにしていくことが求められる。そこで2006（平成18）年10月1日に「就学前の子どもに関する教育，保育等の総合的な提供の推進に関する法律（以下，認定こども園法）」に基づく就学前の教育・保育を総合的に行う認定こども園制度がスタートした。認定こども園は保育の必要性の有無にかかわらず，子どもを通わせることのできる保育所と幼稚園の両方の機能をもった施設である。

幼保一元化から幼保一体化へ

2012（平成24）年8月に「子ども・子育て支援法」，「認定こども園法の一部を改正する法律」，「子ども・子育て支援法及び認定こども園法の一部を改正する法律の施行に伴う関係法律の整備等に関する法律」（以下，**子ども・子育て関連3法**）が成立し，幼保一体化がめざされることになった。法案の段階では，保育所，幼稚園及び認定こども園制度を段階的に廃止し，就学前の保育と教育はすべて「総合こども園」とする幼保一元化がめざされていた。幼保一元化は決して新しい議論ではなく，保育所保育や幼稚園教育に携わる専門家の中ではずっと課題とされてきた。それでも保育所と幼稚園がひとつにならなかったのは，現場の保育所関係者からも幼稚園関係者からも反

<table>
<tr><td colspan="2">必ず覚える用語</td></tr>
<tr><td>☐</td><td>保育所</td></tr>
<tr><td>☐</td><td>幼稚園</td></tr>
<tr><td>☐</td><td>子ども・子育て関連3法</td></tr>
<tr><td>☐</td><td>幼保一元化</td></tr>
<tr><td>☐</td><td>幼保一体化</td></tr>
<tr><td>☐</td><td>幼保連携型認定こども園</td></tr>
<tr><td>☐</td><td>地域型保育</td></tr>
<tr><td>☐</td><td>法定代理受領</td></tr>
<tr><td>☐</td><td>保育教諭</td></tr>
</table>

対の声が大きかったためであるといえる。保育所と幼稚園はそれぞれ別の文化をもって歴史を築き上げている部分があり，一元化することはそれぞれの文化のよいところを失わせてしまうことになりかねないと危惧されていたのである。このような現状もあり，結果的に総合こども園案は廃止となり，代わりに認定こども園の拡充をめざすことで子ども・子育て支援関連3法が成立した。これによって，幼稚園，保育所，認定こども園がひとつになる「**幼保一元化**」への方向性から幼稚園，保育所，認定こども園が共存する「**幼保一体化**」へと方向性をシフトチェンジしていくことになった。いずれにしても，現在政府は保育所と幼稚園の両方の機能をもち合わせた認定こども園，とくに新たに設けられた**幼保連携型認定こども園**[◆1]の拡充をめざしており，**子ども・子育て支援新制度**[◆2]では，認定こども園の認可が受けやすくなるように，これまで複雑であった申請方法をわかりやすくした。2019（平成31）年4月1日現在の「認定こども園」の認定件数は，全国で7208件で，毎年増加している。

また子ども・子育て支援新制度では3歳未満の子どもを対象とした地域型保育もできた。それぞれの教育と保育の場の特徴については**表7-2**を参照してほしい。

さらに2017（平成29）年3月31日には「幼稚園教育要領」，「保育所保育指針」，「幼保連携型認定こども園教育・保育要領」が同時改訂，告示された。この改訂によりどの教育・保育施設を利用したとしてもそれぞれの子どもや家庭の実情に配

表7-2
子ども・子育て支援新制度における教育・保育の場

名　称	対　象	特　徴	利用時間	利用できる保護者
幼稚園	3〜5歳	小学校以前の教育をつくるための幼児期の教育を行う学校	昼過ぎごろまでの教育時間に加え，園により午後や土曜日，夏休みなどの長期休業中の預かり保育などを実施。	制限なし
認定こども園	0〜5歳	幼稚園と保育所の機能や長所をあわせもち，地域の子育て支援も行う施設	夕方までの保育のほか，園により延長保育を実施。	制限なし
保育所	0〜5歳	就労などのため家庭で保育できない保護者に代わって保育する施設	夕方までの保育のほか，園により延長保育を実施。	共働き世帯，親族の介護などの事情で，家庭で保育できない保護者。
地域型保育	0〜2歳	保育所（原則20人以上）より少人数の単位で，0〜2歳の子どもを保育する事業	夕方までの保育のほか，園により延長保育を実施。	共働き世帯，親族の介護などの事情で，家庭で保育できない保護者。

出所：内閣府・文部科学省・厚生労働省（2016）「子ども・子育て支援新制度なるほど BOOK（平成28年4月改訂版）」3-4頁から筆者作成。

慮しつつ，共通の教育と保育の理念をもって子ど
もを育むことが示された。

子ども・子育て支援新制度における 保育認定

　2015（平成27）年4月から子ども・子育て支援
新制度がスタートした。これに伴い幼稚園（新制
度に移行しない幼稚園をのぞく），保育所，認定
こども園の利用を希望する子どもは「保育認定」
を受けることになった。保育認定とは，子どもが
教育・保育施設を利用するために保育を必要と
する状況（保育を必要とする事由）にあるかを判
断するものである。市町村は申請のあった就学前
の子どもをもつ保護者に対して保育の必要量の
認定を行い，「支給認定証」の発行を行う。認定
区分は1号認定子ども，2号認定子ども，3号認
定子どもの3分類である。それぞれの給付の内容
と利用できる施設や事業については**表7-3**を見て

◆1　幼保連携型認定こども園
学校および児童福祉施設としての法的位置づ
けをもつ施設。既存の幼稚園から移行した場
合は「幼稚園」の名称を用いることができ，
「認定こども園○○幼稚園」といった名称にな
るなど，名称はさまざま。「子ども・子育て支
援新制度」の一環として創設された幼保連携
型認定こども園の教育課程その他の教育およ
び保育の内容を策定したものとして，2014（平
成26）年4月に「幼保連携型認定こども園教
育・保育要領」が内閣府・文部科学省・厚生
労働省によって公布された。

◆2　子ども・子育て支援新制度
子ども・子育て支援新制度とは，2012（平成
24）年8月に成立した「子ども・子育て支援
法」，「認定こども園法の一部改正」，「子ども・
子育て支援法及び認定こども園法の一部改正
法の施行に伴う関係法律の整備等に関する法
律」の子ども・子育て関連3法に基づく制度
のことで，2015（平成27）年4月にスタート
した。

表7-3
施設型給付費等の支給を受ける子どもの認定区分

認定区分	給付の内容	利用定員を設定し，給付を受けることとなる施設・事業
満3歳以上の小学校就学前の子どもであって，2号認定子ども以外のもの（1号認定子ども）（第19条第1項第1号）	教育標準時間 1)	幼稚園 認定こども園
満3歳以上の小学校就学前の子どもであって，保護者の労働又は疾病その他の内閣府令で定める事由により家庭において必要な保育を受けることが困難である者（2号認定子ども）（第19条第1項第2号）	保育短時間 保育標準時間	保育所 認定こども園
満3歳未満の小学校就学前の子どもであって，保護者の労働又は疾病その他の内閣府令で定める事由により家庭において必要な保育を受けることが困難であるもの（3号認定子ども）（第19条第1項第3号）	保育短時間 保育標準時間	保育所 認定こども園 小規模保育等

注：1）教育標準時間外の利用については，一時預かり事業（幼稚園型）等の対象となる。
出所：内閣府（2019）「子ども・子育て支援新制度について（令和元年6月）」7頁。

ほしい。1号認定子どもは，満3歳以上の子どもで教育のみを希望する家庭の子どもが受ける認定である。幼稚園か認定こども園で教育時間帯のみ施設を利用することができる。2号認定子どもは，1号認定子どもと同じく子どもの年齢は満3歳以上であるが，家庭において必要な保育を受けることが困難な子ども（「保育を必要とする事由」にあてはまる子ども）が受ける認定である。保育所もしくは認定こども園で教育時間帯および保育時間帯の保育を利用することができる。3号認定子どもは，満3歳未満で家庭において「保育を必要とする事由」にあてはまる子どもが受ける認定である。保育所，認定こども園，もしくは地域型保育を利用することができる。**地域型保育**とは，大都市部の待機児童対策，人口減少地域の保育基盤維持などにおける多様なニーズにきめ細かく対応するために子ども・子育て支援新制度で新設されたもので，①**家庭的保育**◆3（定員5人以下），②**小規模保育**◆4（定員6〜19人），③**事業所内保育**◆5，④**居宅訪問型保育**◆6の4タイプがある。

保育認定の基準

保育認定の基準は①保護者の労働または疾病，その他内閣府で定める事由によること，②保育の必要量として長時間認定と短時間認定の区分を設けること，③ひとり親家庭や虐待のおそれのある子どもなどが最優先となること，である。基準の詳細は地域の実情に応じて各市町村で定めることとなっている。

これまで児童福祉法に基づき，保育所を利用す

るのは「保育に欠ける」状況にある子どもであった。しかし，子ども・子育て支援新制度では「保育に欠ける」ではなく「保育を必要とする事由」と表現することになった。

「保育を必要とする事由」の具体的な内容は，①就労（フルタイムのほか，パートタイム，夜間，居宅内の労働など，基本的にすべての就労を含む），②妊娠，出産，③保護者の疾病，障害，④同居又は長期入院等している親族の介護・看護，⑤災害復旧，⑥求職活動（企業準備も含む），⑦就学（職業訓練校等における職業訓練を含む），⑧虐待やDVのおそれがあること，⑨育児休業取得中に，既に保育を利用している子どもがいて継続利用が必要であること，⑩その他，上記に類する状態として市町村が認める場合，である。⑥〜⑨が子ども・子育て支援新制度で新たに明記された事由であり，保育を必要とする子どもと家庭のニーズに幅広く応えることができるようになった。とくに就労を理由とする場合，①保育標準時間利用（フルタイム就労を想定した利用時間，最長11時間）と②保育短時間利用（パートタイム就労を想定した利用時間，最長8時間）に区分され必要量が判断されることになり，パートタイム就労で保育利用の認可が下りにくかった層が保育を利用しやすくなった。

利用手続き

利用手続きについては**図7-2**に示している。新たな制度ではまず利用者は市町村から保育の必要性（利用時間）の認定を受ける。これが先述の

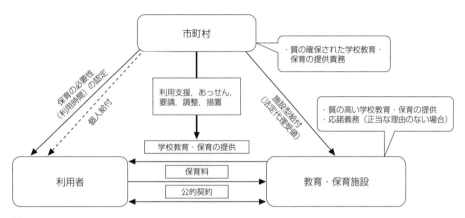

図7-2
子ども・子育て支援新制度における教育・保育施設の利用手続
注：1）児童福祉法第24条において，保育所における保育は市町村が実施することとされていることから，私立保育所
　　　における保育の費用については，施設型給付ではなく，現行制度と同様に，市町村が施設に対して，保育に要
　　　する費用を委託費として支払う。
　　　この場合の契約は，市町村と利用者の間の契約となり，利用児童の選考や保育料の徴収は市町村が行うことと
　　　なる。
　　2）上記の整理は，地域型保育給付にも共通するものである。
出所：内閣府（2019）「子ども・子育て支援新制度について（令和2年6月）」8頁。

保育認定である。

　1号認定子どもとして幼稚園，認定こども園（幼稚園部分）の利用を希望する場合は，幼稚園，認定こども園に直接申し込みをし，入園内定の通知を受け取る。幼稚園，認定こども園を通じて市町村に認定申請を行い，これらの施設を通じて認定証が交付される。その後，幼稚園，認定こども園と利用契約を締結する。

　2号認定子どもまたは3号認定子どもとして保育所，認定こども園の保育部分の利用を希望する場合は，市町村に保育の必要性の認定（利用時間の認定）を申請する。同時に，市町村に保育所，認定こども園の利用希望の申し込みをする。入園にあたっては申請者の希望・施設の状況等に基づき，市町村が利用調整やあっせんを行う。市町村から認定証が交付され，さらに利用先の決定後，

3 ◆3　家庭的保育
家庭的な雰囲気のもとで，少人数（定員5人以下）を対象にきめ細かな保育を行うもの。

4 ◆4　小規模保育
少人数（定員6〜19人）を対象に，家庭的保育に近い雰囲気のもと，きめ細かな保育を行うもの。

5 ◆5　事業所内保育
会社の事業所の保育施設などで，従業員の子どもと地域の子どもを一緒に保育するもの。

6 ◆6　居宅訪問型保育
障害・疾患などで個別のケアが必要な場合や，施設が無くなった地域で保育を維持する必要がある場合などに，保護者の自宅において1対1で保育を行うもの。

利用契約をする。保育所は市町村と契約，認定こども園は直接契約をする。保護者の保育料の支払いは幼稚園利用者および認定こども園利用者は直接施設に支払い，保育所利用者は市町村に利用料を支払う。なお，利用料の公的負担部分については個人給付として一人ひとりの子どもに給付されるが，**法定代理受領**として利用者を通さず市町村から施設に直接支払うしくみになっている。

2019（令和元）年10月から幼児教育・保育の無償化がはじまり，親の収入にかかわらず，3歳児以上の幼稚園，保育所，認定こども園などの利用料は無償となった。さらに住民税非課税世帯については0歳児から2歳児クラスの子どもの保育利用料も無償である。

認定こども園で働く保育者

認定こども園では，基本的に幼稚園教員免許と保育士資格の両方をもった人材である「**保育教諭**◆7」が保育にあたることになった。新たな「幼保連携型認定こども園」への円滑な移行を進めるため，子ども・子育て支援新制度施行後5年間は，幼稚園教諭免許状又は保育士資格のいずれかを有していれば，保育教諭となることができる（5年間延長された）。しかし，少なくとも0〜3歳児の担当者は保育士資格保持者，3〜5歳児担当者は幼稚園教員免許保持者を配置しなければならない。

また，「幼保連携型認定こども園」への円滑な移行・促進のため「幼稚園教諭免許状」と「保育士資格」の取得要件の特例制度が導入されることとなった。これは「幼稚園教諭免許状」と「保

育士資格」のどちらか一方の免許・資格を持っており，3年以上の実務経験を有する人を対象に少ない単位の履修（8単位）でもうひとつの免許・資格を取得できるというものである。

幼保一体化の課題

政府は将来的に，幼稚園や保育所の多くを認定こども園に移行させ，保育の必要な事由の有無にかかわらず教育や保育を一体的に提供していきたいと考えている。

しかしながら，保育の必要な事由に当てはまらない子どもは1日4時間程度を施設で過ごす一方でその倍以上の時間（8時間以上）を施設で過ごす子どもたちもいる。さらに0歳から施設に通う子どももいれば，3歳，4歳から通う子どももいることになる。

このように施設で過ごす時間や経験が異なる多様な子どもたちを同じクラスで保育・教育していくことは難しい点が多い。保育所であっても，保育所で過ごす時間は子どもによってさまざまであり，比較的短い時間保育所で過ごす子どももいれば，朝早くから夜遅くまで施設で過ごす子どももいる。保育所では家庭的な雰囲気で子どもたち一人ひとりがリラックスして過ごすことのできる環境作りを工夫してはいるものの，お迎えが遅くなる子どもの中には複雑な思いを抱えている場合があるのも事実である。認定こども園では保育所以上に子どもによって施設で過ごす時間が異なるため，このような子どもの心情にどのように配慮するのかは大きな課題である。

親が子育てしやすいように社会がサポートしていくことは重要であり，そのために保育が利用しやすくなっていくことは重要である。しかし，子どもの立場にたったときに，どのような課題があるのか，またその課題に対してどのような対処方法があるのかを考えていくことが必要である。

7

◆7　保育教諭

保育士資格と幼稚園教諭免許の両方をもった人を「保育教諭」という。施行後5年間は経過措置があり（5年間延長），一方の資格と3年の実務経験があればもう一方の免許，資格が取りやすい時限措置がある。今後，幼稚園教諭免許と保育士資格の一本化がめざされている。

Close up

深刻な保育士不足

現在，保育士不足が深刻になっている。厚生労働省は，2013（平成25）年度に「待機児童解消加速化プラン」を策定した。この中で，2013（平成25）年の全国の保育所勤務保育士数は37万8000人であり，2017（平成29）年度には保育士が46万3000人必要であると見込んでいる。自然増を2万人と換算し，2017（平成29）年度までに不足する6万9000人を補う必要があるとしている。

待機児童解消加速化プランでは，保育士確保策の基本となる「4本の柱」として，①人材育成，②就業継続支援，③再就職支援，④働く職場の環境改善をあげて取り組みを進めている。また，厚生労働省は保育士不足の解消を進めるためのさらなる施策として，2015（平成27）年に「保育士確保プラン」を策定した。保育士確保プランでは，待機児童解消加速化プランであげられた保育士確保策の基本となる「4本の柱」の確実な実施にプラスして，①保育士試験の年2回を推進，②保育士に対する処遇を改善，③指定保育士養成施設で実施する学生に対する保育所への就職促進支援，④保育士試験を受講するものに受験のための学習費用支援，⑤

保育士・保育所支援センターにおける離職保育士に対する再就職支援の強化，⑥福祉系国家資格を有する者に対する保育士試験科目等の一部免除の検討を掲げている。このように，さまざまな角度から保育士不足の課題を解決しようとしている。

2015（平成27）年12月に保育士等確保対策検討会が出した「保育の担い手確保に向けた緊急的な取りまとめ」によると，保育士の有効求人倍率は全国で1.93倍，東京都で5.39倍（2015（平成27）年10月時点）となっており，保育士確保プランを早急に遂行していかなければ，目標値に到達することはできないであろう。加えて，保育士の仕事は時代のニーズに応じて高い専門性，責任そして体力が求められる。保育士職に就く者の掘り起こし，専門性や責任の重さに見合う待遇改善を中心とした施策が展開されようとしているが，保育士を支える体制をも含め保育士の質の確保にも目を向け，変わりゆく保育ニーズに応えうる力量をそなえ，永く保育現場を支えていく人材を育てていくことが重要である。

Check

児童福祉法に関する次の記述の正誤を答えなさい。

児童福祉法は，保育士資格について規定している。

（答）○：第18条の4において「保育士の名称を用いて，専門的知識及び技術をもって，児童の保育及び児童の保護者に対する保育に関する指導を行うことを業とする者をいう。」と位置づけられている。
（第25回社会福祉士国家試験問題140より）

注

(1)　1963（昭和38）年，当時の厚生省・文部省の両局長の通達「幼稚園と保育所の関係について」で，保育所の教育部分については幼稚園教育要領に準じることになっている。

〈参考文献〉
小田豊（2014）『幼保一体化の変遷』北大路書房。
佐藤純子・今井豊彦（2015）『早わかり子ども・子育て支援新制度──現場はどう変わるのか』ぎょうせい。
内閣府・文部科学省・厚生労働省（2014）「子ども・子育て支援新制度なるほどBOOK（平成26年9月改訂版）」資料。
内閣府（2014）「子ども・子育て支援新制度について（平成26年4月）」資料。

第3節 学齢期の教育・福祉支援

この節のテーマ
- ●教育と福祉の連携の重要性を理解する。
- ●スクールソーシャルワーカーの専門性について理解する。

学齢期の子どもの家庭の実態

　「とある小学校に通う女の子と，そのお兄ちゃんの中学生はともに不登校である。お母さんは外国籍であり戸籍上はひとり親である。子どもたちの不登校に悩み，精神的に不安定になっており，現在就労はしていない。母子３人で家に引きこもっている状態である。母親をかつて雇っていた元スナックの店長が内縁の夫であるが，不景気で店はつぶれてしまっている。働く場を求めて，遠方に出稼ぎに行っている」。このような厳しい現実にさらされている家庭が，この現代のわが国の中で珍しくなくなってきている。

　わが国の子育て支援施策は少子化対策施策とあいまって，中心的には乳児から幼児の子育て家庭を中心に展開されてきている。子育て支援施策は，当然のことながら子育て家庭の支援ニーズに対応して支援がなされていく。保育時間についても延長保育や休日保育，病児保育など保護者の就労状況に対応がされている。しかしながら，学齢期に入ると途端に子育て家庭は学校教育の方針に沿う形で家庭教育をしていかなければならないうえ，学校教育に協力することが求められてくる。保育園にいるときよりも小学校に入学してからの方が早く帰宅することが普通の状況であるため，学童保育を利用しなければならないが保育

園以上に空きがない状態である。学齢期になると企業における子育ての配慮も求めづらく，子どもの帰宅に合わせて就労時間を変えることはきわめて困難な状況である。

　また，子育て家庭を取り巻く厳しい経済状況は，学齢期に入ってからの方がさらに厳しい実態に置かれている。2012（平成24）年の貧困調査において，**再分配**[◆1]前の子どもの貧困率は，０〜２歳で14.1％，３〜５歳で16.7％であるが，６〜８歳で16.7％，９〜11歳で19.0％と子どもの年齢が高くなるにつれて上昇し，18〜19歳では22.0％と各子どもの年齢階層別で最高値になっている（**図7-3**）。ひとり親家庭についても，2016（平成28）年度の厚生労働省の全国ひとり親世帯等調査による末子年齢の平均は，母子家庭で11.3歳，父子家庭で12.8歳といずれも学齢期となっている。母子家庭における末子年齢０〜５歳の構成比は16.1％，６〜11歳は30.5％，12〜17歳は41.5％である。父子世帯では，０〜５歳の構成比は9.8％，６〜11歳は26.1％，12〜17歳は45.9％である。ひとり親家庭の多くは学齢期の子どもを育てている（**表7-4**）。

　このような状況から，学齢期の子どもを育てる家庭についても乳幼児期と同様に，子育て支援の充実が求められており，子どもの福祉ニーズ把握のために学校教育との連携が求められている。

　もう一方で，国連の子どもの権利委員会において検討された，児童の権利に関する条約に基づく

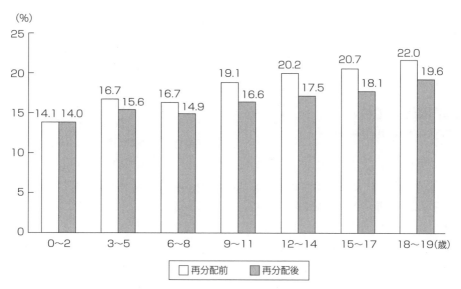

図7-3
2012年の子どもの年齢層別貧困率
出所：厚生労働省（2014）「平成25年国民生活基礎調査」。

表7-4
ひとり親家庭の末子年齢

	計	0-2歳	3-5歳	6-8歳	9-11歳	12-14歳	15-17歳	18・19歳	不詳	平均年齢
母子（人） （％）	2060 (100.0)	105 (5.1)	227 (11.0)	299 (14.5)	329 (16.0)	412 (20.0)	443 (21.5)	218 (10.6)	27 (1.3)	11.3歳
父子（人） （％）	405 (100.0)	7 (1.7)	33 (8.1)	41 (10.1)	65 (16.0)	81 (20.0)	105 (25.9)	67 (16.5)	6 (1.5)	12.8歳

出所：厚生労働省（2016）「平成28年度全国母子世帯等調査」より筆者作成。

日本政府に対する勧告の中で，繰り返し「高度の競争的教育環境が，子どもの心身の成長に悪い影響を与えている」との懸念を示している状況に学齢期の子どもは置かれている。これに対しては学校教育に，一人ひとりの子どもの権利を個別的に擁護するソーシャルワークの価値・倫理・方法

1

◆1 再分配
所得の再分配。所得の多い国民から所得の少ない国民へ国家が所得を移転すること。税金制度や社会保障制度，公共事業を活用して行う。

の導入が求められる。いじめ，不登校などの課題に直面する子どもの支援や，発達障害などの障害を抱える子どもの支援においても教育と福祉が連携を図らなければならない。

新たな専門職としての　スクールソーシャルワーカー

　学校における児童虐待への対応や，さまざまな課題を有する子どもおよび家庭の支援を進めるために2008（平成20）年度より文部科学省は「スクールソーシャルワーカー活用事業」を予算化した。この事業の要綱において「教育分野に関する知識に加えて，社会福祉等の専門的な知識や技術を有するスクールソーシャルワーカーを活用し，問題を抱えた児童生徒に対し，当該児童生徒が置かれた環境へ働き掛けたり，関係機関等とのネットワークを活用したりするなど，多様な支援方法を用いて，課題解決への対応を図っていく」と事業の目的が示されている。**スクールソーシャルワーカー**は，まさに教育分野と福祉分野をつなげながら子どもと家庭を支援する新たな専門職である。要綱に示された職務内容は以下の5点である。

①問題を抱える児童生徒が置かれた環境への
　働き掛け
②関係機関等とのネットワークの構築，連携・
　調整
③学校内におけるチーム体制の構築，支援
④保護者，教職員等に対する支援・相談・情報
　提供
⑤教職員等への研修活動　等
2008（平成20）年度は全額政府の予算で取り組

まれる100％補助事業であったが，翌2009（平成21）年度からは早くも3分の1補助事業に改められた。この結果，多くの教育委員会で事業が縮小されることになった。しかしながら，半面，ソーシャルワーク専門職（社会福祉士）が初年度から採用されていた教育委員会に関しては，その成果が確認され事業が継続となり，結果としてソーシャルワーク専門職（社会福祉士）比率が高まり，2013（平成25）年度においては，43.7％と約半数まで高まった（教員免許39.6％，心理に関する資格13.9％）。採用人数においても，2008（平成20）年度に約1000人，2009（平成21）年度の約600人であったが，2013（平成25）年度には約1000人と初年度の数を回復し，2019年度には1万人の配置目標が設定された[1]。これは，ソーシャルワーク専門職（社会福祉士）による子ども支援が，学校現場で高く評価されたためである。

　文部科学省によると2016（平成28）年度におけるスクールソーシャルワーカーの支援対象は多い順に，家庭環境の問題2万1623件，不登校2万4105件，発達障害等1万3263件，心身の健康・保健7259件，児童虐待6791件，友人，教職員等との関係の問題6495件，いじめ，暴力行為，非行等の問題行動6120件となっている[2]。家庭の福祉課題が背景となった不登校への対応が大きなポイントになっていることがうかがえる。

　連携した関係機関は多い順に，子ども家庭福祉の関係機関2万352件，保健・医療の関係機関7207件，教育支援センター等の学校外の教育機関7071件，地域の人材や団体等3433件，司法・矯正・更生保護の関係機関2577件，警察等の関係機

関2429件となっている。社会福祉の専門職として，その専門知識を活用して子ども家庭福祉の関係機関との連携を積極的に担っていることがうかがえる。

学校における子どもの貧困対策

2014（平成26）年1月に施行された議員立法である**子どもの貧困対策の推進に関する法律**を推進するために定められた「**子供の貧困対策に関する大綱について**」（平成26年8月29日閣議決定）において，子どもの貧困対策に関する指標としてスクールソーシャルワーカーに配置人数が位置づけられた。この意味は，「学校をプラットフォームとした子どもの貧困対策の推進」をスクールソーシャルワーカーが中心になって担うことを示している。これを受け，2019（令和元）年度までの目標として全中学校区に対する配置で1万人が位置づけられた。2020（令和2）年度予算においてはこれに加えて，いじめ・不登校対策や虐待対策のための重点配置が目指された。

2018（平成30）年には13.5％，子どもの7人に1人が貧困状況にあることが明らかになっている。まさに格差拡大社会の中で，子どもが犠牲になっている。子どもの時代の貧困は，学力格差，学歴格差に影響し，結局は就職格差，そして所得格差につながり貧困が再生産されてしまう現実にあり，教育の機会均等が大きく壊されかねない状況に立ち至っている。この中でスクールソーシャルワーカーが子ども一人ひとりの権利擁護を図るとともに，教育と福祉の制度の改善を働きか

Check

事例を読んで，この場面における解決志向アプローチに基づくFスクールソーシャルワーカー（社会福祉士）の対応方法に関しての正誤を答えなさい。

Gちゃん（9歳，女児）には，1年ほど前から不登校の傾向がみられる。Fスクールソーシャルワーカーは，Gちゃん宅を訪問し，Gちゃんやその母親と2週間に1回程度の定期的な面接を行っていた。しかし，登校できる日数が徐々に減ってきた。Gちゃんは学校に行きたいと思っているが，朝起きると身体が動かず，登校することができないとのことであった。そこで，Fスクールソーシャルワーカーは，Gちゃんが学校に行くことのできた日の状況や行動に焦点を当てた。

（答）○：解決志向アプローチは問題の原因追求よりも，解決のイメージを重視し，問題解決した状態に焦点を当てる短期介入方法である。
（第30回社会福祉士国家試験101より）

けていくことの重要性が高まっている。

課題と今後の方向性

① スクールソーシャルワーカー養成体制の
　不備

現在，大学等においては日本ソーシャルワーク
教育学校連盟が基準化したシラバスによってス
クールソーシャルワーカー養成が図られている
が，2019（令和元）年度でこれに取り組んでいる
のはいまだに61校であり，全国の自治体への配置
に対して不十分である。加えて，基幹科目である
「スクールソーシャルワーク論」において子ども
の権利条約の価値・理念がしっかり教育される
かどうかは教育機関任せであり，質が必ずしも担
保されていない現状がある。この点に鑑み，日本
スクールソーシャルワーク協会においては毎年
度入門講座および専門研修を開いている他，日本
社会福祉士会も2015年度から現職社会福祉士の
研修に本格的に取り組んでいる。

② スクールソーシャルワーカーの待遇の悪さ

都市部の市区においては，1年契約の嘱託職員
として月給25万円ほどと，充実しつつあるが，地
方においては非常勤で週2日などの待遇がまだ
まだ多い現状がある。これでは，しっかりと専門
性を有したソーシャルワーク専門職（社会福祉
士）からは敬遠され，いい人材が集まらない。貧
困対策大綱における目標値も1万人とはなって
いるが，週2日勤務でも常勤でもひとりとして計
算されてしまい，必ずしも中身が伴わない。これ
については，各教育委員会の取り組み，努力が強

く求められる。

③ 教員委員会，学校現場におけるスクール
　ソーシャルワーカーについての理解不足

スクールソーシャルワーカーがその専門性を
発揮し，子どもの権利を保障するためには，機動
的な家庭訪問（アウトリーチ）および，地域にお
ける積極的な多機関連携（ネットワーキング）が
重要である。しかしながら，このことが教育委員
会の指導主事や，学校現場の管理職に十分理解さ
れていない現実がある。家庭，地域に出ることを
封じられたスクールソーシャルワーカーは，まさ
に丘にあげられた河童状態となり，手も足も出な
くなってしまう。守秘義務を共有する専門職であ
り，教育委員会・学校現場を代表して他の機関と
交渉に当たり得る専門職としての認知を徹底さ
せなければならない。

④ コミュニティスクールソーシャルワーク
　の展開

地域に密着して，子どもと子育て家庭を支えて
いくスクールソーシャルワークを，コミュニティ
スクールソーシャルワークということができる。
子どもにとって地域とは，とりもなおさず学区を
意味する。歩いて移動できる範囲の地域単位であ
る小学校区をまずは子どもや子育てにやさしい
場にしていかなければならない。これには，当然
ながら**民生児童委員**[◆2]をはじめ，社会福祉協議会の
コミュニティソーシャルワーカー[◆3]や，自治会の役
員の協力が不可欠である。さらには，商店街の
人々や郵便配達員，新聞配達員，コンビニエンス
ストアの店員，そして何よりも近所のおじさん，
おばさんがあたたかい目で子どもを見守ってい

くことが大切である。スクールソーシャルワーカーと教職員が手を結び合って呼びかけていき，子どもを見守り，支える地域作りをしていかなければならないであろう。

⑤　子どもの貧困を捉えるために

わが国における相対的貧困状態におかれている子どものニーズをどのようにして捉えていくのかは大きな課題である。これまでの実践においてスクールソーシャルワーカーが捉えられているかどうかは定かになっていない。実は学校場面においては貧困ニーズが把握しづらいことが現に明らかになりつつあるのである。地域社会の中で，地域の子どもの居場所の中で，スクールソーシャルワーカーが子どもの生活を理解する力が求められている。

⑥　学校配置型の促進

現在のところスクールソーシャルワーカーは，教育委員会に配置されて学校に派遣されていく勤務形態が多くの自治体で行われている。しかしながら，子どもの生活の近くにいて，さまざまな課題を早期に捉え，支援に結び付けていくためには学校に配置されることが望ましい。これから，文部科学省や教育委員会による学校配置型の積極的な展開が望まれる。

2

◆2　民生児童委員
民生委員は，厚生労働大臣から委嘱され地域において住民の相談に応じ，必要な援助を行い福祉の課題解決に努める民間の奉仕者である。子どもと子育てに関する相談・援助に対応する児童委員を兼ねる人物を，民生児童委員と称する。

3

◆3　コミュニティソーシャルワーカー
社会福祉協議会の職員が担うことが多い小地域を基盤とした個別支援，地域支援を行うソーシャルワーカー。地域福祉コーディネーターとも称される。

注

(1)・(2)　文部科学省初等中等教育局児童生徒課「スクールソーシャルワーカー活用事業」調査。
(3)　厚生労働省「2019年国民生活基礎調査」。

〈参考文献〉
日本スクールソーシャルワーク協会編（2016）『子どもにえらばれるためのスクールソーシャルワーク』学苑社。

・
・
・
・
・

○ **この節のテーマ**
- **健全育成とは何かを学ぶ。**
- **健全育成の展開について理解する。**
- **健全育成とソーシャルワークの関係について考える。**

児童福祉の変遷からみる健全育成

　第2次世界大戦終戦直後の混乱期，親を失った戦災遺児・孤児や浮浪児がまちには多く溢れかえっていた。強盗や不法侵入，放火などの反社会的な行動をするものもいれば，人身売買に巻き込まれる子どもたちもいた。そうした子どもたちの保護を主眼として成立したのが，1947（昭和22）年に成立した「児童福祉法」であった（第3章第3節参照）。

　しかし，成立した児童福祉法の理念条項において保護の対象として捉えられていたのは，戦争の被害を受けた子どもたちを含めた，「すべての児童」となっている。「すべての児童」とは，障害や生まれた家庭等の差別なく，すべての子どもたちに対して保護を行うという意味が包含されている。とはいえ，先述したように浮浪児を保護することを迫られていた政府は，健全育成について児童福祉法に明記したものの，必ずしも積極的に推進していた訳ではなかった。

　健全育成が本格的に動き出したのは，1960年代中盤からである。高度経済成長期を迎え，子どもたちを将来の労働力として育成する「人づくり」の観点や，鍵っ子の存在，工場や団地などの建築ラッシュによる子どもたちの遊び場が不足しは

じめたことを起点として，健全育成について検討がはじまるようになった。具体的には，1968（昭和43）年に児童館の設備や運営費が国庫補助の対象となったことである。その後，1973（昭和48）年には母親クラブに対しても国庫補助制度が整備され，拡充していくこととなった。

　1997（平成9）年の児童福祉法改正により，それまで親たちや自治体で独自に実施していた学童保育や学童クラブが，**放課後児童健全育成事業**として第2種社会福祉事業に位置づけられた。2007（平成19）年には，文部科学省で進めていた**放課後子ども教室推進事業**と連携をした，**放課後子どもプラン**の中で放課後児童健全育成事業が推進されている。

　保育所だけでなく，学童保育の待機児童についても懸念が示されていたことから，緊急保育対策等5か年事業，エンゼルプラン，新エンゼルプラン，次世代育成支援対策推進計画，子ども・子育て関連3法における地域子育て支援13事業において，放課後児童健全育成事業を各自治体地でどの程度設置していくべきか，数値目標を示すこととなっていた。

　このように見ていくと，健全育成事業の展開は，子どもたちの育ちや発達を支えていくという視点以上に，人づくりや少子化対策など，その時代の子どもを取り巻く状況に左右されながら施策

が展開してきたと考えられる。

健全育成策の概要

　ここでは健全育成策にかかわる 2 つの事業を取りあげる。

　① 児童厚生施設

　児童厚生施設には，児童館と児童遊園がある。ともに，児童福祉法第40条において「児童に健全な遊びを与えて，その健康を増進し，又は情操をゆたかにすること」を目的とするとしている。

　児童館について，2019（令和元）年10月 1 日現在，全国で4453か所設置されている。児童館には全部で 4 つの種別があり，⑴小型児童館，⑵児童センター，⑶大型児童館，⑷上記以外の児童館となっている。また，児童館には，「児童福祉施設の設備及び運営に関する基準」第38条によると，「児童厚生施設には遊びを指導する者を置かなければならない」とされている。資格要件として，保育士や社会福祉士，教員免許を有する者の他，大学において必要な単位を取得していることが必要とされている。

　児童遊園についてみると，2019（令和元）年10月 1 日現在，全国に2221か所設置されている。児童福祉施設の設備および運営に関する基準によると，児童遊園等屋外の児童厚生施設には，広場，遊具および便所を設けることとなっている。

　② 　放課後児童健全育成事業[(1)]

　放課後児童健全育成事業は，地域によっては学童保育や児童クラブ，留守家庭児童会などさまざまな名称を用いられている。児童福祉法第 6 条の

1

2

必ず覚える用語

☐ **放課後児童健全育成事業**
☐ **児童館**
☐ **児童遊園**
☐ **児童館ガイドライン**
☐ **生活困窮者自立支援法**

◆1　放課後子ども教室推進事業
「放課後子ども教室推進事業実施要綱」によると，放課後や週末等に学校の余裕教室等を活用して，子どもたちの安全・安心な活動拠点（居場所）を設け，地域の方々の参画を得て，子どもたちに学習やさまざまな体験・交流活動の機会を定期的・継続的に提供するものとする。これらの取り組みを通じて，子どもたちの社会性・自主性・創造性等の豊かな人間性を涵養するとともに，地域社会全体の教育力の向上を図り，地域の活性化や子どもが安心して暮らせる環境づくりを推進する，と記されている。放課後児童健全育成事業と違い，親の就労の有無にかかわらずすべての子どもたちが利用できるものであり，放課後や土曜日に小学校の空き教室や理科室など教科用の教室を使って，子どもたちの安全で安心できる居場所を提供している。

◆2　放課後子どもプラン
2007（平成19）年 4 月 1 日に文部科学省生涯学習政策局長と厚生労働省雇用均等・児童家庭局長名で示された「放課後子どもプラン推進事業実施要綱」によると，少子化や核家族化の進行，就労形態の多様化および家庭や地域の子育て機能・教育力の低下など，子どもを取り巻く環境の変化をふまえ，放課後等に子どもが安心して活動できる場の確保を図るとともに，次世代を担う児童の健全育成を支援することが目的とされている。先述の放課後子ども教室推進事業と後述の放課後児童健全育成事業の交付金の要綱を一本化し，実施主体である市町村が，一体的，あるいは連携しながら事業を実施している。

3第2項によると，「放課後児童健全育成事業とは，小学校に就学している児童であつて，その保護者が労働等により昼間家庭にいないものに，授業の終了後に児童厚生施設等の施設を利用して適切な遊び及び生活の場を与えて，その健全な育成を図る事業」となっている。主に小学校3年生までの子どもを対象としていたが，2015（平成27）年より小学校6年生まで利用することができるようになった。

　各自治体には，放課後児童健全育成事業の設備及び運営について条例で定めることが児童福祉法第34条の8の2で定められている。具体的には国が「放課後児童健全育成事業の設備及び運営に関する基準」（平成26年厚生労働省第63号）を公布し，各自治体は，支援の目的や職員配置，子どもたちの集団の規模等を各自治体が条例において示し，当該事業を展開することとなった。利用にかかる費用は自治体等によってさまざまである。利用決定は市町村又は事業者が行っている。場所は，学校の空き教室を利用したり，敷地内に学童保育専用の建物を利用したりしている。児童館の中に学童保育が併設されていることもある。

近年の健全育成策の動向

　国は，児童館の運営や活動が地域の期待に応えるための基本的事項を示し，望ましい方向をめざすものとして，2011（平成23）年3月に**児童館ガイドライン**を発出した。その後，改正・施行された児童福祉法などの子どもの健全育成に関する法律との整合や今日的課題に対応する児童館活動の現状を踏まえた児童館ガイドラインの見直しが課題となった。そこで，2015（平成27）年5月に，社会保障審議会児童部会において「遊びのプログラム等に関する専門委員会」が設置された。そして，同委員会には「今後の地域の児童館等のあり方検討ワーキンググループ」が2017（平成29）年2月に設置され，「児童館ガイドライン」改正案が作成され，2018（平成30）年10月に改正「児童館ガイドライン」（以下，改正ガイドライン）が各自治体に通知された。

　放課後児童健全育成事業においても，待機児童が増加する中，量の拡充に加え，質の確保などのニーズへの対応等が課題となっており，今後の放課後児童クラブのあり方を含め，放課後児童対策について検討するため，社会保障審議会児童部会に「放課後児童対策に関する専門委員会」が2017（平成29）年11月設置された。2018（平成30）年7月に「総合的な放課後児童対策に向けて　社会保障審議会児童部会　放課後児童対策に関する専門委員会　中間とりまとめ」（以下，中間とりまとめ）が示されている。

　改正ガイドライン，中間とりまとめの両者に共通する事項として，2016（平成28）年に改正された児童福祉法の理念条項に子どもの権利が示されたことがあげられる。子どもたちの主体性を尊重し，子どもの最善の利益を最優先にすることが示されている。また，子どもの発達段階に応じたかかわり方についても言及がなされている。さらに，虐待予防のための地域の支援機関や地域住民とのネットワークの重要性についても触れられている。

健全育成は人づくりや少子化対策の流れの中で検討されてきたことを確認してきた。しかし，近年は児童福祉法の改正により子どもの権利が位置づき，健全育成の検討と実践にも影響しはじめてきていると考えられる。

市民社会との協働

　昨今，冒険遊び場や学習支援，子ども食堂といったいわゆる市民社会による子どもの居場所づくりに注目が集まるようになってきている。

　冒険遊び場とは，プレーパークとも呼ばれ，日本で唯一の冒険遊び場づくりの中間支援組織であるNPO法人日本冒険遊び場づくり協会によると，2020年9月現在，全国に300か所以上あるという。地域の公園や公園のように遊ぶことができる屋外のスペースを活用し，子どもが外で遊び地域の人々との交流が大切だと考える人々によって，現在まで各地域の実情に応じてさまざまな展開がなされている。

　学習支援は大きく分けると2つの運営の仕方がある。一つは地域住民が公民館や空き店舗などを活用し，地域の子どもや子育て家庭に声をかけ，宿題や勉強を一緒に行うもので，制度等を背景にもたないものである。もう一つは，例えば**生活困窮者自立支援法**のような制度を背景としたものである。

　子ども食堂に関しては，子どもの貧困に注目が大きく集まった時期にメディアの特集が組まれ，以降爆発的に増加し，現在に至っている。明確な定義はないが，食事を安価あるいは無料で主に困

次の記述の正誤を答えなさい。

　放課後児童健全育成事業について，児童福祉法では，対象は小学生および中学生であって，その保護者が労働等により昼間家庭にいないものとされている。

（答）×：2015年4月から小学校6年生までが対象となった。それ以前は小学校3年生までとなっていた。
（第19回社会福祉士国家試験問題107より）

第7章　子ども家庭福祉の実際2　195

窮下におかれている子どもに提供する場として一般的には理解されているようである。全国規模で中間支援的な取り組みをしている NPO 法人全国こども食堂支援センター・むすびえによると，2019年6月現在，3718か所あることが確認されている。[(6)]

　子どもの居場所は，子ども同士の関係性と時間と空間の共有ができる場である。もちろん児童館や放課後児童健全育成事業も子どもの居場所の一つである。しかし，例えば児童館は必ずしも全国各自治体に設置されているわけではないし，仮に子どもたちが暮らす自治体に児童館が設置されていたとしても，子どもの生活圏内に必ず設置されているとも限らない。地方では，車がないと児童館に行くことができない場合もある。放課後児童健全育成事業であれば，中学生以上は利用対象とはならない。政策上の健全育成は，理念とは違い必ずしもすべての子どもたちを支援の対象として捉えるとは限らない。

　市民社会の取り組みは必ずしも児童館のような大きな建物を必要とせず，各地域の実情に応じて，運営場所をその都度移動させることができ，児童館よりも子どもに身近な居場所になる可能性を多く秘めている。しかし，例えば虐待のようなケースに市民が出会ったとき，どのような対応が求められるであろうか。児童館のようにガイドラインを必ずしももっているわけではないし，専門職が必ずしもそこにいるわけではない。場の運営者の中には，定年後の豊かな暮らしを子どもの居場所づくりを通じて実現したいという自己実現を願っている場合もあり，個々人が望むこれからの暮らし方に対し専門的な知見をもつことを求める義務を課すようなアプローチもまた難しい。

　考えうる解決策の一つは，子どもの居場所を運営する市民とその場を居場所としている子どもたちの思いを尊重しつつ，専門的支援が展開できる機関等とつなぐソーシャルワークを展開することである。児童館にはソーシャルワークの機能が期待されているものの，ソーシャルワークの担い手は誰なのか，そしてそもそも児童館がない地域では誰が担うべきかという課題がある。そうなると，市町村によるソーシャルワークが現実的に必要となる。また市民社会による取り組みは，制度を背景としない実践が散見される。市民社会の取り組みをどのようにバックアップしていくかということも課題となる。子どもの居場所は，子どもたちが選んで訪れることができるし，ちょっとした悩みや不満を何気なく口にすることができる場所であり，意見表明権が具現化しやすいところに特徴がある。そうした子どもの声を逃さず，適切な支援を子ども自身が利用できるようになるためにも，市町村の健全育成システムに子どもの居場所をどのように位置づけるべきか，早急な議論とシステム構築が求められる。

注

(1) 厚生労働省は，放課後児童健全育成事業
（放課後児童クラブ）を利用できなかった児
童数を公表している（なお，ここでいう「利
用できなかった児童」とは，待機児童のこ
とを示しているが，放課後児童クラブの定
義が明確ではないため，上記のような表現
を示している）。2007（平成19）年の1万
4029人をピークに利用できなかった児童数
は減少し，2011（平成23）年は7408人まで
減少した。その後，増加傾向となり，2019
（令和元）年5月1日現在，放課後児童クラ
ブを利用できなかった児童数は1万8261人
となっている。

なお，放課後児童クラブは，入所申し込
みの方法が，市に申請するものから，直接
放課後児童クラブに申し込みをするものま
でさまざまで，どの程度の子どもたちがい
わゆる待機児童となっているのかを，行政
は把握できない。現に全国学童保育連絡協
議会の調査によると，2017（平成29）年の
調査結果では，待機児童を把握していない
と回答している自治体が11.1％あることを
明らかにしている。

(2) 厚生労働省雇用均等・児童家庭局長通知
「児童館ガイドラインについて（雇児発0331
第9号）」。

(3) 厚生労働省子ども家庭局長通知「児童館
ガイドラインの改正について（子発1001第
1号）」。

(4) 社会保障審議会児童部会「総合的な放課
後児童対策に向けて（平成30（2018）年7
月27日）」。

(5) 日本冒険遊び場づくり協会ホームページ
（https://bouken-asobiba.org/，2020.9.18）。

(6) NPO法人全国こども食堂支援センター
（https://musubie.org/kodomosyokudo/，
2020.9.18）。

〈参考文献〉
厚生労働省（2014）「平成26年　放課後児童健
全育成事業（放課後児童クラブ）の実施状
況（5月1日現在）」（http://www.mhlw.go.
jp/stf/houdou/0000064489.html）。
全国学童保育連絡協議会（2014）『学童保育
（放課後児童クラブ）の実施状況調査結果
がまとまる』（http://www2s.biglobe.ne.jp/
Gakudou/2015kasyosuu.pdf）。

第5節 非行

○ **この節のテーマ**
- ●**戦後以降の非行の実態を知る。**
- ●**非行少年の取り扱いとなる少年保護の手続き概要を知る。**
- ●**非行克服を支える専門機関・専門職を知る。**

少年非行の実態

　一般的に非行の実態をみる場合，非行とカウントされる少年による刑法犯，危険運転致死傷，過失運転致死傷等の検挙人員と時代ごとの非行の特徴に注目して分析がなされている。

　量的変化では，1946（昭和21）年からの少年による刑法犯，危険運転致死傷，過失運転致死傷等の検挙人員の推移をみた場合，1951（昭和26）年の16万6433人をピークとする第1の波，1964（昭和39）年の23万8830人をピークとする第2の波，1983（昭和58）年の31万7438人をピークとする第3の波があり，1998（平成10）年には20万人を超えて第4の波の形成かとも指摘された。

　しかし，2004（平成16）年以降は減少を続け，2013（平成25）年に，終戦後初めて10万人を下回り，2019（令和元）年には3万7193人まで減少した。これを少年人口比（10歳以上の少年10万人当たりでの検挙人員）でみた場合，2019（令和元）年は332.9となり，最も人口比の高かった1981（昭和56）年の1721.7の5分の1以下となっている。[1]

　次に質的変化をみた場合，第1の波は戦後あふれでた浮浪児による食べるための非行が多く「生存型非行」と呼ばれ，第2の波は高度経済成長を迎えて生活規範が激変し，性非行やカミナリ族の

交通非行が生じたことから「反抗型非行」と呼ばれる。続く第3の波は校内暴力や遊び感覚での万引きやシンナー吸引等が増加し，「学校型非行」，「遊び型非行」と呼ばれ，第4の波は「普通の子」，「いい子」が突然キレる，動機が曖昧で罪悪感がないことから，「いきなり型非行」，「脱社会型非行」と呼ばれ，近年でも「人を殺してみたかった」等の言葉から生命感覚を欠いた非行が社会の注目を集めている。

　もっとも，量的には非行は減少し，殺人に代表される重大事件をみても横ばい状況にあるが，犯行が衝撃的であるために事件1件当たりの報道頻度が増え，統計とは逆に少年事件が増加，凶悪化していると錯覚する「**体感治安の悪化**」[1]が指摘されている。

少年法・児童福祉法の対象

　20世紀初頭，子どもの犯罪の背景には家庭崩壊や貧困等があり，刑罰よりも保護・教育が必要との考え方が世界的に広がり，子ども期に配慮した法律が形成された。

　日本でも非行児童をめぐり，1900（明治33）年「感化法」，1922（大正11）年「**少年法**」が制定された。2つの法ができた背景は，内務省（現在の厚生労働省）が管轄した感化法では非行児童を保

護する際，裁判所を経ず，地方長官の保護命令により感化院（現在の児童自立支援施設）へ入院させる構造であったのに対し，司法省（現在の法務省）は非行とはいえ，施設入所を決定するには司法手続きを通すのが適当と考えたからである。

　そこで，司法省は感化法とは別に1922（大正11）年に少年法を制定して少年審判所を設け，少年法で保護された児童の教育を担う矯正院（現在の少年院）について定めた「矯正院法」を制定した。これに伴い，刑法で定める刑事責任対象年齢の14歳を区分に，14歳未満のケースは感化法を，14歳以上18歳未満のケースは少年法で対応する方針を設け，非行児童保護をめぐる二元法制が形成された。感化法は1933（昭和8）年に「少年教護法」へ改正され，感化院は少年教護院に名称変更されたが，14歳を区分とする二元法制は残存した。

　終戦後，1947（昭和22）年に少年教護法等を吸収して「児童福祉法」（厚生省管轄）が制定され，少年教護院は教護院に名称変更された。翌年には戦前の少年法，矯正院法を改編して現行の少年法及び少年院法（法務省管轄）も制定された。この際，14歳を区分に2つの法律で対応する構造を改め，児童福祉法に少年法を統一する案も出されたが実現しなかった。

　ただし，両法は健全育成（少年法第1条，児童福祉法第1～2条）を促す部分では共通しており，かつ戦後の少年法では適用年齢を18歳未満から20歳未満に引上げたことから，18歳未満を対象とする児童福祉法との重なりが複雑となり，法の対象の調整が図られた。

1

◆1　体感治安の悪化
『犯罪白書』等に示される客観的な統計データとは別に，治安に関して人々が主観的・感覚的に認識している治安の状況を指す。体感治安の悪化の背景には，社会が脅威を感じる出来事に対してマスメディア等がその意味づけを固定化してしまうモラル・パニック（moral panic）現象も影響していると考えられる。

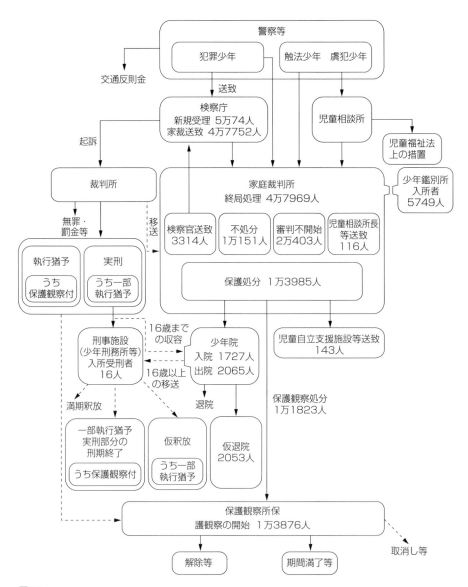

図7-4

非行少年に対する手続の流れ

注：1）検察統計年報，司法統計年報，矯正統計年報及び保護統計年報による。

2）「検察庁」の人員は，事件単位の延べ人員である。例えば1人が2回送致された場合には，2人として計上している。

3）「児童相談所長等送致」は，知事・児童相談所長送致である。

4）「児童自立支援施設等送致」は，児童自立支援施設・児童養護施設送致である。

5）「出院者」の人員は，出院事由が退院又は仮退院の者に限る。

6）「保護観察開始」の人員は，保護観察処分少年及び少年院仮退院者に限る。

出所：法務省（2020）『犯罪白書（令和2年版）』（http://www.moj.go.jp/content/001333078.pdf, 2021.1.12）。

具体的には，**図7-4**のように，少年法の対象は第3条に示される**非行少年**（14歳以上20歳未満の罪を犯した「犯罪少年」，14歳未満で刑罰法令に触れる行為をした「触法少年」，性格や環境に照らして将来刑罰法令に触れる行為をする虞(おそれ)のある「**虞犯(ぐ)少年**◆2」）に限定した。このうち，触法少年と14歳未満の虞犯少年のケースでは原則，児童福祉法の対応（児童相談所の福祉的措置）を優先し，児童相談所が家庭裁判所に送致する場合は家庭裁判所が対応することとした（18歳以上の虞犯少年及び14歳以上18歳未満の虞犯少年で児童福祉法上の措置が適当でないと判断されたケースも家庭裁判所が対応）。

また，飲酒，喫煙，夜間徘徊等の警察の補導対象である不良行為少年でも児童福祉法の対応を優先することとした。[(2)]

非行少年の司法手続きと専門職

非行の取り扱いでは，まず20歳か否かが問われ，20歳未満の少年非行は少年法（家庭裁判所）で，20歳以上の成人犯罪は刑法（地方裁判所）で対応することとなる。

家庭裁判所で行われる少年審判は，刑事処分を下す刑事裁判と異なり，少年の健全育成を図るための保護処分を下す場となる。そのため，少年事件は非行の軽重にかかわらず，少年の成長発達上の問題（要保護性）を調査するため，原則，全事件を家庭裁判所に送致することとなっている。これを全件送致主義というが，軽微な事件では警察の捜査書類を家庭裁判所に報告してケースを終

◆2 虞犯少年
少年法第3条第1項第3号には虞犯とみなされる状態として，イ．保護者の正当な監督に服しない性癖のあること，ロ．正当の理由がなく家庭に寄り附かないこと，ハ．犯罪性のある人若しくは不道徳な人と交際し，又はいかがわしい場所に出入すること，ニ．自己又は他人の徳性を害する行為をする性癖のあること，の4つが掲げられている。

Check

次の記述の正誤を答えなさい。

感化法に規定されていた感化院の入院対象年齢は18歳未満であった。

（答）×：18歳未満は矯正院（少年院）が対象であった（少年法制定前でも感化院は16歳未満を対象とした）。
（第25回社会福祉士国家試験問題139より）

結する簡易送致という手続きもとられている（少年法第41条）。

このように，少年事件では少年の立ち直りを支えるうえで，専門的な調査（ケースワーク機能）が核となる。一方で，調査という名目のもと，少年の身柄が不当に拘束されないための司法手続き（司法的機能）も求められ，**児童の権利に関する条約**◆3（以下，子どもの権利条約）等にも示されるように，少年の人権に配慮し，成長発達を保障する形での調査が求められる。

図7-4の司法手続き過程において，少年や家族，関係者等と面接しながら，立ち直りに必要な条件を調査していく専門職が**家庭裁判所調査官**◆4であり，調査上，必要な場合は少年を少年鑑別所に送致し，法務技官による心身鑑別と法務教官による行動観察を一定期間行う観護措置を行う（同法第17条）。

これらの調査結果をふまえ，審判を開始するか不開始にするかを決定し，児童福祉法上の措置が適当と判断される場合は知事又は児童相談所長へ送致する。

少年審判を行う場合は不処分か保護処分かを決定し，保護処分では保護観察所に配属される保護観察官と民間の**保護司**◆5による在宅指導を受ける保護観察か施設送致（**少年院送致**，**児童自立支援施設**または児童養護施設送致）かが決定される。

なお，家庭裁判所が受理するケースの6.5割弱は審判不開始・不処分となっているが，処分内容に関わらず，上記の司法手続きすべてが非行克服を促す教育的働きかけと理解されており，調査の結果，保護処分よりも刑事処分が必要と判断され

た場合は，家庭裁判所から検察官へ送致され，刑事裁判の対象となる（逆送という）。

少年院の概要

2014（平成26）年6月に少年院法は全面改正され，同法の中に示されていた少年鑑別所の内容を独立させ，新たに「少年鑑別所法」も制定した。

従来，少年院の種別は年齢や心身状況，非行程度に応じて初等少年院，中等少年院，特別少年院，医療少年院に区分されていたが（全国で48か所），改正少年院法ではこれを第1種（心身に著しい障害がない，概ね12歳以上23歳未満の者，旧初等・中等少年院に相当），第2種（心身に著しい障害がない犯罪的傾向が進んだ，概ね16歳以上23歳未満の者，旧特別少年院に相当），第3種（心身に著しい障害がある，概ね12歳以上26歳未満の者，旧医療少年院に相当），第4種（少年院において刑の執行を受ける者，新設）に再編した（少年院法第4条）。また，少年院で少年を暴行死させる事件が生じたこともあり，処遇の透明化を図るため，第三者機関である「少年院視察委員会」を設置した（同法第8条）。

職員は法務教官と呼ばれ，健全なものの考え方や行動の習得を促す「生活指導」，職業に役立つ知識・技能の習得や職業資格の取得を促す「職業指導」，「教科指導」，「体育指導」，レクリエーション，クラブ活動等を行う「特別活動指導」の5つの領域から構成される矯正教育を行っており，入院から出院の各段階に応じた教育プログラムが組まれている。

近年では「生活指導」において自己の非行と向き合い内省を促すプログラムとして、**ロールレタリング**◆6や被害者の視点を取り入れた教育も導入されている。

児童自立支援施設の概要

触法少年および不良行為少年の施設処遇は原則，児童自立支援施設または児童養護施設送致となり，入所経路は児童相談所による措置と少年審判による保護処分の２つの場合がある。処遇先は主に児童福祉法第44条に示される児童自立支援施設（全国58か所）が活用され，1997（平成９）年児童福祉法改正で教護院から現在の名称に変更された。

教護院時代は不良性の除去を主眼とする教育を行うとの理由から施設内で学校教育に「準ずる教育」を行ってきたが，これは義務教育を受ける権利の侵害との批判もあり，同改正で施設長に就学義務が課せられ，退所後のアフターケアの強化等を目的に通所形態も導入した。学校教育の実施方法は，施設の中に地域の学校の分校・分教室を設置して行う形態が多く，2018（平成30）年４月段階で94.7%の実施率となっている。(3)

また，2012（平成24）年には３年に１度以上，施設の第三者評価を受け，自己評価を実施することが義務づけられ，子どもの権利擁護の観点に立った自立支援が求められている。

職員は児童自立支援専門員，児童生活支援員と呼ばれ，生活指導，学習指導，職業指導を行うが，同施設では夫婦が住み込みでひとつの小舎を営

◆3　児童の権利に関する条約
27頁参照。

◆4　家庭裁判所調査官
少年事件・家事事件において必要な調査および事務を担う専門職であり，身分は国家公務員である。心理学，教育学，社会学，福祉学等の人間関係諸科学の知識や技法を活用し，非行の原因や家庭内の紛争等に関する科学的な調査を担う。少年事件では，非行事実にかかわる法律調査と少年の人格や環境についての社会調査を行う。

◆5　保護司
国家公務員の保護観察官と協働して，非行少年・犯罪者の更生支援や犯罪防止活動を担う非常勤の国家公務員である。給与は支給されず，実質的には民間のボランティアであり，近年では担い手の減少が課題となっている。法務省によれば，2009（平成21）年の４万8936人から減少が続き，2020（令和２）年１月時点で４万6763人となり，約1000人減少している。(7)

◆6　ロールレタリング
役割交換書簡法とも訳され，自分と相手との２つの立場に立ち，自分から相手へ，相手から自分へと書簡を往復することで自己洞察と他者理解を深めていくプログラムとして活用されている。

◆7　転移
過去において，親等の「重要な人物」に対して抱いていた感情や行動を現在の対人関係の中で別の人物に置き換えることを指し，フロイトが治療場面で発見したとされる。感情の転移の現れ方には，治療者に対し好意や信頼を示す陽性転移と，その逆に敵意や反抗を示す陰性転移がある。古典的な精神分析療法では，転移の解釈が治療上，重要視されている。

み，少人数の子どもをケアする小舎夫婦制という伝統的形態に特色が見出されてきた。

そのため，以前は少年院と比べ，小舎夫婦制による家庭的ケアを重んじることが特色とされたが，現在は交代制勤務が主流となり，かつ入所定員割れも重なり（定員3609人，現員1226人，2018（平成30）年10月現在），同施設の独自性とは何かが問われている。

この点については，行動の捉え方に違いが見出されており，例えば，少年の暴言等を少年院では規律違反の減点対象と捉えるのに対し，児童自立支援施設では職員への感情の**転移**◆7と見立て，非行克服の材料と捉える点に違いがあるとされる。(4)

┃ 少年法改正をめぐる課題

少年法は2000年代に 4 度改正されており，2000（平成12）年の少年法改正では，刑事罰対象年齢を16歳から14歳に引下げ，16歳以上の重大事件は原則検察官送致とし，同改正後，検察官送致率，少年院送致率が上昇した。

その後，触法少年の重大事件が生じたことから，2007（平成19）年に再び少年法を改正し，重大事件であれば触法少年（概ね12歳以上）でも少年院送致を可能とし，翌年には被害者の少年審判傍聴を可能とする改正を行った。そして，2014（平成26）年には非行事実を確認する際の検察官関与の範囲を拡大し，少年の刑期引上げを含む 4 度目の改正がなされた。さらに，近時は選挙権年齢の18歳引下げの動きを受け，少年法の対象年齢も20歳未満から18歳未満に引下げる 5 度目の改正が検

討されている。

これらの改正では，非行の背景よりも結果を重視し，それに見合った刑罰を科す方向となっている。しかし，少年院や児童自立支援施設の現場では入所児童の半数以上に被虐待経験が認められるとの報告もあり，暴力の連鎖を断ち切るためには，まずは少年の被害経験をケアしていく必要性(5)も説かれている。

教育・福祉的観点から非行克服を支えていく少年保護制度の原理と照らし，近時の少年法改正が非行克服に有益な方向か確認しつつ，被害者，加害者双方のケアを促す**修復的司法**◆8の検討も今後の課題となる。

安易な厳罰ではなく，少年の立ち直る力を引き出し，社会の一員として甦らせていく教育的働きかけ（甦育）こそが求められる。(6)
（そいく）

◆8 修復的司法

非行・犯罪問題の解決過程に被害者，加害者，関係者が参加し，被害回復に向けた対話を行っていく任意の取り組み。対話の事前準備が重要視され，対話に際してはファシリテーターと呼ばれる第三者が進行役を担う。日本では2001（平成13）年から千葉のNPO被害者加害者対話の会運営センター（現在，対話の会）が実践を行っている。対話はしなくても，被害者が手紙等を通じて加害者に意見を伝える取り組みも修復的司法と捉える見解もある。

Close up

少年事件を捉える視点

1997（平成9）年に神戸で起きた14歳の少年による児童連続殺傷事件は社会に衝撃を与え，少年法改正の議論を呼び起こす契機となった。

しかし，少年法を4度改正した現在でも神戸の事件に類似する少年事件は起きており，2014（平成26）年7月に長崎県佐世保市で15歳の女子高校生による同級生殺害事件が起き，同年12月には愛知県名古屋市で19歳の女子大学生による知人殺害事件が起きた。2つの事件は，女子少年が「人を殺してみたかった」との理由で身近な人物を殺害した単独非行である点に加え，動物虐待や食品への薬品混入等，「試し行動」から殺人願望を肥大化させ，事件に至っている犯行過程も共通している。

多くの場合，少年事件は「野次馬の視点」から眺められ，「人を殺してみたかった」との言葉から，少年は「残虐な殺人犯」として批判され，精神鑑定後に診断名が下される場合は「危険な病人」としてレッテルが貼り換えられる。いずれも社会から隔離すべきとの周囲の意識は共通している。

これに対し，家庭裁判所の調査では，成長発達過程における少年の「試し行動」の意味を捉え，個別ニーズに即した立ち直り支援を検討する。世間一般でも，「野次馬の視点」で事件を捉えるのではなく，少年に「試し行動」が現れた場合，家庭，学校，児童相談所，病院，警察といった関係機関がいかにして情報共有を行い，連携体制の支援をつくっていくかなど，今後の「教訓を得る視点」が求められる。

注

(1) 法務省（2020）『犯罪白書（令和2年版）』（http://www.moj.go.jp/content/001333078.pdf, 2021.1.12)。

(2) 澤登俊雄（2011）『少年法入門（第5版）』有斐閣，36，50頁。

(3) 児童自立支援施設運営ハンドブック編集委員会編（2014）『児童自立支援施設運営ハンドブック』厚生労働省，217-219頁，野田正人（2015）「児童自立支援施設の今日的課題」『犯罪社会学研究』（40），58頁，「児童自立支援施設に併設された学校教育研究会2018」小林英義配布資料。

(4) 德永健介（2011）「『WITHの精神』について考える──実践知として再解釈を目指して」『非行問題』（217），164頁。

(5) 法務省（2001）『法務総合研究所研究部報告──児童虐待に関する研究（第1報告）』，厚生労働省（2020）「社会的養育の推進に向けて（令和2年4月）」。

(6) 竹原幸太（2017）『失敗してもいいんだよ──子ども文化と少年司法』本の泉社，145-147頁。

(7) 更生保護ネットワーク全国保護司連盟ホームページ「保護司の現況」（http://www.kouseihogo-net.jp/hogoshi/condition.html, 2020.8.18)。

第6節 いじめと不登校

○ **この節のテーマ**
- ●いじめと不登校の現状について把握する。
- ●いじめと不登校に関する支援策について理解する。

いじめの実態

2013（平成25）年に成立した「**いじめ防止対策推進法**[1]」において，**いじめ**の定義は「児童等に対して，当該児童等が在籍する学校に在籍している等当該児童等と一定の人的関係にある他の児童等が行う心理的又は物理的な影響を与える行為（インターネットを通じて行われるものを含む。）であって，当該行為の対象となった児童等が心身の苦痛を感じているものをいう」とされている（第2条第1項）。

いじめの認知件数の統計数字は，上がったり下がったりを繰り返している（**図7-5**）。1985（昭和60）年に小学校9万6547件，中学校で5万2891件であったものが翌年には小学校2万6306件，中学校2万3690件と激減した。一方，1993（平成5）年の小学校6390件，中学校1万2817件が，翌年には小学校2万5295件，中学校2万6828件と激増した。次いで，2005（平成17）年から翌年にかけて激増し，2011（平成23）年の小学校3万3124件，中学校3万794件から2018年は小学校42万5844件，

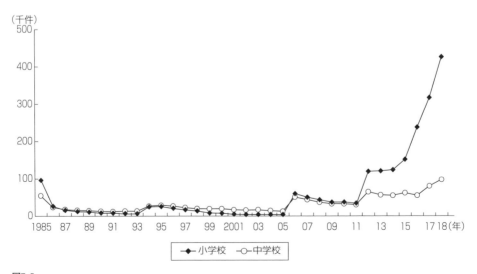

図7-5
いじめの認知件数
出所：文部科学省（2019）「児童生徒の問題行動・不登校等生徒指導上の諸問題に関する調査」より筆者作成。

中学校9万7704件とさらに激増している。これは，いじめの定義が変更や調査方法が改定による変動が原因であるが，これらの背景には重大ないじめ事件がある。いじめ事件への文部科学省の対応の結果，統計数が上下動したのである。

- 東京都中野区中学生自死「葬式ごっこ」（1986年）

教室の自分の机の上に，葬式の後さながらに友達と教員から寄せ書きされた色紙と花瓶が飾られていたことに大きなショックを受けた中学生の男子が自死した事件。遺書に「このままじゃ生き地獄」と訴えられており，大きな社会的衝撃を与えた。

- 愛知県中学生自死「パシリ」（1994年）

友達集団からつかい走りにされ，多額の金銭をカツアゲされた上に，集団でおどされて川に落とされた中学生が，家族への謝罪と感謝をこめた遺書を書き自死。

- 北海道滝川市小学生，福岡県筑前町中学生自死（2006年）

各地で連鎖的にいじめを原因とした自死がおきた。

- 滋賀県大津市中学生自死「自殺の練習」（2011年）

調査により自殺の練習を強要するいじめがあったことが明らかとなり，いじめを認めていなかった学校や教育委員会がマスコミから「隠ぺい体質だ」と厳しく批判された。学校関係者ではない第三者委員会における調査報告書が大きな影響を与え，いじめ防止対策推進法成立につながった。

Check

事例を読んで，Fスクールソーシャルワーカー（社会福祉士）のチームアプローチに基づいた対応に関しての正誤を答えなさい。

　小学生のG君（9歳，男児）は，同じクラスの児童から，「気持ち悪い」と言われたり，仲間外れにされたりするなどのいじめを受けていた。G君の友人から学級担任に，「G君がいじめられている」と心配が伝えられたため，学級担任が休み時間や放課後の様子を観察したところ，いじめの事実が明らかになった。学級担任は校長に報告し，その後，教育委員会からFスクールソーシャルワーカーが派遣されることになり，いじめた児童の保護者に連絡し，G君への謝罪を求めた。

（答）×：詳しいアセスメントもしないうちに，学級担任からの情報のみで判断するのは誤りであるし，何よりもG君の気持ちが確認できていない中での対応は誤りである。
（第31回社会福祉士国家試験96より）

いじめに対応する支援機関・専門職

　当然のことながらいじめには学校の教職員が中心的に対応する。いじめた側，いじめられた側の個別の児童生徒への支援・指導はもとより，学級として，学校としての取り組みを担っていかなければならない。加えてスクールカウンセラーはとくにいじめられた子どもに対する心のケアが大切な役割である。スクールソーシャルワーカーは，いじめた側，いじめられた側の双方について家庭における課題を把握し，支援に結び付ける必要がある。また他機関との連携体制の構築も大きな役割である。具体的な連携機関としては，児童相談所・福祉事務所，警察などがあげられる。さらには，子どもを見守り，支える地域づくりのために自治会，地域住民などと協力関係の構築をしていかなければならない。

いじめ対策の課題と今後の方向性

　いじめ問題の根底は，人権の問題である。お互いの人権を尊重し，差別のない関係を学校において作っていかなければ根本的な解決はない。現在の対策は，いじめられた側の保護と，いじめた側への厳正な対処が基本となっている。この中でともするといじめた側の支援ニーズが取り残されて，厳罰が課され，結果としていじめた側の人権が十分考慮されないこともありえる。スクールソーシャルワーカーを中心に研究が進められている，「**修復的対話**◆2」の導入が極めて今後大切にな

っているといえる。

いじめの背景理解

　いじめは起きてからの対処療法的な手段では決してなくなりはしない。学校・学級集団が有する以下の性質が背景になっていることをよく知らなければならない。
　① 　均一的な人間関係
　② 　長時間の拘束
　③ 　閉鎖的な物理的空間（出入り不自由）
　④ 　単一的な価値尺度による比較
　つまりは，人間関係が固定化し，「風通し」が悪くなっているのである。結局のところ，学校の「風通し」をよくしていくことが，いじめの防止につながるのではないか。

不登校の実態

　不登校の文部科学省の定義は，「何らかの心理的，情緒的，身体的あるいは社会的要因・背景により，登校しないあるいはしたくてもできない状況にあるために年間30日以上欠席した者のうち，病気や経済的な理由による者を除いたもの」である。
　1991（平成 3 ）年度以降に年間30日以上が基準とされたが（それ以前は50日以上となっていた），その時点で小学校 1 万2645名，中学校 5 万4172名の計 6 万6817名であった。その後，1990年代に増え続け，その後やや横ばい状況となったが，2018年度小学校 4 万4841名，中学校11万9687名の計16

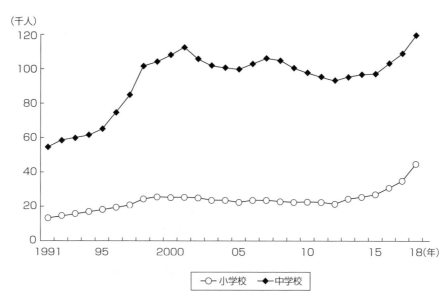

（千人）

図7-6
不登校児童生徒数
出所：文部科学省（2019）「児童生徒の問題行動・不登校等生徒指導上の諸問題に関する調査」より筆者作成。

万4528名となっている。学年が進むごとに不登校数は増える傾向にあり，この年度においては中学校3年生の4万5213名が最多である（**図7-6**）。

文部科学省の2018（平成30）年度「児童生徒の問題行動・不登校等生徒指導上の諸問題に関する調査」によると，不登校になったと考えられるきっかけの主なものは以下の通りである。小学校では，「不安」35.9%，「無気力」26.6%である。中学校では，「無気力」30.0%，「不安」32.4%である。「いじめ」に関しては，小学校で0.8%，中学校で0.6%となっており，この調査においては少なかった。

一方で，文部科学省の委託により不登校生徒に関する追跡調査研究会が2014（平成26）年7月に発表した「不登校に関する実態調査　平成18年度不登校生徒に関する追跡調査報告書」においても，不登校のきっかけに関して報告がされている。この調査は中学校3年生の時に不登校であった本人に5年後にアンケートに答えてもらっているものであるが，「友人との関係」52.9%，「生活リズムの乱れ」34.2%，「勉強がわからない」31.2%，

1

◆1　いじめ防止対策推進法
大津市のいじめ自殺事件を受けて，2013（平成25）年6月21日参議院において可決成立，同年9月28日に施行された。この法律では，いじめ防止などの対策について，基本理念を定め，国および自治体などの責務を明らかにしている。また，いじめがそれを受けた子どもの教育を受ける権利を著しく侵害し，心身の成長や人格形成に重大な影響を与えるうえに，身体そして生命に危険を及ぼすものとして，いじめの防止，早期発見，対処について定めている。

2

◆2　修復的対話
受けた傷を癒し事態を望ましい状態に戻すために，特定の問題に関係ある人たちをできるだけ参加させ，損害やニーズ，および義務を全員で明らかにすると同時に，今後の展望を模索する過程である。

「先生との関係」26.2%，「クラブ活動や部活動の友人・先輩との関係」22.8％となっている。こちらの調査では，家庭生活での問題よりも学校での人間関係から派生する問題をきっかけとする場合が目立っている。これは，先にあげた文部科学省の調査は学校の教職員からの報告の積み上げ結果であるため，直接不登校経験者に調査した研究会の調査との間に差が出たと考えられる。不登校のきっかけについては，教職員と不登校経験者の間で捉え方の違いがあるようである。

不登校の子どもの支援策

　1990年代以前は文部科学省において不登校は，ごく一部の子どもにしか生じない疾患あるいは性格上の問題と捉えられてきた。しかしながら，不登校数の激増を受けて1992（平成 4 ）年 3 月に文部省が召集した学校不適応対策調査研究協力者会議が報告書「登校拒否（不登校）問題について──児童生徒の心の居場所作りを目指して」を発表し，これまでの登校認識を基本的に転換することを示した。この中では明確に「登校拒否を一種の克服困難な病状であるととらえることは適切でないとの認識を持つことが必要である」と，登校拒否の要因を個人的な病理であるとしていた認識が転換されている。また，「あくまで児童生徒の学校復帰を目指して支援策が講ぜられる必要がある」と繰り返し注意しながら，一方では「何が何でも学校に行かなければならないという義務感」がかえって状態を悪化させてしまうことも少なくないとの認識を示している。そして，「学

校への復帰が困難であるような場合，当面学校の指導以外の他の適切な指導の方法を検討される必要がある」と多様な支援を柔軟に行う方向も打ち出された。

不登校の子ども支援機関・専門職

　• 教育支援センター（適応指導教室）
　適応指導教室は，学校生活への復帰を支援するために様々な指導・援助を行うことを目的として，基本的に学校外に都道府県あるいは市町村の教育委員会により設置される[1]。1990（平成 2 ）年度から全国26か所に委託設置され始め，2002（平成14）年度には全国に1031か所となり，年間利用者 1 万4365人となった。利用者が伸びる大きな要素は，通所すれば学校の「出席扱い」になるという点が多かったと思われ，このことが子どもと親の不安を和らげる意味は大きいと考えられる。2002（平成14）年の報告書ではこの適応指導教室が更に積極的な設置を進めることがうたわれ，「**教育支援センター**」と改称したうえで不登校児指導の拠点施設及び地域資源のネットワークの中核に位置付ける方向が示された。2017（平成29）年度には，小学生4011人，中学生 1 万6710人，計 2 万721人が利用した。
　• 専門職（スクールカウンセラー，スクールソーシャルワーカー）
　学級担任をはじめとし，教育相談担当教員，生徒指導主任などの教職員が支援を中心に担っているが，スクールカウンセラー，スクールソーシャルワーカーも相談支援体制において重要な役

割を担っている。2016（平成28）年度にスクールカウンセラーなどの学校内相談員が対応した不登校相談は，小学生1万3045人，中学生4万890人で計5万4295人となっている。また，スクールソーシャルワーカーによる不登校支援は2万4105人となっている。

・連携する機関

不登校の要因，背景はさまざまであるため，対応するには各種の機関と連携体制を深める必要がある。スクールソーシャルワーカーが中心的な役割を果たしながら，教育委員会・教育センター，児童相談所・福祉事務所，医療機関，保健所・精神保健福祉センターなどをはじめ，民間の**フリースクール**◆3とも連携を図っていく必要がある。

不登校支援の課題と今後の方向性

1990年代以降，さまざまな不登校の子どもの支援策が講じられてきたが，このところ小中学校の不登校数は年々増加してきている。このことは，多様化する子どもと複雑化する家庭の現状に学校制度が十分対応しきれていない課題をうかがわせる。スクールカウンセラーやスクールソーシャルワーカーをはじめとした専門職の活用や，他機関との連携をさらに進めていくことが必要である。また，どの子どもにも居場所がある学校作りや，子どもの個性に応じた多様な教育のあり方をさらに模索していかなければならないであろう。

3

◆3　フリースクール
わが国においては，不登校の子どものための学校教育法に基づかない学びの場として発展してきた。公的基準に規制されないため，理念や教育内容はさまざまである。

注　(1)　文部科学省「教育支援センター（適応指導教室）整備指針（試案）」。

〈参考文献〉
山下英三郎（2010）『いじめ・損なわれた関係を築きなおす——修復的対話というアプローチ』学苑社。

さらに学びたい人への基本図書

柴田悠『子育て支援と経済成長』朝日新書，2017年
子育て支援施策について海外も含めて詳細な分析を行い，わかりやすく解説
し，子育て支援を充実させれば経済成長が可能であると結論付けている。各
自が読んだ上で，どう考察するのかが重要な本である。

小崎泰弘・田辺昌吾・松本しのぶ『別冊発達33　家族・働き方・社会を変え
　る父親への子育て支援——少子化対策の切り札』ミネルヴァ書房，2017年
子育て支援といって思い浮かべるのは「母親への支援」ではないだろうか。し
かし，本当に子育てしやすい社会を目指すなら「父親への支援」は欠かせな
い。父親への子育て支援について最先端の情報がつまった1冊である。

日本スクールソーシャルワーク協会編『子どもにえらばれるためのスクール
　ソーシャルワーク』学苑社，2016年
権利主体である子どもから選ばれるスクールソーシャルワーカーとはどのよう
な専門職であろうか。スクールソーシャルワークを深く問うテキストブック。

竹原幸太『失敗してもいいんだよ——子ども文化と少年司法』本の泉社，2017
　年
最近の少年事件から子どもの発達のつまずきを読み解きつつ，非行克服に向
けた専門機関・専門職の仕事や少年法「改正」問題を平易に解説し，非行克
服過程を「甦育」という新たな概念で説明した初学者向けの入門書。

日本弁護士連合会子どもの権利委員会『子どものいじめ問題ハンドブック
　——発見・対応から予防まで』明石書店，2015年
子どもの権利を守るために何をすべきなのか，法律の専門家である弁護士の
方々がいじめ問題への対応を深く問う子どもに関わる専門職の必携書。

Try! 第7章

問：教育と福祉の協働・連携のあり方について考えよう。

ヒント：現在の子育て支援施策や教育現場での取り組みの課題は何かまとめよう。

さくいん

執筆者紹介　(所属：分担。執筆順。＊は編者)

＊有村　大士 (ありむら　たいし)　（編著者紹介参照：はじめに，第1章第1・2節，第2章第4節，第3章第1節）

＊木村　容子 (きむら　ようこ)　（編著者紹介参照：はじめに，第5章第1・3・4節）

澁谷　昌史 (しぶや　まさし)　（関東学院大学社会学部教授：第1章第3・4節，第4章第1・3節）

榎本　祐子 (えもと　ゆうこ)　（びわこ学院大学短期大学部ライフデザイン学科専任講師：第1章第5節，第7章第2節）

内田　宏明 (うちだ　ひろあき)　（日本社会事業大学社会福祉学部准教授：第2章第1節，第7章第3・6節）

永野　咲 (ながの　さき)　（武蔵野大学人間科学部准教授：第2章第2・3節，第5章第2節）

倉持　史朗 (くらもち　ふみとき)　（同志社女子大学現代社会学部教授：第3章第2・3節）

小野セレスタ摩耶 (おの　まや)　（同志社大学社会学部准教授：第3章第4・5節，第7章第1節）

鶴岡　裕晃 (つるおか　ひろあき)　（子どもの虹情報研修センター研修部研修課長：第4章第2節，第6章第1節）

谷口由希子 (たにぐち　ゆきこ)　（名古屋市立大学大学院人間文化研究科准教授：第4章第4節）

村井　琢哉 (むらい　たくや)　（前・特定非営利活動法人山科醍醐こどものひろば理事長：第6章第2節）

上村　宏樹 (うえむら　こうじゅ)　（一般社団法人無憂樹代表理事：第6章第3節）

渡邉多恵子 (わたなべ　たえこ)　（淑徳大学看護栄養学部教授：第6章第4節）

清水　冬樹 (しみず　ふゆき)　（東北福祉大学総合福祉学部准教授：第6章第5・6節，第7章第4節）

竹原　幸太 (たけはら　こうた)　（東京都立大学人文社会学部准教授：第7章第5節）

編著者紹介

木村容子（きむら・ようこ）

2010年：関西学院大学大学院人間福祉研究科博士
　　　　課程後期課程修了。
現　在：日本社会事業大学社会福祉学部教授。
　　　　博士（人間福祉）。

有村大士（ありむら・たいし）

2010年：日本社会事業大学社会福祉学研究科博
　　　　士後期課程修了。
現　在：日本社会事業大学社会福祉学部教授。
　　　　博士（社会福祉学）。

新・基礎からの社会福祉⑦

子ども家庭福祉［第3版］

2016年 4 月10日	初　版第 1 刷発行	〈検印省略〉
2016年10月30日	初　版第 2 刷発行	定価はカバーに
2018年 4 月30日	第 2 版第 1 刷発行	表示しています
2020年 4 月30日	第 2 版第 3 刷発行	
2021年 4 月20日	第 3 版第 1 刷発行	
2024年 3 月30日	第 3 版第 3 刷発行	

編著者	木	村	容	子
	有	村	大	士
発行者	杉	田	啓	三
印刷者	田	中	雅	博

発行所　株式会社　ミネルヴァ書房

607-8494　京都市山科区日ノ岡堤谷町 1
電話代表　(075)581-5191
振替口座　01020-0-8076

Ⓒ木村容子・有村大士ほか，2021　　創栄図書印刷・新生製本

ISBN978-4-623-09055-6

Printed in Japan

新・基礎からの社会福祉

Ｂ５判美装

①社会福祉

●

②ソーシャルワーク

●

③高齢者福祉

●

④障害者福祉

●

⑤社会保障

●

⑥地域福祉

●

⑦子ども家庭福祉

●

⑧権利擁護とソーシャルワーク

——————————ミネルヴァ書房——————————

https://www.minervashobo.co.jp/